Johann Georg Scheifele

Gedichte in schwäbischer Mundart

Johann Georg Scheifele

Gedichte in schwäbischer Mundart

ISBN/EAN: 9783743300200

Hergestellt in Europa, USA, Kanada, Australien, Japan

Cover: Foto ©Thomas Meinert / pixelio.de

Manufactured and distributed by brebook publishing software
(www.brebook.com)

Johann Georg Scheifele

Gedichte in schwäbischer Mundart

Gedichte

in schwäbischer Mundart

von

Johann Georg Scheifele,

(vulgo Jörg von Spthispui.)

Vierte, verbesserte und vielfach vermehrte Auflage.

Mit einer Musikbeilage

und einem Anhange, enthaltend:

die Erklärung der vorkommenden Provinzialismen.

Heilbronn.

J. D. Claß'sche Buchhandlung.

1863.

Seinen

vielgeehrten Gönnern

und

theuren Freunden,

inner- und außerhalb des gemüthlichen

Schwabenlandes.

A Woat zum A'fang.

Jatz hau' i's halt denn au' probiart,
Und hau' mei Hiara z'äma gnomma;
I hau' a wen'g 's Papeyr verschmiart,
Und laß 's dur b'Preß an's Tagsliacht komma;
Dau hau' i freyli öbbes gwaugt!
Do' — moin i, daß 's zur Kuzweil taugt.

Gar manker haut bös Ding schoa thau',
Und haut 'en groaßa A'hang gfunda;
A Vademecum drucka lau',
Und b' Wauhrat kuzweg gsait u'bunda;
Drum hau' i's halt denn au' so gmacht,
'S ka' sey, daß 's Glück miar grab so lacht.

Do' — hätt i's nia an's Tag'sliacht thau',
Und hätt a sölles Zuig a'gfanga;
Wenn's b' Leut it hätta wölla hau',
Und g'hött koi sonderli's Verlanga;
So aber ischt's koi Faseley,
Wear's g'heart, haut ghött sey Freed derbey.

Jahr theura Froind! schoa viel und oft
Hau' i dermit ui unterhalta,
Und hau' nir anders gweu'scht und ghofft,
Als **Kuzweil** z'leischta jung und alta;
Jahr hand's denn au' schoa öfters g'heart,
Und hand's vo' miar no' sell begeahrt.

Drumm füag i schliaßla grad no na',
Indeam i thua da Wau'sch erfülla,
Es möcht si' **Neama** örgra dra',
Denn bös ischt gwösa it mei Willa;
Mei ganza Absicht ischt derbey,
Daß 's ui a **Unterhalting** sey.

———

Vürspruch zur anderte Aufleging.

Motto:
         So es sich schickt,
Vermenge etwas Thorheit mit der Weisheit,
Denn selbsten das narriren,
Thut manchmal amüsiren!
         nach **Horaz** lib. IV. Od 12.

Dear Biebelspruch ischt gar it nui:
„ — grautat und vermeahrat ui,“
Und söder woiß es weit und breit,
'Em Aubam it alloinig gsait;
Drum moi' i au, daß jöderma',
Uf's weanigscht bo' it futtra ka',
Wenn i beym allbekannta Si',
A bissla fetter woara bi'
Denn, was i 'seaschtmaul hau schoa gsait,
Daß 's gar a Glück am End no trait,
Dös ischt iatzt au nauch kurzer Daur,
Uf's Düpfla und uf's Häurle wauhr.
So hand denn viel in euserm Land
Im Büachergstöll mein easchta Band,
Und 's Schwaubaländla auf und a'
Haut's oft a Unterhalting tra' —

So, daß a manker laut und still,
A greaßra Auflag kriaga will;
Ma haut schoa g'fraugat viel und gnua,
Und Muath ei'gsprocha neabazua; ·
Drum hau' i 's halt denn mea probiart,
Und zua bear andert Auflag gfüahrt;
Es will vielleicht a manker hau'
Ma sott so Fara bleiba lau';
Der Appetitt ischt gar it gleich
Der oi liabt's höt, der ander 's weich;
A Dichter sait: am böschta ischt:
„A bissla Käs mit Salz vermischt,"
„Denn wear zur Zeit koin G'spaß it ma'
Zur rechta Zeit it gscheib sey ka'" —
Drum moi i daß 's bey gscheiba Leut,
Au' hia und dau a Gspäßle leidt.

———

A Voarröd zur dritta Auflag.

Motto: Alle guata Ding: find bruia.
proverb. allemann.

Jatzt kommt Käsjörg scho mea berhea!
I hau' bo earscht sein Karra gseah;
Ear haut 'en ächta Bachstoi'käs,
Dear ischt gar malafizzisch räs,
Und thuat scho so vertuiflat stenka,
Ear burft miar keck sei' Fuahrwerk schenka,
Wenn bösmaul i a Bröckla nuhm,
Denn 's bringt mi' ja ber alt schiar um;
Ear flackt miar überzwergs im Maga,
Und räslat iatz no rauf de Kraga;
So sait vielleicht balb dau' balb bött,
Dös zear'scht koin Appetitt haut ghött,
Und bloaßig Huaschtazeltla ma'
Weils so'schtig nir verkuia ka' —
A so a süaßligs Leckermäula,
Mit Dogenann und Hottagäula;
Was ischt bernau? — ma' lauts hault gau',
Denn wear it a'beißt, bear lauts stau'. —

———

A Voarröd zur viarta Auflag.

Der Spitzispui heart no it auf,
Ear fangt von frischem a' sein Lauf;
Ganz gmächli gaut ear wieder futt,
Und labt' sein Buckel mit ·der Butt;
Es ischt scho' 's viartmaul, daß bös gschieht,
A Zeicha, daß iahn geara sieht,
A jöder Mensch im Schwaubaland,
Vom Mindel= bis zum Neckerstrand!
Drum wünschl ear als a guata Haut,
Daß Wei' und Obscht und 's Koara graut;
Viel Schmalz im Kübel, 's ischt au' it übel,
Und a langa Ruah voarm Toadtagriebel.

––––––––

Erschaffung der Eva.

Adam.

Herr je! iatzt bi i ganz alloi,
Und neama guckat nauch miar um;
J bi koi Thiar und bi koi Stoi,
J tapp halt so im Gata rum.
Nau' kriag i halt denn au Langweil,
Und hau' sie oft a Zeitlang feil;
Was ischt's au, wenn i öbbes sieh,
Und hia und dau denn öbbes hear?
Verzöhle ka' i 's it 'em Vieh!
Drum bi i gar so feindle sear.
Und weil i hau' denn Arbet gnua,
So ma' i kocha it derzua.
Zwar gessa muaß 's bo ället sey
Soascht gieng der Korpes ussananb;
Drum sott i halt au' sey' sannt zwey,
Und öbbern hau', wau gieng an b' Hand.
J ka' it umgau' mit 'em Gschiar,
Verreiß allbott en Dägel schiar.
Und wenn i hoikomm, hau' i Duscht,
Und frei 'en gsunde Appetitt,

Nau hau' an's koche i koin Gluscht,
Und denk an Fraß, an b' Kucha it;
Denn J möcht halt mein böckta Tisch,
Und Kraut verschlucka öttla Wisch!
Drum bi i halt denn gar so wild,
Und hau' koi rechte Wonn' no' Freud,
Denn b' Sonna scheint miar halb so mild,
Weil meines gleicha weit und breit,
Au'- koiner ischt, bear mi 'verstaut,
Und grab a söttigs Ausseah haut;
J ka' zwar gnua so Büffel seah,
Und Pavianes au berzua,
Au' allerhand no neabe hea,
Nua J, bi ohna Weib, als Bua!
Vom Vogel Strauß bis ra zum Staar,
Dau trifft ma halt sei richtigs Paar;
Sogar au' 's löckischt unter äll,
Und's dümmischt Thiar, bös wau's nua geit,
Der Esel! — haut beim graua Fell,
A Kamaräbe an der Seit.
Jaß, wenn i nua denn 's Grimma hau'
A ei' brennt's Müllisüppla will,
So ka' zum Helfa neame gau',
Wau gwärma thät a Scherbla Mill.
Wia wohl thät bös? bös wur i seah!
J wär gwiß nia so z'frieba gwea.
Dött komt iaßt grab Gott Vater ra;
Ear macht berzua a frui'bles Gsicht!
J trau miar schiar nir zua iahm z'sa',
Denn 's ischt a ziemla hoikla Gschicht!

Zwar wär ear schoa der richtigst Ma'
Dear bau am böschta helfa ka'.

Gott Vater.

So Aubam! bischt b' scho' auf vom Stroah?
Was luagscht denn heu'nt so surrig drei'?
Du hauscht denn Hüpf gmacht, wia a Floah,
Und Butzastengel obabrei'!
Du wearscht do' gnua hau' ganz alloi?
Denn 's iart bi' gar nix, groaß und kloi.

Adam.

Jatz hauscht mi kriagt beim reachte Fleck!
Denn luag: es fehlt miar im a Stuck;
I sag biars von der Leaber weck,
Und thua in meim Begeahr koin Ruck';
I möcht halt an' santbander leaba,
Drum solscht miar halt a Ghülfa geaba.

Gott Vater.

So! sölle Grilla hauscht im Kopf?
Wear haut's denn bösser außer biar?
Du bischt wohl au' a dummer Tropf!
Luag: 's folgt uf's Woat biar jöbes Thiar:
Und do willst oina zua dir nimma?
O Aubam! thua di' sell it stimma.
Denn los! i sag biar's röble raus:
Dau bischt du nimme Herr im Haus,
Und wenn b' it folgescht, glei uf's Woat,
So hauscht dermit die ebig Noath.

Do will i gau dein Wau'sch erfülla,
De Gluscht in deaner Hi'sicht g'stilla.

Adam.

A jau! i bitt bi' truile schea,
Du möchscht miar so a Eavla gea.

Gott Vater.

Ja wend's nu no verwata ka'scht!
Jatzt muascht halt schlaufa, wenn du ma'scht.

Adam.

I thua mi glei in's Gras nei löga,
Wen b' fötig bist, nau thuascht mi wöcka.

Drauf reißt iahm Gott a Rippa raus,
Und macht a gschnäftig's Eavla draus;
Und wia sie kaum ischt fötig gwößt,
Dau stoaßt s' de Audam ziemli föst.
Dear haut im Traum am Dauma gnollat,
Und haut 'en arge Schnarchler ghollat;
Drauf geit iahm Gott 'en Rippastoaß,
Dau laut der Schlauf iahn endli leas.

Gott Vater.

So stand bo oimaul wieder auf!
Du hauscht ja gar 'en Bearaschlauf;
Sieh luag: i thua diar's Weible bringa,
So thua bo schnell vom Lager springa!

Kaum haut's Gottvater 'szweitmal gsait,
Ischt Aubam an der Eav iahr Seit.

Adam.

Mei Eav! i laß di nimme aus,
Und spring für bi in's Meer schiar naus!
Wia Weibla! gib miar bo a bißle,
So sait der Aubam, hea a Küssle.

Gott Vater.

Wia, wia!? — iatzt treib miar's bo it z'bunt
Schoa in der earschta Viartelstund!
Du hauscht ja nia a Kalbfleisch gmöckt.
A Vierling haut biar truile glöckt;
Und iatz bischt halba ussem Häusla,
Und hupf'scht so nett als wia a Zeisla!
Wia weabts earscht gau', wenn J weg bi'?
Dau wearscht voar Liab schiar halba hi! —
Mei Aubam! Du bischt gar it gscheib,
Und bischt der Dümmischt weit und breit.

Adam.

Dös kommt druff a' und weab sie' weisa,
Uf's Jauhr, dau ka'scht mi Vater heißa.

⸺⸺

Drei Stund nach dem erſten Apfelſchnitz

oder

der erſte moraliſche Katzenjammer.

Ein Duett zwiſchen Abam und Eva.

Abam.

Au weah, au weah! was hammer thau'?
O hättſcht bean Apfel hanga lau'!
Mei Eav! bös iſcht a beaſa Sach;
Wearſcht ſeah, es kommt a Fuir in's Dach.
Mir iſcht's kurjos bau binn im Heaz,
Und wärli' miſerabel leaz!
I hau' a Gfühl, ſo woiß i's nia,
Mir brechet b' Füaß und ſchlottret b' Knia;
I woiß it' bi' bloaß I ſo dumm?
Mi 'bruckts und zwickt's im Maga rumm,
Als wäre lauter Kleiſchpa binn,
Und Trutta in beam Gata hinn.
Mei Eav o! ſag: wia iſcht's denn biar?

Eva.

A'crat a ſo; i heina ſchiar;
O Jögesle! was hau i thau'?
O Aubam! wia weabt's eus no gau'?
I ſchäm mi in be Boba nei'
Und trau miar it alloinig z'ſeh'.

Adam.

Du bischt nu sell so bürgneascht gwea,
Von miar aus, wär bös Ding it gscheah;
Mi 'ruit's so viel i Häurla hau'
Daß J bean Apfel biar hau' glau'
Denn hätt i gwißt, wia koiz ear ischt,
J hätt iahn kija uf da Mischt.

Eva.

Ja lieber Ma'! wear hätt bös benkt?
Dau hätt i diar koi Schnitzle gschenkt.

Adam.

J hau' no gsait: gang klüag'le brei',
Und laß bös glüschtig Weasa sey'
Do' um a Kuah hätt'scht bös it thau',
Und biar dein Voarwitz nehme lau'
Jatz leischt halt tüchtig binn im Dreck,
Und bringst bia Mausa nimma weck;
Denn nimmscht b' au Seifa butzetweis
So weabt bös Fleckla nimma weiß.

Eva.

Was willscht iatzt macha? — gscheah ischt gscheah,
Der Apfel ischt so äßig gwea;
Und wäre seine Folga it,
J nuhm a Dutzat grab no mit.

Adam.

Du hauscht miar schoa be reachta Schlag,
Un heu'ta' en verworf'ne Tag.

Was weabt derzua Gottvater sa'?
Dau weabt's it üble Bildle tra! —

Eva.

I ka' halt oimaul it bervür,
Denn b' Schlang haut gwöckt mei Eßbegier,
Und gsait: es sei im Gögatheil,
Meim Ma' und miar zum greaschta Heil!

Adam.

Ja, ja! i gspür's; — i dank recht schea,
I will koin sölle Apfel mea;
Hau truili schoa am earschte gnua,
Ka' z'friede sey — i dumma Kuah!
So ischt ma a'gführt mit ma Weib,
Und haut ma's nu zum Zeitvertreib.
Ey ey! i wott, es wär dear Schnitz,
Konnt's mögli' sei, im Hemmatschlitz, —
Und du als Ghülfa quiesciart,
Nau wär bia Mötta it passiart;
Denn deine saure Aepfelschnitz,
Dia hand miar gnomma jöben Witz.

Eva.

Ah sey iatz bo it gar so eab!
Daß 's Uebel it no örger weab;
Du hauscht schoa oft 'en Ditscha thau',
Drum schimpf i all und laß mi gau' —

Adam.

Und i bi au' so dappig gwea!
Es gschieht miar reacht — iatz bi i grea;

Wearſcht ſeah', ma jaicht mit Sack unb Maus
Eus allebeib zum Gata naus.
Nau ſimmer kamplet, bürſcht unb g'ſtrehlt,
Unb kriaga Alles, was no fehlt.
J wollt' i hätt' bi' gar nia gſeah,
Daß bös Spectakel wär it gſcheah!

Eva.

Ja! — Aubam o' i ſieh's iaßt ei'
'S Capitel g'heart mit Rechtem mei;
J füag mi' brum iaßt willig brei'
Do' muaſcht it gar ſo mühli ſei';
Du hauſcht halt au' a biſſla gfehlt,
Drum wearmer älle zweye gſtrehlt.
Woiſcht was? ſey gſcheib, unb folge mir,
Nau kommt biar's it ſo peili' vür.
Komm hea iaß gſchwinb unb gib miar b' Hanb
Nau' ſinb miar ausgſühnt mitananb.

Abam.

Nua ja! — bau hauſchts' ſey z'friebe frei
Unb laß bia Dummheit 's nächſtmaul ſey.

S'earſcht Hausweaſa.

(Eva im weinerlichen Tone.)   O jögeŝle! — o
mei o mei!

(Adam erzürnt.)   Was hauſcht denn iaza mit
beim Ghei'?

Hear auf amaul, ſo'ſcht huaſcht b'r drei'
Gang ſchneuz b'r und luag nauch 'em Kind'
Und hink it allaweil da Grind
Als wia a nuizöhjähr'ge Kuah!

Eva.

Du ka'ſcht wohl ſchwäza, plaugſt mi gnua,
Und ſchneidſcht ſchiar allaweil a Gſicht,
Als wia Gottvater beim jüngſchta Gricht.
J muaß mi' plauga da ganza Ta' —
Und därf koi ſterblis Weatla ſa',
Denn Alles muaß nauch beim Si' gau'
Du willſcht miar gar koi Herrſchaft lau'.

Adam.

Dös iſcht mei' Recht und iſcht mei' Pflicht;
Du weiſcht ſcho' was Gottvater ſpricht:
„Daß b' Weiber müaſſat folgſam ſei'‟

Eva.

J huaſcht b'r in bei' Pröbig nei'
J woiß bös mei' und du bös bei' —
Narr! wenn ma' bi heart, kommts grab raus
Als wär i ummaſö'ſcht im Haus,

Und hau' bo Arbat g'haufatweis,
So daß i's kaum zum zwinga weiß;
Balb kommſcht derhea, wia b'Sau im Dreck,
Nau kommt der Bua mit ſeim Gebleck,
Und bringt verrißna Hoſa hoi'
Dau geits koi' Schur, — beileib it noi! —
Drauf ſchreit mea 's Mäbla zum vergau'
Und will 'en friſcha Schopper hau',
So daß ich 'is neu'maul wenn's nu glöckt,
Vergangna Nacht hau' trucka glöggt,
Nau kommt mea b' Wöſch und b' Flickerei,
Und alla Samstig b' Putzerei,
Und ſo gauts futt, Wuch aus, Wuch ei' —
Und bu thuaſcht nir, als grätig ſei'.
Hinkſcht 's Maul na wia a alter Schwöb,
Und hauſcht a reachts ha'bätigs Gröb;
Und möcht i denn ſpatziara gau',
So ka' i bi' ſchiar nimma hau',
Vom Hornung bis uf b' Kiarweihzeit,
Voar Lämana und Eabigkeit.
Und deine Schwänz ſind grab ſo eab,
Wenn's Mäbla nu it au ſo weab.
Dia iſcht mei ganze gotz'ga Freud,
So'ſcht hau i nir als Schur und Leib.

Adam.

O freili ja! Du hauſcht ganz recht,
Es gaut b'r miſerabel ſchlecht;
Du baulaſcht' mi' i ka's it ſa' —
I möcht b'r grab ba A.. verſchla'

Do bleib i bei der Drohing ſtau',
Denn b' Weiber muaß ma' ſchwätza lau' —

Eva.

Ja was it no? — was Du alz ſaiſcht!
Du biſcht a reachter Hoaffatsgeiſcht,
Dear nix als commandiren ka',
Und freſſa und ſaullenza ma' —
Drumm haut Gottvater b' Wauhrat gſait,
Daß b' Felbing lauter Diſchtla trait,
Weil b' fäuler als a Eisbear biſcht
Und beina Gſchäft koi' Achting giſcht;
Du thätſcht verlauſa ohna mi!

Adam.

Und i hätts gſchmöcher ohna di!

Eva.

Wear iſcht denn Schuld an all beam Glump?
Moiſcht i alloi' du koizer Lump!

Adam.

Es weab ſo weit grab g'ſehlt it ſei';
Luag nu a wen'g in b' Bibel nei,
Dau ſtaut's ja mit Frakturſchrift dinn,
Daß b'Eav mit ihrem glüſchtiga Sinn
Da Aubam ſo lang plangat haut,
Bis endla ear in b'Falla gaut,
Und in bea Tuifelsapfel beißt,
Dear iatza no mein Bauch verreißt.
Dös iſcht a Gfräß, — pfuituiſelnei'!
A Mausbreck ka' it koizer ſei' —

Und nau bia Schand no neaba hea! —
Miar sind hautfuselnackat gwea.

Eva.

Was ischt dernau? 's ischt bei' Montur,
Und blöttrascht du bei Gschichtle dur,
So find'scht du glei im zweita Blatt
Ganz deutla gschrieba und ganz glatt:
Daß Aubam so in aller Still,
Halt au a Kamaräba will,
Und daß iahn unser Herrgott drauf,
Versinka laut in tiafa Schlauf,
Und iahm derzeit mit viel Bedacht,
A munters vürnehms Eavla macht;
Und so ischt b' Schöpfing woara ganz
Gell, dös saischt it du falscher Schwanz!

Adam.

Dött hau i öbbes saubers thau' —
I wollt i hätts beim Alta glau' —
I hau halt gmoit 's fall bösser aus,
Jatz miach i nimma so viel draus;
Dött bi' i halt no jünger gwea,
Und hau da Himmel voll Geiga gseah,
Jatzt hau i b' Stuba volla Leut,
Und wear halt au a höba gscheid.

Eva.

Ja wohl i mörk's, ma ka's au seah
I bi' eascht in der Kindbött gwea,

Und längstens bis nauch Katharei' —
Weabt mea a nuia Täufa sei'.

Adam.

Was saischt iast dau? Du g'föllscht m'r scho'!
I mag it; — was hau' J dervo'?!

Eva.

Du hauscht die nemli Schuld, wia i,
J hätt koi' Kind it ohna di',
Drum schwätz koin sölla Käs derhea,
Bei Ma' und Weib ischts äll so gwea.

Adam.

Dös woiß i scho' — b'rum halt bei' Lätsch,
Verzottlata Charfreitigsrätsch,
Und las a maul bei' Zung in Ruah,
So'scht schlag i mit der Böttscheer zua.
Du woischt scho, wenn i giftig bi' —
Dau ischt von miar aus Aelles hi' —
Sei's Kinder oder Kuchelgschiar;

Eva.

Du bischt a reachter wilder Stiar,
Drumm hauscht a so 'en brava Soh'
Dös ischt a Limmel von Professio'!
Ear plaugt ba Abel, s' ischt a Graus!
Als wär's a Stuifkind in beim Haus.

Adam.

Deam wear i helfa; bös gaut a'
J zuich m' glei sei Hosa ra',

Und blui iahm sammt seim Büffelgrind,
Da Hintra wia a Muaß so lind.

Eva.

Was hilft bei Schlaga? — röb iahm zua,
Nau geit ear eaber mea a Ruah;
Und halt 'n streng an b'Arbat a'
Du woischts dau ma' ear it dra' na. —
Ear haut scho so 'en wüaschta Grind,
Als wär ear gar it euser Kind,
Reißt Göckel auf als wia a Kuah,
Und haut a roatha Bürscht derzua;
Ear braucht nur bloaß 'en Pölz dra na' —
Nau wär's a ganzer Pavia'. —

Adam.

Jatzt sei miar still, so'scht weab's m'r z'bunt;
Was z'viel ischt, bös ischt nimma g'sund;
Du bischt halt au a Schuria
Und gar so obsanat dra' na' —
Wia halt bia Weiber alla sind,
Wau moinat daß nauch iahrem Grind,
A jöbes fabriziart muaß sei' —
So'scht speiats Gift und Gall brei nei';
Do' schimpf und schrei und spei berzua,
Ear ischt und bleibt halt bo bei' Bua,
Und hinkt bo it ba ganza Ta' —
Wia b'Nanbl, Rotz und Trüaler ra'.

Eva.

Was gaut bös bi' a' alter Bear!
Du hauscht berbei ja ko koi' Gschear;

Du gstölltscht bi' alla Hundsch..s krank,
Und flacketscht uf bei' Ofabank.
Nau, z'Aubabs gauscht zum Böcka numm,
Tarokscht und saufscht bis olfa rumm,
Und miar dahuim haud b'Greath und Noath.
A Nüahrmillsuppa und a Broad,
'En Holberschmarra hia und dau,
Und all drui Jauhr a halba Sau.
Jatzt ischt heu't b' Faßnacht s' ischt a Schaub!
Ma mötzget und wuschtat im ganza Land,
'Sgeit übrall Plunza und Leabarwürscht,
Nu euser oiner b' Wauhrat isch:
Bringt kaum Suppa auf da Tisch
Geschweiges denn a guats Gebansch.

Adam.

Du hearscht it auf mit beim Getransch
Dös sieh i wohl; — drumm muaß i halt, —
Du willschts so hau' — mit allem Gwalt,
Scho wieder numm in's Wiathshaus gau' —
Und bi gottsnama! futtra lau' —
So pfiat bi Gott! — bis übermoara
Dau weab vergange sey bei Zoara.

Die Rekrutirung.

Amtmann.

Jaßt standat schea in Reih und Glied'
Ma' pfeift ui iaßt a anders Lied'
Und sind miar still und haltat 's Maul,
Zum Zuaschla' bi i frei it z'faul.
Genb Röd und Antwort wia si's gheat,
Soascht gaut's ui au' wia deane feat.

Doktor.

Nu Nro. ois, wau bischt du hea?

Rekrut.

J — i? — — i bi a Fuahrkneacht gwea.

Amtmann.

Kalmuck! merk auf:, wia hoißt bei Oat?

Rekrut.

So so! i bi vo Ober=Roath,
Dös ischt dau duß im Roathethal;
'Sgeit druia sötte an der Zahl.

Doktor.

Wau fehlt diar's denn? — ma' sieht bo nir —

Rekrut.

J hau eascht ghött vom A'ßt a Bir.
Mi druckt's denn wenn i Hußla iß,
A Stockzah' fehlt miar au' im Biß,
Und wenn i denn ge brescha muaß,
So kriag i glei' de Krampf am Fuaß.

Doktor.

J sieh's du bischt verzätlet so,
Dir ka' ma' frei schoa helfa no;
Du bischt Soldat, es bleibt derbei,
Und wearscht voar öttle Jauhr it frei.
Wear kommt denn iatzt nauch beam in b' Reih?

Rekrut.

Herr Doktor! i hau' Nro. drei.

Doktor.

Wau steckat denn mea Nro. zwei?

Amtmann.

Dear hocket uf der Polizei;

Doktor.

Wia hoischt denn du, und was bischt gwea?

Rekrut.

J thua am linka Aug it 'seah.

Amtmann.

Kalbmoises! wöllen Nama hauscht?
Wenn b' au a bissle Deutsch verstauscht; —

Rekrut.

J bi halt ra' von Dirlewang,
Und süahr de Nama Uari Mang;
Hau's Gwerble vom a Zimmerma',
Und hätt it weit zur Heyrath na';
Am linka Aug dau bi i blind,
J bi's schoa gwösa als a Kind;
J moi halt all' es sey der Staar!
Gand, land mi' weg, sind it so baar.

Doktor.

Du schmalk'scht en Käs wia a Tapp in's Muaß!

Rekrut.

Ja, 's ischt miar g'falla nei' a Ruaß,
Weil b' Kindsmatt unterm Kämmat gwea,
Und nauch' em Kämmaköhr haut gseah' —
Ma haut sie naucha weiter g'schickt,
I hau's bear Zeit no nia verblickt,
I hätt iahr soanscht a Maulbesch gea,
So daß sie gwiß wär z'frieda gwea.

Doktor.

Jatz los! mit diar dau ischt's schoa aus;
Du ghearscht frei glei ge Dillinge naus.

Rekrut.

O mei Herr Dokter! i bi z'schwach,
Und taug it für's Solbatafach.

Doktor.

Jatzt hältscht miar's Maul und pack'st bi glei,
Du ghearscht und muascht zur Reiterei. —

Rekrut

Herr Dokter! losat iatz kom i;

Doktor.

Was saischt du glimmlets Baurevieh?

Rekrut.

Oho! i hau's so beas it gmoi't,
Bi äll der bröv'scht gwea in der Gmoi'd
I hau' halt zocha Nro. viar,
Mei Vater ischt verganga schiar.

Doktor.

Was moischt denn, was ma' mit dar thuat?
Du kriagscht ha'lt au' 'en Boschahuat.

Rekrut.

Ja, Notabene! 's ischt a Fraug,
Ob J no' zum Solbata taug?

Doktor.

Du siehscht ja aus, als wia ausgmöscht!
Im Fressa bischt it gwea der löscht.

Rekrut.

J moi halt 's komm' uf bös it a'
It jöba Kranket macht oi' ra'.

Doktor.

Jatzt Kerle! mach mi' nua it wilb,
Soascht sag i diar was 's Koara gilt.

Rekrut.

Oho! was hau' i Beas denn thau'?
Mi wend iahr gar it schwätza lau'
J moi halt so' — —

Doktor.

Und J a so! — —
Ma sott diar fuch'zga gea uf's Loh:
Du bischt schoa vom a reachta Glump!
Mach nu, daß d'weiter kommst du Lump!

Rekrut.

Mei Vater ischt frei gwea Solbat,
Haut oft verricht a groaßa That;

Drum leib i's it, was iahr haub gsait,
Und wend' mi' iatzt an anbra Leut.

Doktor.

Komm bu hea, laß bea' Heiner gau'
Dea' ka' der Tuifel neana hau';
Jatz schwätz, was haufcht denn für a Loas?
Du bischt frei ziemli' stark und groaß!

Rekrut.

J hau' halt Nro. feufe kriagt,
Denn 's U'glück haut si' schoa so gfüagt.
Geboara bi i z' Unkariab,
Dau ischt mei Vater gwea a Wiath:
Nau haut ear g'haufet z' Angelberg
Und g'haudlet bött' mit Flachs und Werg;
Jscht druf am End uf Bühl no na,
Und haut ghaufiaret auf und a' —
Jatzt haust ear mea z' Böckstötta bob,
Dau bleibt ear endli gau'; gottlob!
Ear schnitzlat E'schpa, Spindla bött,
Und haut no' all a Arbet ghött.

Doktor.

Du lurkescht aber öbbes raus!
A gscheiber Ma', bear lacht bi' aus. —
Du willscht am End vertronna sey'?
Ja, ja! i merk's — bu ghearscht scho mei.
Du geischt be schöaste Kananiar,
Am End no gar en Kürrassiar.

Rekrut.

Wear J? Herr Dokter! bleibt's berbei?

Doktor.

Ja wohl! — — — — —

Rekrut.

Jatzt gwinnt's mei Annamey;
Sui haut denn gsait: en schöane Ma',
Dös geischt du a'; ma' nimmt di' a' —
Juhe! iatzt kriag i Spoara, — it?
Dau wear i kleppra jöben Tritt!
Abias iahr Leut unb pfüat ui Gott,
Genb Acht! es gaut' sonscht hinte hott.

Doktor.

Wia Nro. söchs, wau steck'scht denn du?
Dös Ding sott gau' grab im a Nu.

Rekrut.

Dau bi i schoa; — was wenb iahr benn?
I bi so schwach als wia a Henn;
I ka' bo nia a Gwöhr vertra'
Dös glaubt a jöber beam i's sa'; —

Doktor.

Du geischt en guata Jäger a'
Ma schickt di' uf Burghause na'. —

Rekrut.

Ischt 's iatz schoa aus, hilft gar nir meah?
Döß heiß i ghanblet gar it schea. —

Doktor.

Wenn b'trutzescht kriagscht a anbers Nescht,
I laß bi Sperre in Arrescht!

Retrut.

Noi, noi, dös will i frei it hau'
Ma därf mit miar it so umgau';

Doktor.

Ja freili! — du bischt gwiß von Glas? —
Ma' macht mit diar 'en kuza G'spaß. —
Allo! iatzt mach daß's weiter gaut,
I bi's it bear vür bi' na' staut. —

Retrut.

Herr Dokter! i hau Nro. acht;

Doktor.

Was haut ma denn mit simmna gmacht?

Amtmann.

Ja, bear ischt buckligt, lahm und krumm,
Und obabrei no' recht saubumm.

Doktor.

Was bischt du für a Landsma'? schwätz!

Retrut.

I bi a Schwaub, hoiß David Betz;
Mei Neascht ischt glei voar Ulem huß,
Bei Fahla und bei Stoina duß.

Doktor.

Dös hoißt soviel als: — schmecks! du Kalb!
Jatzt woiß i's grad wia woar nu halb;
Jatzt Kerle, sag' miar's heutle gschwind,
Du Donnerwetter Sakerlint!
Dös gieng miar iatza au' no' a',
Daß jöder sa' kont was er ma'.

3

Amtmann.

Wia hoißt bei Oat? — — — —

Rekrut.

Mei Oat hoißt Pfuahl, — — — —
Und haut a eva'göl'sche Schual:
J miß ächt Zoll und schiar seuf Schuah,
J wear wohl's Meas it hau' berzua.

Doktor.

Du geischt 'en guata Tambaur a'
Denn b' Trommel ka'scht du schoa vertra', —

Rekrut.

J hau halt gar koi Musikghear,
Und hau' am linka Knia a Gschwear.

Doktor.

Ma' sprißt biar drui maul Wasser ei'
Nau weabt bös Uebel ghoilat sey'

Rekrut.

Herr Jögesle! i hätt's it denkt;
J hau' berechnet 's wear miar gschenkt.
Derweil mei David hockescht bau,
Als wia a Dechsla uf der Brauh! —

Rekrut.

Jaß komm frei i, als Nro. neu'
Herr Dokter thunb sie gnädig' sey.

Doktor.

Ja wohl! — du wearscht Infanterist,
A Fuahrkneacht, wenn b' it z'frieba bischt.

Rekrut.

Ja losat i hau' halt gar koi G'merk,
Dös woißt' der Schinder z' Illerberg;
Miar därf ma b' Sach schoa zwanz'gmaul sa'
J ka's halt oimal it vertra —
Vergeaßla bi i sackrisch arg,
Au' von Postur it extra stark.

Doktor.

Marschier iatz! mit beim dumma Zuig,
Du machst 'en Bäara aus der Fluig.
Du bischt uf älla Fäll Solbat,
Und bärfscht iatz tra' en Knöbelbat.
Jatzt laß si' Nro. zöhna seah;
Wau steckat denn au' bear schoa mea?

Amtmann.

Dear arbat z' Ulem uf der Schanz,
Und ischt a rotz'ger kloiner Fanz,
Ear ischt von Au, hoißt Ottmar Wolf,

Doktor.

So soll' si' stelle Nro. olf;

Amtmann.

Nu wia! wau steckat denn mea bear?

Rekrut.

Herr Dokter! i hau' a hundschlechts Ghear.

Doktor.

Wia groaß bischt denn? — wie viel hauscht
Schuah?

Rekrut.

Was saget uir? — iahr häbat gnua?

Doktor.

Du g'stöllscht bi' bloaß; bu muascht berzua.

Rekrut.

I steck in misarable Schuah.

Doktor.

Was bischt denn gwea, unb wau bischt hea?

Rekrut.

I hear am reachta Oahr nix meah:

Doktor.

Du ka'scht schoa gau', bu bischt iatz frei.

Rekrut.

So, so? — vergelt's Gott; — ju, juhey!

Doktor.

Halt Sakralump! iatz bleibscht bu stau'
Unb ka'scht au glei' uf b' Föschting gau'.
Du hauscht's frei zimmli bick im Grinb!
Ma weabt bi bluia mürb unb linb.

Rekrut.

Wia, was, wea', wear? — — —

Doktor.

Halt's Maul, sag i, — —
Soascht schickt ma glei uf b' Stockwach bi'.
Nu Nro zwölf! komm bu iatz hea;

Amtmann.

'Sischt koiner bau, bis zwanz'ge meah.

Der oi ischt Baaber, Dokter gar,
Der anber schoa a halber Pfarr,
A britter haut schoa b' Jure 'gheart,
Unb oiner ischt's bear Hear balb wearb;
Nau sinb no Schulleahr, Leut berbey,
Dia älla sinb vom Kriagsbienscht frei.

Doktor.

So laß si' Nro. zwanz'ge seah;
Di muaß i glaub i' frei heagea;
Denn luag! du hauscht am Buckel gnua,
Unb hauscht 'en groaßa Kropf berzua;
Du ziach' bi nua unb gang mea hoim,
Unb breckla mea im Hafnerloim,

Rekrut.

So; ischt bös wauhr? i hau' miar's benkt,
Daß b' Freiheit allat miar weabt gschenkt.

Doktor.

Jatz ganb miar rottla aus 'em Gsicht,
I bj reacht froah, baß 's Enb a'bricht. —

Der Landsturm in Mittelschwaben,

oder

Das Aprilmannöver

anno **1849.**

Was flimmrat und glitzgat denn gar a so hell,
Beym Schnäbelins Thearla bau dussa?
Es schmettrat wia alta Trompeata so grell,
Und kommt wia a Mocalative so schnell;
Sind's öbba Kosacka und Russa?
Und wenn ma' oin fraugat, bear's öbbe haut gseah,
So sait ear: es seya Bewaffnete gwea.

Was sind's denn vür Leutla? wear reit't denn
voarna',
Und spoarnat bea prächtige Fuxa?
Es schei't mia'r a vürnehmer, bleasaner Ma',
Dear wirkle 's Commando tractiara au' ka',
Denn b' Feuser bia thund si' it mura;
Und wenn ma' oin fraugat, bear's öbbe haut gseah,
So sait ear sie komma vom Saulagrai' hea;

Sie nehmat koi Pulver uud brauchet koi Blei,
Und hauat, wia weiland b' Polacka,
Mit gschliffiga Seagesa Alles entzwei,
Wia's heu'ta no' sieh'scht uf de Schlacht-Conterfey,
Und reitet derhea wia b' Kosacka!
Do' fraugt ma' warum dös Spectakel ischt gscheah'
So sait ma' b' Franzosa sind schulbig dra' gwea.

Sie traget au Säbel unb alta Piſtol,
Unb Kolba unb zackige Steara;
Sie fuchtlat nauch Giara für Vaterlanbswohl,
Unb möget au' s' Schnäppsle reacht geara;
Denn hauſcht du per Zuafall 'en Rauſchige gſeah,
Iſcht's eaber als it ſo a Tapferer gwea.

Jatzt ſollets nu komma vom Weſchta unb Süb,
Von voarna, von ſeitwärts unb hinta!
So wearat ſie Alles in Reihe unb Glieb,
Vom obere Böck' bis zum untere Schmib,
In bulci Jubilo finba —
Do' voar ma' be Sturem vom Saulagrai' gſeah,
Iſcht älles ganz buſem unb zitterig gwea.

Zum guata verſtauſcht mi' bau will i no ſa:
'S haut jöber 's Kouraſcha erproabat;
S' Mannöver haut baurat 'en gſchlagene Ta'
Unb jöbem ſein keiſa Habemes eintra'
Den Alles, haut ſ' bſolbat unb globat.
Unb frangeſcht, wau öbbe bia Gaube iſcht gwea'?
Sie iſcht im Aprilla in M.....heim g'ſcheah!

Der Auerberg

ober

der schwäbische Tabor.

Ein Zwiegespräch zwischen dem Bauern von Kieaseg
und dem Becher von Steinbach.

Erster Bauer.

En guata Aubad Franz Salösa!
Wauhea, wau na'? — wau bischt denn gwösa?
Nu butzwitt! gib a Antwort hea!
Du bischt do it in Schwangau gwea?

Zweiter Bauer.

Noi, noi, dös it; — do hau' i's gseah,
Und neabazua no öbbes meah,
Denn wär i koi so Sündalimmel,
So thät i sa': i komm vom Himmel! —

Erster Bauer.

Was hauscht iatz heu'ta für Ideea!
Hauscht öbba z' föscht in Biarkruag gseha?
So'scht bischt so grätig wia der Saul,
Und gsterrer als a Judagaul;
Ma' därf schiar uf diar doba stau' —
Du thuatscht koin Murer falla lau' —
Und heu't machscht Sprüng als wia mei Gais,
Und pfeifscht als wia a Spiagelmais!

Zweiter Bauer.

So schmöckscht 'en Brauta liaber Galla!?
Bischt bo it ganz uf's Hiara g'falla;
Du hauscht bo no' en' graba Si'. —
Wau moischt iatzt, wau i gwösa bi'? —
Wia rauth amaul und streng bi' a',
Ka' sey, du tappascht bo bra' na'.

Erster Bauer.

Ja moischt i wiß 'en jöba Dreck,
Und häb a Hundnä's wia mei Scheck?
Bischt öbba uffem Aur'berg gwösa?
J hau' scho' öfters vonnem glösa;

Zweiter Bauer.

Verrautha Bua! dau bi' i gwea,
J komm schnuaröba vonnem hea;
Auf Tabor ka's kaum schöaner sey, —
Ma' sieht ja bis ge Minka nei'!

Erster Bauer.

Oho, oho, mei' liaber Ma' —
Du luigscht glei, baß ma's greifa ka!

Zweiter Bauer.

Und bia schöa Aussicht, bös schöa Weater!
Miar ischt's grab ganga wia 'em Peater;
J hau' diar gjoblat überlaut,
Und hätt miar bald a Hütta baut.

Erſter Bauer.

Sag nu' du ſeyaſcht bſoffa gwea,
Du ſiehſcht bigott it nüachter hea;

Zweiter Bauer.

Beileib it o Kianſeger Baur!
A jödes Woat iſcht ſterbiswauhr.

Erſter Bauer.

Jatzt Beacher ſag miar uf bei' Gwiſſa,
I möchts a bitzla gnauer wiſſa,
Drumm fraug i — ſeys au mollabumm —
Iſchts wauhr, ma' ſeah im Land ſo' rumm?
Und ins Gebirg nci' wia der Bricht,
Soviel i woiß, ganz deutla ſpricht?
I bi als Bua ſcho boba gwea,
Dau hau' i nir als b' Kiach a' gſeah,
Bi' uſſerhalb am Berg bött gſeſſa,
Und hau' 'en Kreutzerwöcka geſſa;
Um 's oi' dau iſcht miar's it ſo gwea,
I hau halt ſo in Tag nei' gſeah;
Und iatza thund mi b' Füaß it tra' —
So'ſcht gieng i nauf an Jörgeta' —
Bi' au ſo dumm gwea als a Bua!
Der Zuckermayr hauts gſait oft gnua.

Zweiter Bauer.

Du burſſcht miar glei 'en Ochſa zahla,
Und fuchzöh Schöber Keara mahla,
So thät i koi ſo Gauba hau' —
Als wenn i auf bean Bearg bärf gau:

Denn Galla los! i woiß kaum meah,
Wau i hau' übrall anagfeah.
J woiß it, wau i zearscht a' fang,
Bey Stötta eber bei St. Mang.

Von Schwangau sieht ma' beutla b' Mäura,
Und grab am Berg bunt Bearabäura.
Sischt zwar a vürnehms stattlis Oat,
Do' öbbes z' schtill, und ziemli toabt.
Dau ischt's in Stötta ne so schea!
Dött thuats bo au a Gsöllschaft gea,
Und 's Heara Scheiterbeug sieht aus,
Ma' moi't es sey a Gatahaus.

Jatzt grab vom Berg numm überzwerg,
Dau leit der Rauchbaur Peißaberg;
Do haut ear lang koi sölla Heah,
Ma' ka' it soviel Eater seah;
Vom Aurberg aus, dau siehscht scho rumm,
Vom Grinta bis zum Sentis numm.
Und Au'bechs luagat zua biar hea,
Als ob es wollt dein Vürwitz seah'.

Ma sieht au' bur's Spectiva bura,
Ganz Augsburg und da Pearlathura!
Und gmächla luagscht auf Beura nei' —
Uf Mindelhoi' no obabrei';
Dös siehscht, ischt jö koi' Neabel voar,
Vom obra bis zum untra Thoar;
Jatzt Schoa'ga leit biar uf der Nä's,
Dös kennet sell no b' Riasergä's!

Nau halb und halb so wieder Willa
Thuat Mattsias ussem Holz rausschilla;
Dau geits a schöana Schweitzerey,
A vürnehms Bruihaus au derbei;
Vom Schloß ganz grad dur b' Wiesa naus,
Luagt Türka, Zoll und Buachla raus;
Nau weiterna so überzwerg
Schwaubmülnka und der Guggaberg.

Bei Spöck und Mörga, s' thuat miar grausa,
Dau flackat Wald und Tussahausa;
Und weiternauf in's Oberland,
Siehscht bis zur Benabictawand.

Erster Bauer.

Dau muaß i losa, wia it gscheid,
Und 's Maul aufreißa wagaweit;
So öbbes hau' i gar it gseah,
Weil i bi' ussem boba gwea.

Zweiter Bauer.

Ja! bis i thät biar alz verzöhla,
Ko'scht leicht 'en Metza Rüaba schöla;
J woiß koin A'fang und koi End,
Beym obra, wia beym untra G'länd.
Von Schmiacha bis ge Nösselwang,
Von Wiggaspach bis Dettaschwang,
Von Füaßa bis ge Friedberg na'
J ka bia Oat it alla sa';

Nau meah von Fischa bis ge Stoffa,
Von Heallagearscht bis Ruabratshofa,
Vom Stoffesberg bis Eisaberg,
Und rechts und. links, und überzwerg,
Du därfscht's it glauba, wenn d' it ma'scht,
Dau muascht halt luaga, was d' verka'scht.
J hau biar so in b' Welt nei gseah
Als wär' i in Verzuckung gwea.

Dia Laubschaft ist scho' sei'bli bschaula!
A Maular ka's it scheaner maula;
Apatig beym ma Aubabroath,
Dau glitzgat ringsum alla Oat!
J hau' scho' mancka Bleuchting gseah;
A Düpfle uffem „i" ischts gwea!
Denn bia dau bob thuat koina ra' —
Es mög im Taufab Lampa tra' —

Uud seit i auf beam Berg bi' gwösa,
Bi J a andrer Franz Salösa;
Denn wau i bi, und was i thua,
Dau sing und joble i derzua;
Drumm gib i dir bean guata Rauth:
Wenn jö bei' Fuaßwerk bösser gaut,
Zuich d' Stiefel und da Janker a' —
Und schiab dermit be Au'rberg na'. —

An mei' Bäsle.

Wia luagats wohl im Gätla hea,
    Ischt Alles öba voll von Schnea?
Miar hand a höba tüchtig Winter,
    Und voar Mattheus weabs nimma glinder.

Do' treascht di' uf a böffra Zeit,
    Wau's Mözeblüamla g'haufet geit;
Luag! laß' di' 'swarte it verbrüaßa,
    Und thua be Winter frui'bli grüaßa.

Ear thuat sei möglischt's was ear ka'
    Mault Blüamla an bei' Fenster na';
Drum muascht's beileibig it verhaucha,
    Es thät iahn sonscht gar arg verschmaucha.

Sieh gugg! sie sind so silberweiß,
    Und zeichnet mi 'em greaschte Fleiß;
Sie sind so zart, wia deine Ilga,
    Und wärli' z'nobel zum vertilga.

Ear ischt afang a alter Ma',
    Was leit iahm an de Farbe bra'?!
Ob's reathlich, geal sey oder gscheckat,
    Wenn ear derbey nu's Recht bezweckat.

Drum mault ear alles öbe gleich
    Bey jung und alta g'ring und reich;
Und will dermit bia Welt beleahra,
    Ma müaß wia Ear so kindli' weara.

An Bluama hauscht du bo' koi Noath,
  Du hauscht ja Bäckla roasaroath;
Vergißmeinnicht ka'scht tägli 'schauga,
  Denn weiß unb blau sinb beine Auga.

Unb beine Zäh' wia Marselstoi,
  Sinb weiß unb sescht wia Helfaboi!
Do' beine Lefzga wia Coralla,
  Thunb miar am allerböschte gfalla.

Jatzt föllt miar grab no öbbes ei';
  Dei Namenstag weab au' balb sei';
Dau muaß' der bo' a Schankung schicka,
  Unb öttlamaul in b' Backa zwicka.

Jatzt thua mir nu' glei 's Daipla gea,
  Unb gib a safftigs Schmätzla hea;
Bleib frisch unb brav unb allat munter,
  Nau bischt unb bleibscht der Welt a Wunber.

Mei Dourathea.

I hau' bo' gwiß schoa öttla gseah!
  Do' koina gleicht der Dourathea;
Drum mag ma' saga, was ma' will,
  I lach halt huimla in der Still.
'S ka' sey' daß 's no' a schöanra geit,
  Koi brövra gwiß it, weit und breit.

Und aufbutzt ischt sui, tausednei'!
  A Fürschta ka' it wecher sey. —
A Hausregente geit sie a'
  I ka's mit guatem Gwisse sa'. —
Sie ischt so g'scheid als manker Ma',
  Und 's bärf it jöba an sie na'.

Sie trait a Miader roasaroth,
  Am Bürfleack 's moischt a goldna Boat;
Sie haut a Häurla, wia a Flachs,
  Und Händle weißer als a Wachs;
Und trait sie iahr Reginahäubla,
  So ischt's zum maula schöa, mei' Weibla.

A föscht's baar Auga haut s' im Kopf,
  Sie haut koin Fehler und koin Kropf;
Ischt kuzweg gsait ganz kearagsund,
  Und haut 'en Kiaza kugelrund'
Und singa ka' sie wia a Fink!
  Ischt äll alet und sakrisch flink.

Gottvater weab miar's ja bo lau'!
 Wenn's sterbe thät, i müaßt vergau'.
Denn s ischt, wia gsait, a gmachta Frau;
 It kurrig, aber luabrisch schlau!
Dia wau ma' uf der Gaß it findt,
 Und wenn ma' glei' a Gas a'zündt.

Und bring i denn a Reischla huim,
 So lärmats freili' in der Ghuim;
Do' z'Nacht dau ischt s' so guat im Bött,
 Als hättmer nia en Handel ghött.
Was b' Kuch betrifft, so muaß i sa':
 Sui thuat sogar b' Canbitter ra. —

Denn d i a bacht Dota, sakermoscht!
 I hau 's a gotzigsmaul verkoscht;
Und b' Heffanubla! 's lobets alz,
 Sind bur' und bur' verfault vom Schmalz.
Pasteata trait sie au' denn auf,
 Und greaschta Gruiba obabrauf.

Am Werstig kocht sie 's moischt vom Meahl,
 Bacht Apfelbatschi brennig geal,
Au' hia und dau 'en Kiarweihtknopf,
 Und in Kaffee 'en mara Zopf;
All Freitig, wenn si's macha laut,
 Bringts Toppastritzel und a Kraut.

Am Mä'tig Aubabs nackata Wüscht,
 A brautes Hüah'li, wenn's mi' glüscht;
Am Aftermä'tig, — föllt miars ei'? —
 Ja so! — a Muaß und Zwetschga brei'
                                      4

Am Mikta bachne Strubelfleck,
  Dö's ischt bo' gwiß koi Hennabreck!
Am Donnschtig und am Samstig drauf,
  'En greaschta Schmarra und Aepfel drauf.
Und kommt amaul a heil'ger Ta' —
  Thuat's öbbes rörer's au no tra.'
Potz taufed alla Wetter nei'!
  Wer sott denn bau it z'frieda sey?

Drum dank' i au' meim Schöpfer mei',
  Denn sötte Föl thund säsig sey';
Und kupplast au' von Halbawang,
  Bis nauf in's stoinig Balderschwang,
So sind'scht du schwerli' sötta viel,
  Mit Ausnahm von der Beurar Mühl.

Denn bricht amaul a Täufa aus,
  So suach i dött a G'vatt'ra raus.
Mei' Schwear, der haut's earscht nächtig gsait:
  Ma' werf bös Ding it gar so weit;
Potz Wetter alle Kätter nei'!
  Weabt's bau koi übla Gauba sey? —

Dau kauf i glei' en mara Kranz,
  Und friß 'en Ochsa bis zum Schwanz.
Denn so a Fescht ischt it all Ta', —
  Dös sticht sogar no' b' Kiarweih ra' —!
Drum muaß a richtigs Brautas hea,
  Aus lauter Liab zur Dourathea.

'Sischt schab, daß J it bröver bi',
  Mei Leicht'si will it aus 'em Si';

I hätt's dahuim so haunig guat,
  Im Winter bey der Wasa Gluath;
Do' ischt's wia gmacht! — i halts it aus,
  I muaß all Ta' zum Bruia naus.

Dau trink' i halt nau' so schöa stät,
  Apatig wenn es schneibt und weht,
A Gläsle nauch 'em anbra nei',
  Und voar i gang 'en Brantawei'.
I kata au und iß a Wuscht,
  It weag 'em Hunger bloaß aus Gluscht.

So kriag i uf a sötta Weis,
  Habemes ohna, daß i's weiß;
I nimm miar's aber föscht iatzt vür,
  I trottla numma naus voar b'Thür;
Denn bräch a U'glück bey miar ei',
  Müaßt I am End no schulbig sei'. —

Dau stund i frey it übel dau!
  I käm am End no' gar um b'Frau.
Mei Michel! stell ja bo nir a',
  Du wärescht ja a gschlagner Ma'! —
I bleib dahuim, es ischt a Woat,
  Nau bi i gwiß am rechta' Oat.

Und mög nu komma, was dau wöll,
  D' Schlawaka sammt der halba Höll;
I wiaga brav und bleib bei'm Weib,
  Und sing a Liab zum Zeitvertreib.
Und blaust ma' au' zum löschta Gricht,
  I bi' mit meir Familla gricht.

4 *

Dia unglückli' Liab.

O mei! miar thuat's im Herz fo fei'bli' weah,
   I hau' koi Rascht unb hau' koi Ruah;
I hear unb fieh voar Leib nix meah,
   Unb bi kuzum a armer Bua;
I woiß it foll i heina ober lacha,
Denn fürchtig lüabrig ftanbat meine Sacha.

Döß geit miar, wenn's fo futtgaut no' be Refcht,
   Denn 's ifcht im Leib miar fürchtig fchwer;
So haut im Stilla g'feufzgat oft Zilvefcht,
   Unb haut vergoffa öttla Zähr;
Ifcht öfters glaufa naus in's Felbkapella
Haut beatat: Himmel! fchick miar bo' a Hella.

Denn luag, i bi mei lebtig brav no gwößt,
   Unb hau' meim Vater g'folgt uf' 's Woat;
Vo' fuchzöh' Kinber bi i gwöfa 's böft,
   Unb 's oabalafcht im ganza Oat;
I hau nia thau' en Ment unb hau' nia gloga,
Bi woara fchoa vo' Jugat auf, guat zoga.

A fchöaner Kerle bi i, au' berzua'
   I bi it z' jung unb wär it z' alt;
Denn iatza bi i in ber fchöafta Bluah,
   Unb bo' käm b' Heyrath nimma z'balb.
Drum thät i halt fuaßfällig recht fchöa bitta,
Um's jünger Mäbla in ber Hammerfchmitta.

Dös ischt die oizig, bia i geara ma',
　Dia oizig, bia mi' reacht verstaut;
Do' will iahr Vater heargea it sein Ja:
　Dös ischt's, was miar im Kopf umgaut.
Zum stearba geara ma' i mein' Mareyla,
Mit iahrem netta, buttersüaßa Mäula.

Sie wur a Weibla gwiß zum Hausa reacht;
　Und will nu mi' zum Ma' halt hau';
Drum Herrgettle luag a' dein arma Kneacht,
　Und thua miar do' mei Marey lau'. —
Denn luag s' ischt gar a feib'li gschmau'flats
　　　　　　　　Schneckla,
Und haut so feina roasaroatha Bäckla.

Luag! thätescht du mei' Marey oimaul seah,
　Wia häusli, brav und guat sie ischt,
Du gebescht uf der Stell bei' Jawoat hea,
　Obwohl so ziemli hoikel bischt.
I will ja doch recht oft und fleißig beata,
Wenn d' mi', mei Gott! erleascht von beana
　　　　　　　　Neatha.

O gib iatzt do' em Schmib 'en andra Sinn,
　Und glaß iahm öbbes treaschtlis ei';
Laß mi' it stecke in de Aengste dinn,
　Und länger in bear Quaul no sey.
Vergib miar, wenn i u'reacht hau' denn gsprocha,
Aus Schwachheit hia und dau de Voarsatz brocha.

A goßigsmaul, weil i bi gwösa buß;
Dau haut' sie gar so frui'bli guckt;
Sie haut miar gea 'en heazlaliaba Kuß,
Nau hauner oin uf's Mäula druckt.
Luag Herrgettle! bös ischt mei' ganz Verbrecha,
Und ischt so kloi, ma solt dervo' it sprecha.

Drum gib miar bo' i bitt bi' schöa b' Marey,
Denn 's ischt die bröbischt uf der Welt:
Sie ischt so fromm, als wia a Hünbla treu,
Und hätt a' rechts schöa's Sümmla Geld.
Mei Gott! bu willscht! bo' gwiß it mei' Verderba?
Ischt sui mei' Weib' nau' will i geara sterba.

Das Wiedersehen.

Bua.

Ja Marey! du wöchst ja iatz fakrisch berhea!
Bischt allat a winzig kloi's Buzele gwea.
Du hauscht miar mit Neatha kaum greicht bis
zum Leibla,
Und iatza bischt greaßer als i! in beim Häubla.
I hau' mi' denn fürchtig und mentisch stark buckt,
So oft i oin hau' uf bei' Mäula nauf druckt.
Iatz luagat bei' Köpfla grad nett zua miar hea,
So daß mer anander in b' Auga thund seah.
Wia ischt biar's denn ganga? und hauscht an
mi denkt?

Mädle.

O Zilvöscht! i hau' biar da Kopf oft recht gsenkt.
Hau' stundaweis g'seufzgat und beatat u. gheinat,
Und bärsscht miar's scho' glauba, frey' bloaß
weaga beinat.
So hau' i zum Beyspiel an Aufara Ta' —
Verheinata Auga und Tüachla rumtra' —
Bi blösser no gwea als a gweisnata Wand,
'S Fazeala haut tröpfnet sogar in der Hand.
Und überall, wau halt a Schatta ischt gwea,
Ischt's gwösa als ob i dein Goischt voar miar
seah;

Und brucht ma' en Zeuga so thät bös mei' Kiſſa,
Kont's ſchwätza ganz haurklei' uf's Düpfla na
wiſſa.
O weil iatzt nu dau biſcht mei' heaziger Bua!
Jatz hau' i do au' mea a Freud und a Ruah.

Bua.

Ja Mädla! iatz loſa: miar bleiba bey'nand,
Drum gib miar a Schmätzla und ſchlag mer in
b' Hand!
Und mög iatzt au' komma der Kriag oder b' Noath,
Dös Bündniß trennt neama mit Ausnahm vom
Toadt.

Die elyſäiſche Wartſtube.

St. Peter.

Jatz iſcht's bo' eaber mea zum hau',
Ma' ka' bo' au verkomma;
Balb hätt' mi penſ'oniara lau,
Wenn's it a Enb hätt gnomma.
J hau' zum Eſſa ſchiar koi Zeit mea ghött,
Bi' ſelte zeitli' komma in mei' Bött,
J bi, wia gſait, ganz gröbret gwea,
Unb hau' voar lauter Schlauf it gſeah.
D' Solbata nimmts am moiſchta hea,
'S kommt oiner nauch 'em anbra;
S 'haut gwiß mea oima Hänbel gea,
Drum müaßat ſoviel wanbra.
Wie oft i thau' hau' ſchoa be Riegel z'ruck,
So hau' i bo' nia gſeah a greaßra Huck!
Unb atla Gſichter, kommet rei',
Sie müaßat äll vo' Frankreich ſey'.
Do' hau' i iatzt a biſſla Ruah,
Unb ka' bo' au' mea ſchlaufa,
Denn 's iſcht it gange menſchli' zua;
J wär beym Haur! vertlaufa.
J hau' gar oft koi Zeit ghött zum Kaffee,
Unb bi' au beſſetweaga ſo faſchee.
Jn oim Contene iſcht's ſo gwea,
Dös iſcht miar recht im Maga glea.
Nächt z' Aubab bi i numm zum Mars
Mit ganz verhei'ta Auga;

I han' iahn bitt: wia Mänbla spar's,
Unb thua mi' it so plauga.
Was haut's mi gnuzt? — ear haut halt b'
Achsel gschupft,
Unb haut wia soascht sei' Schackeburner gschnupft.
Drauf bi' i na zum Jupiter,
Hau huila falla lau' a Zähr;
Ah Rauchbaur! sag i hau' i gsait:
„Thunb uir a Woat ei'löga'
Do haut sie' dear voar Wuath unb Reib,
Beynah it könna röga.
So Peater, kommst miar grab ganz gweu'scht
derhea;
I hau' bi ja schoa öbig nimma gseah!
So sait ear, sezt brauf b' Brilla auf,
Unb staut halt na' als wia a Grauf.
Was moischt iazt Peater, was i will?
Du sottscht miar ois verklära;
Warum haut b' Earb a so a Vigill,
Daß 's miar bau hoba heara?! —
I sag' biars teck, i bi it sicher guua,
So fürchtig gaut es uf der Earba zua;
Denn luag: sie sinb gar vürgneascht bunt,
Unb möchtat wissa, was miar thunb.
I woiß schoa höba was sie wenb;
Was moischt? — i will biar's saga;
Es haut mi oiner nächta blenbt!
I sott iahn nua verklaga.
I hau' it gwißt, was 's benn auf oimaul geit,
Daß so a Hella in meim Gsicht binn leit?!

Dau' luag i schnell zum Fenster naus,
Und sieh 'en Stearagugger draus. —
  Drauf hau' i nau bedächtli gsait:
  So viel i halt thua wissa,
  Ischt älles iatzt ganz übergscheib,
  Und haut in b' Weisheit bissa.
'Em Jupiter gaut frei dös Ding it ei',
Daß beana ällz wia eus verlaubt soll sey'
Und miar hand no' dermit b' Schearey!
Dau' möcht ma ja a Jud sey glei.
  Iatzt gang i gau a wen'g in's Bött,
  Und thua a bissla schlaufa;
  I hau' schoa lang koi Ruah mea ghött
  Voar sprecha und voar laufa.
Nu, nu! was ischt dau bussa für a Kalb?
Dear stoaßt miar ja mei' Thür rei' halb!
Dös muaß a rechter Flögel sei',
Dea laß i heu'ta nimma rei. —
  Höhö, bear Kerla thuat ja' wild!
  Mei Häusla thuat ganz zittra!
  Dös ischt a hoaher; — gwiß es gilt!
  I moi, i theab iahn wittra.
Iatzt thua i auf und laß iahn gleiwohl rei';
O je! hau gmoit, es soll was richtigs sey',
Derweil ischts wieder a so a Soldat!
Bloaß trait ear gar nix vom a Bat.

Napoleon.

Hah Bucher sakermillio'!
Mir das ist nicht compabel!

Jt will di Satisfactio',
Sonst plag' dich miserabel!
Jt bin gewohnt nicht maken zu viel Spaß,
Mit einer solchen platten Diener = Naß.

St. Peter.

Oho, oho, wear ischt denn Ear?
Aus wöllem Winkel kommt ear hear?

Napoleon.

Jt bin der Franken l'Empereur
Sammt anderer Bagage,
Bin auch bekannt als grand Sapeur,
Versteh' die Cardonage.
Avanc buttzwitt, vor mik sie präsentier,
Sonst ik auf andre Weis mit ihm parlier.

St. Peter.

Marsch, marsch! spann andra Saita auf,
Soascht gib i biar gau glei' be Lauf!

Napoleon.

Granáten Bombensacerdi!
Soll ik ihm lehren mores?
Jt wüßt' ihm schon ein bon Plaisie,
Wär ik nit schon capores.

St. Peter.

Ja theab ear schreya wia ear will und ka'
Ma' fangt mit iahm kei Ausnahm a';

„Sobald ear iaßt it Fried will gea,
So sieht ear mi' heu't nimma meah.
Und hoiß ear, sey ear, was er wöll,
Mia' thuat it an iahm bettla!
Ma' schickt a Botschaft na in b'Höll,
Und geit iahn beana Vettla.
Dös merk ear nua: Bey eus muaß's rüabig sey',
Dau leibt's koi' Lärma und koi' Schreia brei.
Denn miar sind lauter gleiche Leut,
Wau's koina Unterschied it geit.
Jaß komm ear nua; — i füahr iahn voar;

Napoleon.

If will ein wenig erplicieren, —

St. Peter.

Dös ka' er binna hinterm Thoar
J bi nit aufglöckt zum biscrieren.
Gottlob! mit beam dau wär i iaßa grea;
Mei lebtig hau' i no koin' gröbra gseah.
O je! wear klopft benn iaß scho mea?
Jaß muaß i bo glei' gucka,
Wear heu't so spät no' kommt berhea!
Will glei' da Riegel rucka;
Koß Bliß! bear ischt ganz schwaz und will baurei'?
Dös muaß a Fruib zum Caspar sey;
J will nua losa, was er sait,
Und was ear für 'en Gruaß miar geit?

Abbel=Kader.

Ich bin ein Mann von Hagar's Stamm,
Bekannt durch Streit und Haber;

Verwanbt dem Bären wie dem Lamm,
Unb nenn' mich Abbel=Kaber.

St. Peter.

Was schmalkat iaßt bo' bear mea bumms
berhea?
Koin' bümmra hau' i no' it voar miar gseah.
Dear muaß it gar viel Hiara hau';
J muaß iahn bo' no' röba lau'. —

Abbel=Kaber.

Drumm hoff ich auch ganz sicherlich,
Als Fürst der Moslemiten,
Daß auf der Stell ihr jetzo mich
Führt in des Himmels Mitten.

St. Peter.

Ja wohl; iahr bärfats nu grab sa',
Ma' schickt nir Guats zum Teufel na.
Jaßt sinb so guat unb ganb mit mier,
J füahr ui glei' an b' Himmelsthür.

Stimme.

Ah Peaterle! wia laß mi' nei'!
J bi a röbli's Närrla;
J will ja bo' recht brav binn sey',
Unb gelts Gott, sa' beim Herrla.

St. Peter.

Jaß los! bau schreit mea oiner, was ear ka';
S'weab näh zua sey' a alter Ma'

Stimme.

Ah Peater! — — — —

St. Peter.

Ja, ja, i hau's schoa gheat;
Huir gaut's no ärger zua als feat!

Stimme.

Ah Peater! gang mach auf eus zwey,
J bi' ja Liesla Nanna,

St. Peter.

Nu g'stät a weng, i komm gau glei;

Stimme.

Unb's oi ischt Bathla Hanna!
Wia thua bo' oimaul auf, denn s' ischt gar
kalt;

St. Peter.

So genb en Frieb' und hand koin' jötta Gwalt!
Jatz wartet nua, bis 'smoara weabt,
Unb leischtet Gsöllschaft Bruia Greath;
'Sischt wauhr, bös Ding muaß anderscht gau'
Soast muaß i mi beklaga;
J ka' bös Ding it äll so hau',
'S duft Täglistag a Brätla traga.
Drum schrey i was i ka' in b' Welt:
Sinb gscheib und schoanet b' Gsunbheit sammt
'em Gelb.
Sinb lusti', eahrla, genbt a Nuah,
Nau luagt mei Herrla geara zua;

Was hilft bear Lärma unb bös G'schrey,
Sammt uirem Proceßiara?
Sind oabala unb brav berbey,
Unb land ui it verfüahra.
Nau hand iahr ja be Himmel schoa bau bunt,
Unb b' Kiarweih ananand zu jöber Stunb.
Befolget brum bea' guata Rauth,
Jahr wearat seah' baß 's bösser gaut.

Die Fahrt auf das Volksfest.

Nu gschnell vüra'! da Molla butzt,
Em alta Hengscht da Kamma gstutzt,
Da Waga gschmiart, da Sitz naufthau'
Und frei' koi Stäubla hanga lau';
Du Jacabi'! hol b' Goisel raus,
Und bürscht mi' au a bißla aus;
J fahr in b' Stadt auf's Volksfest nei'
Ka' seh' es trait a Preißle ei'! —
Denn so en Hengscht, wia i oin hau' —
Ma' sieht iahn glei von weitem stau',
Haut bloaßig no der Pfarrer dinn,
So'scht woiß i koin so viel' mi bfinn;
Und nimm i iahn recht keif ins Aug,
So ischt's am End a groaßa Fraug:
„Ob no a andrer als mei' Fuchs
Gau' haut 'en sölla stattla Wuchs?
A Bießwerk haut ear, alla Welt!
Nu schad, daß scho a Stockzah' fehlt.
Da Kamma stöllt ear wia a Sau,
De Grind und b' Ruatha hinta au.
Und Fülaßla haut ear wia a Reah,
Ma' ka' koi schöaners Fuaßwerk seah;
Dear kriagt auf jöden Fall 'en Preiß,
So wauhr i Batlastoffel heiß.
Und Weib! wearscht seah, i moi i schmöcks,
Daß eusar Molla und ussra Böcks
Bei beanar Gschicht it leer ausgaut,
Wenns jö koin andra Haucka haut.

Probiart ma's halt, vielleicht gauts guat;
I wollt, i hätt mei' alta Stuat! —
Nau' konnt b'rs beynah schriftla gea,
„Es trait 'en Preiß, vielleicht gar zwea!
Und wemmers bösmaul gar nir tröt,
So hau' i do a Gauda ghött;
Auf so ma' Fescht dau geits 'en Gspaß,
Dau trifft ma Leut von lust'ger Raß!
Denn b' Schwauba sind die lötscht a it,
Dia machat alla Gspäßla mit.
Jatz überm Lech, dau ischt es noi'z,
Dau macht oim b' Langweil beynah kvi'z;
Dau ischt der Zopf no öllalang,
Schiar länger als a Hopfastang!
Jahr greascht a Freud ischt's Kögelspiel,
Und bia ischt it gar extra viel;
Sie reißat höchstens b' Mäuler auf,
Und thund 'en Ratikopper drauf.
Jatzt Jacabi! laß no oi's sa:
Höb frei' ba Dauma Nammata,
Damit miar's Glück it durabrennt,
Wenn euer Hengscht da Krois rumrennt.
Jatzt wischt a ho! und naus beim Dat,
I bring 'en Preiß, es ischt a Woat!
Und Bobabiara lög frei zua,
So'scht hau' i sammt 'em Fescht it gnua.

Das Gespräch uf 'em Kirchweg.

Sebes.

Hansde! willscht denn schoa in b' Kircha springa?
'Shaut no' Zeit, ma' haut grab's Andert gea;
Bi' begiarig, was ma' heu't weabt bringa,
Hauscht de Gmuidsvogt no it grattla seah?
Moischt i schmöck bea' feina Brauta it?
'S Lager bringt bo' gwiß nix christles mit.

Hansde.

Nauchbaur! 'sstecket öbbes in der Döcka.
Ka'scht in beam Bezug it u'reacht hau';
'S duft bloaß oiner komma, bear's thät wöcka,
'S wur ganz g'schnell glei' üb'rall brübert gau'.
D' Potatata hand nua z'weanig Geld,
Daß sie rucka könnat naus in's Feld.

'Sgeit ja übr'all Schulba über Schulba,
Seit der Bonapatle Koiser ischt.
Jöben gsparta, baara, guata Gulba,
Frißt sei' Tuifelsdiplomatalischt.
D' Italjener nimmts am moischta hea,
Bis auf's Hemmet sind sie alla grea!

Sebes.

Do' ma' sott's frei wäger gar it moina,
'S Geld sey fäsig, wenn ma' b' Pracht be=
                      -tracht't;

'Siehſcht do' gwiß koi Noath, wau b' luageſcht
koina!
Als nu Gold und Glanz in jöder Tracht.
Hau's bös Jauhr im Lager wieder gſeah,
Du biſcht glaub i huir it uf 'em gwea?

Ma'! iaz laß biar's rottela verzöhla,
Weil miar grab ſo im Discurs dinn ſind;
Untrauand, denn 's wär miar z'bang zum wöhla,
Wia miars halt grab öbba kommt in Grind.
Z' Wian dunt, geit es kaum a ſchöanars Zuig,
Sag i keckla, ohna, daß i luig.

Fähne, Zoichaner und' au' Stanbata!
Gſcheckat und mit Flittergold durnäht,
Blaua, grüana, gſcheckata Soldata,
Als wär b' Welt uf hundert Stund a'bſät,
Hätteſcht bötte ſeaha könna gnua,
Ohna b' Ruſſa z'rechnat no' derzua.

Sell der türkiſch Sultan iſcht frei huſſa
Uf 'em huiriga Mannöver gwea!
Haut's ſogar no ſchmöcka lau' em Ruſſa,
Daß ma ferchta theab iahn neana meah.
Bua! dau haut der Ruß frei' atli' guckt,
Haut ſein' Huat faſt über b' Näs nabruckt!

Dösmaul haut ſi' ear frei huila ghalta,
Spionira haut ear wölla gau';
Daß ear u'gſchiniart könnt thua und ſchalta,
Haut ear wolla koi Begleiting hau'.

Do' ma' haut iahn glei' am Häswert kennt,
'Shaut biar glitzgat! das 's oin schiar haut
blendt.

S Komplimenter schneiba thuat ear hassa,
Sischt iahm gwea zum Thua a hata Buaß.
Do' haut's müaßa sey', sonscht hätt ear gfassa,
Hätt zum kuia kriagt a atlas Muaß.
'Sischt iahm bo' it wohl im Maga gwea,
S' haut's iahm jöber schoa im Gsicht a'gseah.

Narr! be Türka sottescht freili' kenna,
Wilb ischt's Luaber it — er haut mi' gfreut,
Weil ear gar so seib'la guat ka' renna,
Unb 'em Russa b' Wauhrat haut so gsait.
Trachtermäßig haut sei' Kapp ausg'seah,
Alles anem ischt voll Schammer gwea!

O Musi haut miar schoa am Böschta g'falla,
Denn b' Cinella hand s' biar kleppra lau';
Unb's Posauna unb Trompeata Halla
Hau' i gheart frei sammt 'em halba Mau.
Klepprat, gsausat, gschmettrat hauts biar frei',
Wärla 's hätt it örger könna sey'! —

Gritto, g'fahra ischt ma' burananber,
Gsausat haut's schoa grab als wia 'swilb Gjäg!
Unb der griachisch Oebrischt Ipsilanber
Haut frei' seuf Polacka braucht bia Täg!
Pulver hanb si au' it aufbraucht gnua,
O' Baumwoll hanb sie gnomma no' berzua!

Schnappsbotika, Beatelmusikanta
Haut's biar gea so viel als roatha Hund;
Wilda Thiar und Gaucklerbanda,
Und no allerley so Herabund.
Aber bös haut mi' am böschta gfreut,
Daß der Türk 'em Russa b' Wauhrat gsait.

Hansde.

Sebes o! was saischt bo älz für Gschichta?
Sgeit no öbbes a, i fürcht's ällweil;
Gar nix rar's, nu' schlechta Ding hearscht brichta,
Dinaweag ischt allz, am Narraseil!
Wenn miar schoa nix z'essat hand im Leib,
Geld geit's bo' no' gnua zum Zeitvertreib.

Z'Frankfurt haut ma's gseaha bey beam Schiaßa,
Batza haut's bött gregnat nu grab gnua!
Wear haut wölla öbbes richtigs gniaßa,
Haut bey Geld sey bärfa Bua!
Moi'scht a Fetzla Floisch, wia b' Hand so groaß,
Haut dau koscht a öttla Groscha bloaß?

Sebes.

Ja! 's vergaut uim wäger iatza 's Lacha.
Hansde! 's geit frei' bald a thuira Zeit;
So heat's Kocha auf no sammt 'em Bacha,
Weil es neana koin Verb'ischt meah geit.
Denn es pfuscht iatz alz im ganza Land!
Jöder Schuaschter will 'en Kraumerstand!

So'ſcht bau hauts benn gheißa: Meiſchter
Schneiber,
Meiſchter Schreiner, Meiſchter Nagelſchmib,
Meiſchter Köſſelflicker, unb ſo weiter
Jaßt! nimmt jöber alla Titel mit!!!
Haut ma' bös, zum Beyſpiel, jö verheart?!
Daß a Sattler Böckameiſchter wearb?!

Hansbe.

'Siſcht a grauſigs Loib! mei' guater Sebes!
Allweil ſpricht ma' von ber Noath, wau weabt;
'S iſcht umſo'ſcht; benn luag: i moi miar häbes,
Denn bei lebtig hauſcht nir koizers gheat.
'S gaut koi Gwerb beym Wangler wia bey'm
Schmib,
Z' löſchtas weab ber Wiarth a fröttigs Glieb!

Pflottrat hanb benn ſo'ſcht in oim Contena
D' Häfa ſammt be Dägel uf 'em Heab;
Ja! weil gleabt haut no' mei' ſeel'ger Nähna,
Haut ma eſſa könna, wia ſi's gheat.
'S Biar iſcht au no' öbbes wölfler gwea,
'S haut benn bo' a richtigs weiß no gea!

Unb ma' haut ſein rara Viarazelta
Ghött auf Kiarweih unb an Thommestag;
Jaß thunb b' Hußla au ſchoa ſoviel gelta,
Daß ma jauhrlang neana koin' vermag.
'Siſcht wohl gmacht mit Frankreich Zollvertrag,
Unb in Minka iſcht a Hanbelstag.

Do' i moi' es wearb bia Gschicht nix nutza,
Denn b'Franzosa sinb ja sell voll Noath!
Hanb ja sell it meahr, als Stiel unb Butza,
Könnat lau' koi' Stückle Haberbroab!
'S Fett a' schöpfa von ber beutsche Supp!
Ja! dös mächt bia bschissa, hungrig Klupp!

Wauhr ischts Sebes! — iatzt sinb koiza Zeita!
Ma' verma' koin ganza Würfleack mea;
Thuat biar oiner au' en Dantes beuta,
Sollscht iahm truila glei' be Zei's na' gea.
Was b' voar kriagt hauscht umma öttla Zwehr,
Ischt iatz wärla bopplat no' so theur!

Sebes.

Nächta bi i z'Mei'schter bussa gweasa,
Unb hau' b' Zeiting beutla burg'stubiart;
Gell, bu weischt es, baß i guat bi bleasa,
Hau' i ja b' Princippa g'absolviart!
Feat bi i no' Amma bei ui gwea,
Dau haut's bo' it gar so koiz ausgseah!

'Sischt it sauber frei'; so viel i gleasa,
Hanb b' Amerikaner au' 'en Streit;
Unb bia Gschicht! dös ischt a beasa!
Weil's koi rechte Baumwollausfuhr leit.
'S kommt a rechta, miserable Zeit,
Wenns au' no Fabrik=Revolta geit.

Hansbe.

S'ischt halt au a Strauf für eus von boba,
Beata burft ma' keckla annananb;

Aber nir, wia bös, weab so verschoba,
Koizer simmer als im Hoidaland;
Wunbrets eus nau', wenn nir wöchst unb graut?
Ka'scht denn leaba von der leera Dauht?

Sebes.

O mei Hansbe! bös woiß J am böschta,
D' Bobabiara grautat nimma guat;
Gnua ghött hau' i soascht zum möschta,
Muaß 's iatz aber kaufa zua der Bruat;
Erbes haut's denn gea wia b' Doraschlea,
Jatz geits iatz kaum no Hagabutza mea!

'S hauts eascht voarnächt Giagel Thomma beana
Dinn beim Bergalahannes zua miar gsait:
„Daß im Ganza gnomma, neana
Euser oiner kriagt, was ear uur lait.
Kuzum! b' Baura müaßat beatla gau',
So ka'schts oimaul nimma länger hau'.

Hansbe.

Mit der Jugend ischt's au' fürchtig grausig!
Dia haut gar koi' Supernatio' —
Sind dia Fratza, no' so bumm uub lausig,
Tanza thunbs, unb carrassiara scho'! —
Bsonders iatz, weil Schual unb Christaleahr
Bloaß bis sechzöh über sie ischt Hear!

Unb bia Hoassarth! unb bös Luaber=Leaba!
'Sherrscht koi' Glauba unb koi' Regillio'!
Nir als Luxus, Noath unb 's Mensch berneaba,
Bei be Stöbter, unb beim Landvolk scho'!

Bsonders staut's mit eufra Mägb unb Knecht,
Grab in beaner Hisicht extra schlecht!

Sebes.

Bua! i hau' 'en fürchtig schlechta Maga;
Hansbe! wemmer it zum Böcka nei'?
J thua gschwinb mei' schweinigs Boi' anaga,
Unb bu trinkscht a Gläsle Brantewei' —
Bis ber Mößmer = Natzel zämmaläut't,
Hammer no a Viartel = Stünbla Zeit.

Hansbe.

Los bo Sebes! hearscht bie mittler Glocka?
'S weab 's Asperges wohl schoa sötig sey';
Heu'ta leibt's koi' Schlückla mea beim Hocka,
Muascht bi' bummla, baß in Stuahl kommscht
nei'.

Sebes.

Luag! ber Cooperater macht schoa's Kreutz!
Ma! was gischt? heut kommt a fetta Beitz.

Die Betrachtung des Conterfaits der Leipziger Völkerschlacht.

Ah luagat Vater! was ischt dötta?
Dös ischt amaul a vürnehms Gmäl!
Dös ischt, i wolt' glei öbbas wötta,
A Gaucklerei; — it? rauth i fehl?
Dau gaut's ja fürchtig burananb,
Ma' sieht voar Staub nix von be Manb.

Noi Baschti, bau bischt it am rechta,
Dös ischt bigott koi Faßnachtsgspaß;
Es gaut ja anna schuißa anna fechta,
Dau butzlat b' Leut, wia's a'gmäht Gras!
Dött stauts: „Leipziger Völkerschlacht.“
Jatz glaub i's scho', baß 's gar so kracht!

Denn Bua, bau hammer Dachtla g'fanga,
Dött hammer gspässige Knöbel kriagt;
A jöber muaß bau maschkra ganga,
Deam so a Knopf an Grind na fliagt.
Kotz grechter Stroahsack! armer Leath,
Dau hauscht bi gricht't zum lötscht Gebeath.

Noi, — wenn i benn so an bia Zeita
Behm Gsobstuahl, benk, unb's Hiara kratz,
So burft ma' miar a Länbla beuta,
I gieng zua koiner sölla Hatz.
Dau bi i behr a Zwieselsupp,
Do gwiß in koiner sölla Klupp!

Herrjörem! luagat bött dia Reiter,
Dia schwaza, mit deam Pölz am Häs;
Dia hand bo Messer, hand bo' Scheiter!
Hö Vater o! — was sind benn bäs?
Sie hand um's Maul 'en Türkabat,
Und suchtlat uf 'em sella Mab.

So Lauser! siehscht dia au' schoa geara?
Mit beana leibt's frei' gar koin Gspaß,
Dau muascht nu gucka, muascht nu heara,
Was bös ischt für a Tuifelsraß!
I moi der Beas sey Comma'dant,
Weil's so a schwaze Rüschting hand.

Ja, b' Preußa bös sind Tropfa Luaber!
Apata bös Husaragschmeiß!
Dia haltat zäma, wia a Bruader,
Und land koin Ma' de Gögner preiß!
Dia Kerla schneibat schoa a Gsicht,
Daß oim's Kourasch in b' Hosa bricht!

Und bött am Berg, bie sella roatha!
Mit beana bruifach spitz'ga Hüat,
Dia Fäh'la hand mit schöana Boata,
Und beana der Öbrischt's Schweabt na' biath?
Und Rößla hand sie fürchtig nett!
Recht schöa beynand, wenn schoa it fett.

Jatz los, i will biar's beutla saga:
Dös sind Polacka! schöana Leut,
Und bear bött mit seim g'stickta Kraga,

Dear voarna na' ba Sabel beut,
Dös ischt der Gen'ral Rapp; a Ma'!
Von beam ma' viel verzöhla ka'.

Denn luag i will biar ois bloaß saga,
Miar lauft der Kalt be Buckel na',
Und's gheart berzua a guater Maga,
Dear sölla Dinger ka' vertra' —
Ja, m i a r sait's neama, J woiß's sell,
Denn mitgmacht hau' i all bia Fäll.

Und zwar ischt's gscheah' im Rußland binna,
Voar u'gfähr öttla viarzig Jauhr,
Dau hammer an ber Berafina
Diar glitta örgschta Toabesgfauhr.
Denn schuahtiaf Schnea und Eis haut's ghött,
Fuchztaufab strackat in beam Bött!

Dau haut koi Pölz und haut kei Händscha,
Voar beaner starka Költa gnußt;
Denn g'sterr ischt woara 's Vieh und b'Menbscha,
Und öttla haut's bau zämapußt.
Dau hättscht bös Wuisla solla seah!
J hau' verfroara öttla Zeah.

Und bött haut frei', ma' sott's it saga,
Der Gen'ral Rapp verbrennt sei' Näs;
Dau haut iahn weanig gnußt sei' Kraga,
Und seina Boata an seim Häs.
Dös haut verschoa't koin General!
Geschweiges denn 'en Caperal.

Jaß rauth: wear sind die sella bötta?
Dia grüana Reiter! guck's recht a';
Dös sind scho' Leut es geii koi sötta,
So kearaföscht, ja Ma' für Ma'!
Sie springat grab im Hui 's Carree,
Und sind 'em Feind am Leib ganz näh.

Mei' Bua! dia kenn i sell am böschta,
Dös sind die boirischa Walanschär;
Dia sind diar nea na frei' die lötschta
Und fürchtat it a russisch's Heer.
Sie hauat mit 'em Säbel drei',
Wear oina kriagt, laut's hoimgea sei'.

Ah Vater! was sind bött für Flinta?
Dia speiet aus 'en fürcht'ga Rauch;
Sie sind am sella Berg bött hinta,
Und Leut sind bött mit Batzazauch!
Kotz Wetterschla! dau gaut's ja zua,
So daß ma' scho am Seah kriagt gnua.

Ja Bua! bös ischt koi Gschicht zum lacha;
Glei klüaga Kugla schuisats raus,
Und gliederweis nimmt's so a Spacha,
Dau gaut uim wärla auf der Graus.
Dia Ma'schaft, bia bei bötta staut,
Gheart Eastreich, bös die böschta haut.

Bua dau guck hea! i will biar's deuta,
Was bös denn älz für Truppa sind;
Dia sella bötta uf der Weita
Dös sind Franzosa, bia kenn i blind;

Denn Bearamütza hand sie auf,
Und ruckat a' im greaschta Lauf.

Dös sind biar Hundsschwänz! thät'sch it glauba,
Und parla thunds wia uf der Preß;
Sie hand 'en Adler uf der Hauba,
Und dunkelblau und roath ischt's Häs.
Sie sablat wia der Tuifel öll,
Und fürchtat it iahn sell no' d' Höll.

Und guck! dia sella mit de Rappa,
Mit deaner stählna blanka Bruscht,
Mit iahrem Roßschwanz an der Kappa,
Dia sechtat, scho', es ischt a Luscht!
Dös sind französcha Cürrassiar,
Dia sind beinah verstöbrat schiar!

Ah, ah! was ischt denn dös für oiner?
Ear haut 'en graua Kittel a';
So gspäßig kloidt ischt neana koiner,
Ach seahat do bea' kloina Ma'!
Es reit a Moahr uf seiner Seit,
Und weiß ischt's Roß uf beam ear reit.

'Sei Huat ischt ohna Bosch und Franza,
'En Guter haut ear in der Hand;
It schimmra thuat d' Montur it glanza'
Ear haut am Leib koi gotzig's Band.
Dös ischt do' gwiß koi Feldmarschall!
Ka' sei' a Vice = Corporal.

Und Leut find um iahn rum ganz Truppa!
Ma' thät nu moina, wear ear wär?
En Kittel haut ear wia 'en Rupfa!
Ifcht's öbba gar a Brigadär?
Ja, mi' verfüahrt nu' grad fei' Roß,
So'fcht thät i fa', ear fey Profoß.

Mei' Bua! du fchwätz'fcht 'en Käs zum lacha,
Du haufcht koin Schei' vom ganza Gmäl;
So'fcht thätfcht it lurka fölla Sacha,
Und rautha gar fo durnei' fehl.
Du muafcht bös Zuig frei' recht a'feah,
So'fcht wear mer heu'ta nimma grea.

Jatz los! bös ifcht der Bonapatla!
Dear äll dia Wöfch fo a'gricht haut,
Und Eaftreich därf fi' richtig fattla'
Damit dia Gfchicht zum Ausgang gaut.
Napoleon! bös ifcht a Hölb,
Von beam ma' heu't no' viel verzöhlt.

So ka'fcht iahn glei' bei Kirchafteffa
Aus Gyps am Ofa doba feah,
Und eufar alta Stüblafeffa
Haut Schlachtagmäler vonnem meah.
I fell, i gib diar bloaßig a',
Uf was i mi' no bfinna ka'. —

Ear ifcht a Soh' vom a Affacata,
Und wärla a dustriebner Kopf!
Ear haut frei' mit' ma kurjofa Faba,
Europa bunda an fein Zopf,

Und hoach und nieder, groaß und klei',
Haut unterthau' iahm müaſſa ſei'.

So haut ear b' Koiſerkroa' verhalta,
Und haut im Feld verſuacht ſei' Glück;
Do' äll ſei' Schalta, äll ſei' Walta,
Haut ghött a atlas Mißgeſchick. —
Denn wia ſcho' gſait: im Rußland binn,
Iſcht's gar it ganga nauch ſeim Sinn.

Und voar, bau haut ear z' Auſterlitza,
De Ruß' und Kaiſer Franzel gſchla',
Und ſui iſcht's gwea bie nemli Fitza,
Dia' em ream'ſcha Reich koi Kroa' haut tra'.
Druf haut ear z' Wagram und bei z' Znahm,
Ganz Eaſtreich braucht ſchiar uſſem Leim.

Haut gotterbärmli' b' Preußa
Bei Jena und bei Eylau putzt;
Und wear hätt's ſolla bötta neuſa,
Daß all' bös Glück iahn bo nir nutzt?!
Dös wär koim komma it im Traum,
Daß ſo a Ma' no' müaßt in Zaum!

Und bo' — im Niederland bau binna,
Bei Waterloo iſcht öbbes gſcheah,
Dös trotz ſeim Wöhra und ſeim Sinna,
Sei' Regiment haut gmachat grea'. —
Dau iſcht iahm örger als z' Hanau
Der Buckel woara roath und blau!

6

Druf hand f' iahn z' Frankreich g'fanga gnomma,
Und hand iahn uf a Insel thau';
So elend ischt um's Sächla komma
Der Bonapat! — nir hand f' iahm glau';
Au' haut car im a kloina Haus,
Sei' Seal ausghaucht; iatzt ischt es aus.

Dau siehscht wohl, daß a ebig's Leaba,
Uf beanar Welt, do gwiß it ischt;
Es nutzt koi' Reichthum, nutzt koi Geaba,
'Em Knochama' verföllscht wear b' bischt.
So'scht hätt do' gwiß der Bonapat,
De Toad verjaicht, als Örzsoldat!

Der Invalid.

I solt' mi' halt nu ällweil ducka,
Und überall der mindescht sey',
Do' — wenn i a' luag meine Krucka,
Versetz' mi in b' Kassarma nei'. —

Denn dau sind gwösa andra Zeita,
Weil Bonapatla no haut ghaust;
I ka' iahn seaha iatz no reita,
Beym Puff! es haut miar oft recht graust.

Und wia miar sind ge Eastreich zoga,
O mon dieu! dau hauts frei kracht;
Dött sind frei' atla Breama gfloga,
Sind gwea in oir Kano' schoa acht!

Gar fei'dli blitzt haut's bey Paß Lofer,
Ma' haut voar Rauch koin Ma' it gseah;
D' Tiroler unterm Sandwirth Hofer,
Sind stark verschanzt am Ausgang glea.

Dau haut der Wrede atla guckat,
Dött ischt's iahm gwösa nimma wohl;
Jatzt Kindla! wenn sie daut it ruckat,
Nau kommer nimma in's Tirol.

Drumm wemmer it wend sey' verloara,
Nau fall' mer's a' im greaschte Hatz;
Jatzt ruck mer voar: es sey verschwoara!
In öttla Täg dau hammer Schwatz.

6*

So haut ear gsait und hauts befolla;
Nau haut ma' glei be Wirbel gschla;
Und nir hauscht gheart, als Kugla rolla,
Kartätschafuir! i ka's it sa'.

'Em Wrede hauts ba Frack verrissa,
Und öttlamaul sein Huat ra' keit;
Dau haut ear wohl uf b' Zäh' recht bissa,
Koi Zoicha gea a langa Zeit.

Zwea Täg schiar hammer g'fuirt und gschossa,
Und ei'büaßt öttla tausab Ma';
Dau kommat enbli no' b' Franzosa
Mit Ma'schaft und Fourascha a'.

Jatz hättscht bös Kracha solla heara!
D' Schassör bia hand am kehlschta thau',
Als müaßt no' b' Welt erobret weara;
Koi Stund hands uim a Naschting glau'.

Do' enbla hands a Loch durchbrocha,
Nau ischts im Hui erobret gwea;
Und so vo' Pulver haut diar's grocha,
Ma' haut it über b' Näs nausgseah.

Im Feldschritt sind miar weiter zoga
Oh' Weag und Steag durch Rauch und Treck,
Und öttla Knöbel sind no' gfloga,
Um jöben no' so kloina Fleck.

Drauf hammer gmoint, miar feha borga,
Dau haut der Tuifel Wörgel braucht!
Fürs Klopfa haufcht it bärfa forga,
'S haut örger, als bei Lofer graucht!

D' Tiroler haud fchoa luabrifch gfchoffa;
Kot Himmelfacra Blitfchwearnoath!
Fcuf Löcher haut bött kriagt mei' Hofa,
Uf jöber Flank haut ghauf't der Toab!

Gar fei'bli haut ma' Sturem glitta,
Denn's Doaf ifcht gwea voll Brand und Gluath;
Und b' Argatanta find biar gritta,
Wia a Blit fo fchnell im greafchta Wuath!

Und butlat find frei' viel wia b' Mucka,
Und hand be lötfchta Schnaufer thau';
Es haut biar gea, koi gotiga Lucka,
Wau b' it haufcht feah 'en Schüta ftau'.

Denn bös find luabrifch kecka Aufer!
Sie hand fi' gwöhrt uf's Tröpfla Bluat;
Und all, fogar der rotigft Laufer!
Haut finka lau' dur nir fein Muath.

Miar hand's bernau' kurjos frei gnomma,
Und hand's derfür brav zappla lau';
Denn wenn eus oiner ifcht verkomma,
So haut ear müaffa mafchkra gau'. —

Nau, weil miar sind in Schwatz ei'zoga,
Und hand's Quatiar kaum aufgschla' dött!
Dau hand's dia falscha Saratoga
An älla Eck schoa a'zündt ghött.

Dös ischt a Brau'scht gwea wild und gräusla,
'Dia J vergiß mei' lebtig it!
Verschoanats haut's koi' gotzigs Häusla,
Sell d' J'bruck ischt verbronna mit!

Dau hammar müassa uf ma Bröttla,
Dös hellauf brennt haut, übergau',
Und bös zwar schnell; denn 's ischt zum zöttla
Koi Zeit gwößt, wia zum feurig stau'. —

Und wia i in der Mitt bi' ganga,
Kotz Sabelhieb! dau bi i glea;
Hau' denkt: 's ischt bösser do' als gfanga,
Und hau' glei' nauch em Ufer gseah.

Derzeit hand meina Kameraba,
De Troller glei' 'en Pfeffer gea,
Und hand ui Easterreichs Soldata,
Frei' huigschickt gar it extra schea.

Uf bös nauf hau' i älz vergessa,
Bi' gwösa kreutzfidel derbey;
J hau' zwar öttla Tag nix g'essa,
Do hätt i' g'fastat nomaul drey!

Und ob i' um da Fuaß bi komma,
I hau' do no 's Victori! gheat;
Dau hau' i druf 'en Stecka gnomma,
Und hau mi' halt zum Ganga gneath.

I bi' zwar wieder g'heilet woara,
Und bi nau glei ins Preußa na';
Dös ischt eus gwea schoa lang a Doara,
Dött hammer nau a Lager g'schla'. —

Bey Breslau, hammer glei' bia Preußa,
Im Gschwindschritt in a Lacha g'jaicht;
Dau hand sie müassa voares kreisa,
Sind gwösa grad, als wia verschaicht.

Jahr Öbrischt haut scho' Gfrießer gschnitta,
Als wia a Bäar der a'gspiast ischt;
Ear ischt zwar gwösa ziemla britta,
Und haut bo' gwißt it Hott no' Wischt.

Da Fahna gsenkt! so haut es gheißa;
Dös ischt der General-Pardo',
Und wear si' will no' lang verreißa,
Dear haut de Kopf verloara scho'.

Au' Bonapatla ischt nau komma,
Und haut bia Truppa visatiart;
Ear haut de Wrede beym Ara gnomma,
Und haut iahn außer d' Front na'gfüahrt.

Ah, bon Solbat! und viel fortabel
Jahr Bayer! sait ear, haut ear gsait;
A guata Schneid haut uiar Sabel,
Und gwiß koi' koi'zra uira Leut!

Dös haut eus gfreut, dau hammer glachat!
Und sind nau glei ge Strehlitz zua;
Dött hauts a bissla örger krachat!
Miar hand schiar ghött it Pulver gnua.

Dau sind die preußischa Husara,
Mit suchzg Kosacka dinna glea;
Dia sind scho' wia der Blitz rumgfahra,
Und hand eus gmachat beynah grea!

Miar hand zwar annanand, Haubitza
In bös vertuiflat Nescht nei'keit,
Do' mi', und öttla andra Schütza,
Haut's bött zum Invalida gweiht.

Bi' woara zwar a rechter Krüppel,
Do ischt's im Heaz miar bubelwohl;
Denn trotz meim eselgraue Schüppel,
Hau J em König gea mein Zoll.

Und komm' i uf da Toadtaschraga,
So bi i gstorba als Solbat;
Und wear mi' kennt haut, muaß nau saga:
Dau leit no' oiner, deutsch und grad! —

Das Quartier.

Jaß moi i, es sey nimma weit,
Daß 's bald a anbra Wendung geit,
Denn heu'ta Morgas umma Viara,
Hand b' Preußa müaßa hoimaschiara.
Beir Rhoi'pfalz beana sind sie huß,
Vielleicht aus Baba au' scho' buß.
J moi am End, miar kriaga schiar,
Bis übermoara a Quartiar.
Miar gaut bös Ding a bißla voar;
Mei' Katz bia langet hinters Oahr,
Und b' Nä's bia beißt mi' — wetternei'!
Es muaß a Fremb's im A'zug sey' —
          (sieht zum Fenster hinaus.)
Jaß luag! wia's i uf's Düpfla weiß,
Grad kommt bey'r Mischtlach rum, a Preuß!

Preuße.

Hurrah bi Jott! een Butterbrod!
Jk bin nich weiß, nich schwarz, nich roth;
Jk bin ein Preuße, will Gaffee,
Een jutes Fleesch und Maachenthee!

Bauer.

So gang ear nu voar rei' bey'r Thür,
Und zoig ear miar sein A'weis vür;

Was moi't ear denn? ma' sey dumm,
Und laß brav drescha uf si' rumm?
Noi, noi! dia Zeit ischt nimma meah;
Jatzt thuat ma' nauch der Speiskat gea,
Und dau staut bött a halbs Pfund. Fleisch,
A Supp, a Biar und Broad, iatz weisch.
Und gschmöckt biar's it, und hauscht it gnua,
Nau stöckscht 'en Stecka no derzua.
Jatz flack derweil auf b' Gautscha na'
Mei Weib richt glei b' Menaschi a',
Und hauscht 'en Durscht, so friß a Mill,
Zuich b' Stiefel ra' und sey' miar still!

Preuße.

Wie? wat? bi Jott! kee Tasse Thee?
Kee Butterbemmchen, kee Gaffee?
Das is doch een meschant Quartier,
Das meld ik gleich dem Offizier.

Bauer.

Und i wear beim Profosa sa'
Ear soll diar b' Goscha recht verschla' —
Was moischt denn du? du glüschtigs Maul!
Wia' richt biar a' a Herramaußl?
Dau weabts frei nir, drumm sey iatz still,
Friß rottala zua und schwätz it z' viel,
So'scht zeig i, daß i Herr im Haus,
I wirf di' glei beim Kreutzstock naus.

Preuße.

Ne Bruderherz, das leib ik nich;
Bejomm ich Thee und Gaffee? sprich!
Und außerdem mein juter Hans,
Zum Mittagstisch e junge Jans?

Bauer.

'En alta Kuahschwanz wear d'r gea,
Verdianascht so nir bössers mea.
A Nonnafüzla mechtest, gelt?
'En Schnepfabreck um's thuirischt Geld!
So Narra geits no mea bey ui,
Dia U'firm sind miar gar it nui.
J woiß no von meim Äh'la hear,
Vom alta Amma und vom Schwear;
Dau muaß ma halt auf bös it gau' —
Und so 'en Stichel schwätza lau' —

Preuße.

Bi Jott! ik räche meine Ehr
Ik wäre sonst keen Preuße mehr.
Wart Jerl! ik nehme dich beim Kopp,
Und feffre dir, du schwäbischer Tropp!

Bauer.

Du moischt am End mei' guater Preuß,
Daß i voar Angscht in b'Hosa sch..ß?
Do bau bischt g'stimmt du Pickelkapp!
J bi koi söller dummer Lapp

Wia b' Babamar und Hessa,
Und laß miar alz verfressa.
Bis bös gschieht, wearscht du Genaral,
Und iaz bischt no it Kaparal!
Hauscht no koi Laus im ganza Gsicht,
Und bis amaul bia Zeit a'bricht,
Wau i voar biar verschrecka thoa,
Dau bi' i halb verfaulat schoa;
Do rechts um iaz und naus beim Haus!
So'scht schlag di mit 'em Rüahrfaß naus.

Der Abgeordnete.

Ein Zwiegespräch zwischen einem conser=
vativen und radikalen Zopf.

Conservativer.

Potztausab Wetter! heu't bischt weh!
J trau miar schiar it recht in b' Näh'.
Was geit's? ischt öbbes an di' komma?
Umso'scht hauscht bo' ba Huat it gnomma;
Thuascht öbba oima z Gvatter stau'?
Vielleicht zum Affakata gau'?
Koi Feytig ischt bo' au it heu't,
Als Hoasattag in Altabai'dt.

Radikaler.

Du schmalkescht wohl in Tag au nei'!
Und hauscht vo' eusrer Zeit koin Schei'.

Conservativer.

Was woiß iatzt J, was alles gschieht!
Bi beßetweaga bo' der Schmid;
J gib beam Zuig koi sölla Acht,
Und denk: es wear schoa rechtla gmacht.
Von miar aus burft ma' allas lau',
J thua mein alta Dapper gau';
J bring mei' Gilt und zahl mei' Stuir,
Wia alla Jauhrgäng, so au' huir.

Radikaler.

Dös ischt a Gschwäz! — wenn älz so siag?

Conservativer.

Nau' gäb's koin Handel und koin Kriag.
Es wär derzua it viel verspielt,
Ma' haut im Streit no' nir verzielt.

Radikaler.

Ah was! so schwätz koin Mischt derhea,
A Aendring ischt von Neatha gwea;
Wärscht nächta nu im Gmuindsrauth gwea,
Du sprächescht it so dumm derhea.
Dau haut ma' gröbt und b' Wauhrat gsait,
Und b' Bscheiserei für b' Näs na' glait;
De Zeahba, b' Gilt und b' Stuir a' thau',
Und b' Publicaner leaba lau'. —

Conservativer.

I hau miar 's denkt, es komm so raus;
Du sitz'scht am End im Unterhaus?
Und bischt a Glied vom hoaha Rauth,
Wau jöder Pla' da Krebsgang gaut.

Radikaler.

Du kascht's beinah verrautha hau',
I will di' uf 'em Glauba lau'. —

Conservativer.

Wia kommscht denn Du grad, fällt miar's ei',
Uf oimal in dia Sitzing nei'?
Bischt do' it gar so hoach gstudiart,
Hauscht äll' von hinta b' Schual a'gfüahrt.

Vom Hausa will i gar nir sa'
Dau thuat bi jöder Pfrüandner ra'. —

Radikaler.

Ey, ey! was du it älles faischt!
Hauscht öbba 'en Prophetageischt?
Dau g'heart a bißla meahr derzua,
Als bloaßig gscheid sey' liabar Bua!
Denn ka'scht it mit 'em Lüaga na',
So bischt du fuchzgmaul hintabra'.
Was hilft di' denn bei' bleasa sey'?
Du muascht bi' opfra uf de Schei'.
Dös heißt: du lauscht in d' Zeitung thoa,
Daß du voar öttla Jaihrla schoa,
Zum Beyspiel in ra Schnappsbotik,
Verrechnet hauscht bös Völkerglück,
Und daß du Haus und Hab und Guat,
Wenn's sey' müaß au' sogar bei' Bluat,
(Versteht si's wenn 's au' öbbes trait,
Do' ischt bös unter eus bloaß gsait)
Zum Opfer geara gäbescht hea,
Und so'scht etcätra öbbes meah.
Kommt gähling nau a Plätzla aus,
In euserm Depatiarta Haus,
Und wär es bloaß der Calicant,
So hättescht do' dei' Geld vom Land;
Und zöhlt ma' öfters b' Stimma a'
So ka'scht do' noi sa' oder ja;
J moi, dös wiß' der Hausverstand,
Und häb ma' au' de greaschta Brand!

Uf dia Weis kommt die strengst Debatt,
Ganz gmüathli' zum a Resultat.

Conservativer.

Ja, ja! bös streit i gar it a'
Was thät derbey mei' Gwissa sa?

Radikaler.

Ah was! dau muaß ma' keckla sey',
Und alles voargea uf da Schei'.
Nau kommt ma' zua ra' Dignität,
Dia oigna Tax und Stempel tröt.

Conservativer.

Ja laß diar saga, ischt's nau gnua?
Bischt au' vergnügt in sölla Schuah?

Radikaler.

Warum denn it? i bi a Ma',
Es sieht mi älz für öbbes a',
Und macht sei höflich'sts Compliment,
Mit Huat und Hauba, Kopf und Händ.

Conservativer.

So, so! bös weab au b' Hauptsach sey',
Daß viele wend in b' Sitzing nei';
Dös sind miar aber saubra Leut!
It weath, daß 's euer Boba trait.

Von beana kommt nau' euser Heil?
Guat Nacht! bös ischt miar ziemle feil.
Dös weabt a schöana Haba hau',
Voar lauter Spreisa bo' it stau';
Und bricht amaul a Winbla aus,
Verfalla wia a Katahaus.
Es schlöt am End, i sag' bös Woat,
Ui älla sammt mausbrecklis toabt.

Rabikaler.

Wia so? was föllt biar bo it ei'!
Du willscht mit Gwalt prophetisch sei'.

Conservativer.

Ja sopp bu nu, i sag biars runb:
„Es haut ja weder Kitt no' Grunb,
Unb gleicht ma' alta Brötterhaus,
Wau b' Stürem pfeifat ei' unb aus." —

Rabikaler.

I sieh's bu bleibscht beym alta Leischt,
Unb hauscht koin Communischta Geischt,
So wearscht bu aber öbig nix,
Unb kriagscht am End recht sakrisch Strix;
Von miar aus, thua bu, was bu willscht,
Es nutzt bi' bo' nir, wia bu billscht.
Do' — willscht bu au' bei Eahra sei',
So mach's wia i unb schmalka brei'.
I hink mein Mantel nauch 'em Winb,
Unb laß iahn pflubra, wia sie winb;

7

Do muaß i iaz in b' Sizing gau',
Ma weabt sie wohl eröffnet hau'. —

Conservativer.

Ja! mach nu gschwind und saum bi' it,
Und nimm dia öttla Gulda mit;

Radikaler.

'Sischt außerbeam a andrer Grund,
Denn 's Ministere kommt uf b' Stund;
Und wära heut' it alle dau
(Ma' nimmt's a höba fürchtig gnau)
So thät's no heiße: „außanand!"
Dös wär für mi' koi kloina Schand!
Do' 's örgischt U'glück wär derbei,
Miar wära Geld und Titel frei!
Was thät dös für A'bruch sei'?!
Uf oi'maul vom a Schöppla Wei'
Spaziara zum a weißa Biar,
Und dös it zahla könna schiar!? —

Conservativer.

Was saischt? en Wei'? beym Dunder nei!

Radikaler.

Ja woisch, dös thuat a Störkung seh';
Miar müaßa au' denn öfters sott
Uf Mattsies, Au'berg wischt und hott,
Im ganza Schwaubaländla rum,
Von Buachla bis ge Bura num;

Was moischt denn du, was koscht't eus bös?
Der Poschtbua sammt der Extraschöß!
I fahr it uf der Eisibah',
Dau kommt ma' oft reacht übel a';
Balb keit ma um, öalb bleibt sie stau';
Bei miar, dau muaß 's fürana gau',
Denn gaut der Haudel oima a',
Und füahrt koi Strauß no Weagla na',
So fahrt ma' halt der mitta dur',
Dur' Dreck und Lacha ohna Spur;
Und richt ma' au' am End nix aus,
So kommt's do' in der Zeiting raus.

Conservativer.

Jahr hand amaul de rechta Schlag!
Und steahlat Gott de liaba Tag.
Verbutzat und verroisat 's Geld
Dös wau no' dau ischt uf der Welt;
Jahr gebt de Groaßa wia a Grauf,
Und mötzgat eusar Ländle auf.
Dau hätt i liaber b' Gülta gea,
Nau hätt i meina gwißa zwea;
So kriag i's nui zum Alta na',
Und bi bedeutend koizer bra'.

Radikaler.

Warum? wia so? wauhear it no?
So denk do' au, und schmalk it so!

Conservativer.

Ja moischt i sey so grausig blind,
Und hab bloaß Stroah und Heu im Grind?
Döß ka'scht du zua ma andra sa', —
Denn merk's: bey miar dau stinkscht du a'.
Drum gang von miar aus keckla zua,
J fraug di nimma, hau' schoa gnua.
Do' no ois sag der uf de Weag:
„Du stauscht it uf 'em rechta Steag.“
Jaß boahr und grübla in deim Kopf,
J bleib wia voar beym alta Zopf;
Und laß diar sa': mei liaber Ma',
Du bischt koi' Dreckla bösser dra'!
Denn sitzt koi' gscheidrer in dem Rauth,
Nau helfa Gott! wia's eus no' gaut.

A Woat über d' Gmui'dsrefurm in Bärigzell.

Gespräch zwischen dem Bauer Simon Basti
und dem jüdischen Oekonomen Ettich.

Ettich.

Eh! — gauta Abed Baschtianes!
Wescht ebbes neus? Eh! thau di' bsinne;
Wörscht feil ghött ha' im Flecke binne?

Basti.

Ja! Reahling, Zi'kraut und 'en Anes;
Au' Doaraschlea und Gra'börgselz,
Feuf Osareahr und Maderpelz.

Ettich.

Was hat es thau' wohl in der Schranna,
Ischt ach a weng das Kaufe gange?
Mei' Mausche thuat's a mol recht plange.

Basti.

S' ischt alles weg, bis auf a Wanna;
Dau böcht ma' euserm Parlament
Drey Sealazöpf zum guata End.

Ettich.

Was sächst denn da mein gauter Simme?
Mich Jüdich, glab ich, willst du stimme.

Basti.

Noi' wärli noi'! bös ischt ganz richtig;
I denk ear wear so ziemli' gwichtig.
Und ohna Lug, 's ischt öbbes bra',
Ma' thuat Zuiböba anen na'.

Ettich.

Dös Bachwerk gheart in's Parlamint?
De Herre, die in Frankfort sind?
Für was denn? — daß sie's Geld verbrache,
Und uns am End no' außi lache!
Jau, all ihr Geld in mene Hände,
Könnt wohl en gauta Herre sende;
In Frankfort ist noch wenich gscheh'n
Von dem man konnt a Glück erseh'n —
Die ene mauscheln was in Wind',
Die ändre reiben ihre Händ,
Und macha a nichts aus am End.

Basti.

Dös glaub i schoa 's ischt gar koi' Wunder!
Es herrscht da ganza Tag a Lärma,
Als thäta lauter Hummla schwärma,
Und bös bey jöbem kloina Plunder;
Sie hand a Mötta und a Gnual
Als wärats in ra' Judaschual!
Apatig uf der linka Seita;
I bi' bo' au' gstudiart und bleasa,
Und komm it druß aus iahrem Weasa;
Soviel i moi nauch eufra Zeita,

J setz' no öbbes, Ettich Lischt!
D' Apostel sind 's vom Antechrischt.

Ettich.

Ey lieber Baschtianes! höre:
Es wird in unsre Jaudelöhre
Des Moses Satzung laut gelese;
Do' macht bös kein so grauße Lärm,
Wie bey be Wesp'= unb Hummelschwärm,
Die scho' e Jauhr in Frankfort gwese.
Zudem ist's ach e güte Sach'
Der jöder Isra'lit kömmt nach.
Do' hör jetzt af mich lang zu stimme,
Sonscht reb ich nich mehr Nachbar Simme!

Basti.

So wia ma' sait sind b' Unger g'schla' —
D' Schlawacka sind in b' Granitz na' —

Ettich.

O waih, o waih! sind b' Unger g'falle,
So kann ich's Leder nicht verzalle,
Unb von 'em Schmus ist gar ke Reb.
D' Oekonomie trägt so nicht viel,
Unb all me Gelb ist af 'em Spiel.
Wär ich boch ganz beym Hanbel bliebe!
E beßres G'schäft hätt ich betriebe.
Es ist bigott Reaction!
Wenn b' Unger sind verlore scho'. —

Baſti.

Was kriag mer wohl? en Präſabenta?
Denn 's reamiſch Reich dös iſcht verloara!
Vielleicht ſtauts in der Zeiting moara.
Es häba ja, ſo heiß'ts: b' Staubenta
D' Replick verruafa z' Därigzell!
Dös ſott ma' ſchiar it glaube, — gell?

Ettich.

Wir könnte wohl zum Präſidente
Am böſte enen Jübich ſende!
Ich waß, es würden ſich b' Partheie,
Gewiß nicht ſo, wi jetzt entzweie.
Noch eenes Nachbar will ich frage:
Wer thaut denn Schuld an ällem trage?
Meenſt wir? Ah ba! die Link und Recht,
Denn beebe machens ziemli' ſchlecht!

Baſti.

I bi eaſcht nächt in b' Sitzing ganga,
Und hau' a bißla zuaſeah' wölla;
I hau' mei Ghear ei'büäßt vom Völla,
Und hätt no bald recht Dachtla g'fanga.
Dau hau' i denkt: mei Baſchtia'!
Was höbet bo dia Leut no a'?

Ettich.

Und wenn die Herre noch ſo ſchreye,
Kann doch die Einheit nicht gedeihe.

So lang noch zahlt wird ene Steuer
Gäb ich fürs Parlament keen Dreyer.
Sie hans wohl in Berlin probiert,
Kee' Steuer z' gebe ihrem Gricht;
Doch waih o waih! nicht außi gführt,
Die Conservativa möga nicht.

Basti.

Ja, hilf'scht du gar be' Demokrata?
Von beana fürcht' i' sell be Schatta.

Ettich.

Jau! freilich; Ich bin Democrat,
Und sind darin be beßte Spat;
Wer sich nicht zur Democratie
Bekennt, der liebt die Freiheit nie;
Drumm hab i mich bei Herrn Jakoby,
Denn solche Freiheitsmänner lob i',
Und aach bey Fischkopf brunt in Wien,
Bekannt zum Democratensinn.
Doch z' Wien verstehen's b' Freiheit nicht,
Behandeln uns als Bösewicht;
Sie sind jau so erschrecklich dumm,
Zerrupfen die schönste Freiheitsblum!
So daß b' Rösettli san so rar,
Als wenn noch keenes gwachse war;
Sischt alles gleich, wir müssen b' Steuer,
Wie sonscht dö Första zahle heuer.
Ich sollt' vor eener Viertelstund
Die Steuer zahl'n für Wies und Grund;

Do' weil der Schabes eingange,
Hats 's Gricht it könne verlange.

Bastt.

Dau hauscht du Recht, du bist a Tropf!
Und hauscht 'en ganz gschtubiarta Kopf;
Jatz los! thund's it vom Grundrecht schwätza?
I hau's nächt gheart beym Schuaster Betza.

Ettich.

So horch! ich les' nur polnische Blätter
Mit meene democratische Vetter;
So sach miar gleich von de grünbliche Recht,
Was hascht gelese im Wocheblatt nächt'? —
Es wird was anders aach drinn stehe?
Ob's mit der Flott werd' vorwärts gehe? —

Bastt.

So los' und laß biar öbbes saga:
Du woischt, i hau' von Böcka Leath,
'En Weiher kauft und b' Froschlach seat;
Und dia thund alla zweya traga,
A Pfündla Grundla, söchs baar Hecht,
A Wiebla Frösch, sey's no so schlecht;
Dau sott i iatz bös Zuig verstuira; —
Dös hoißt ja's Sach mit Gwalt verthuira!
Damit ma' ka' a Seeamacht richta,
Thund's sölla Dinger no' verdichta.

Der greaßer Haufa schwäzt 'en Käs!
Ear ischt it saur und ischt it räs. —

Ettich.

Au waih, au waih, au waih, au waih!
Was ist bös für e Sprecherey?
Dia 's brunt 'em Parlamente führe,
Und so erbärmli' d' Leut a'schmiere.
Der Rothschild hätt zu zahla viel,
Was 's Parlament erhebe will;
Hinein nach Californien,
Dürft kecklich aach a Gsandschaft geh'n,
Und an be goldne Körner schabe,
Damit s' für d' Flotte aach was habe! —

Bästi.

Was gaut mi' d' Flott und Frankfurt a'!?
I fůahr mei Zuig uf der Eisibah'.
Wia hand sie 's denn mit eusra Gilta?
Thund s' au recht fürchtig rässoniara?
Was thuat ma' denn bey ui biscriara,
Und wölla A'sicht thuat si' bilba?

Ettich.

Ich weeß bloß das, daß allerhand
Verschiede gst'alt'ge Sage gand.
So sacht zumal der Polenbothe,
Daß man den Deutschen Krieg androhte,
Und dann geht Steur und Flotte auf,
Am End folgt aach die Freiheit drauf.

Basti.

I moi halt all es gang bald a'!
Nau simmer dopplat elend dra';
Miar hand koin König und koin Kaiser,
Und standet dau wia d' Hosascheiser.
Und, eusra Roatha, weab ma kampla,
Sie möget schreya ober strampfla;
Es geit schoa no' a Apatheak,
Für sölla Leut und Tuifelsdreack.

Ettich.

Jau wauhl! ja wauhl! — es hat geheiße:
D' Emancipation müß reiße.
Dies war wahrhaftig aach nicht gut,
Und nehmet mir de gaute Muth.
Do' will ich gehe zum Kaffee
Nach Haus zu meiner Ettichee.

Basti.

Ganz guat, und soll's zum Schlage komma,
So laß i glei im Dorf rum tromma.
I hau' en scharpfa groaßa Sabel,
Und nimm als Spiaß mei Ofagabel;

Ettich.

Und ich bin ach der letzte nicht,
Und komm, wenn's gilt, zu dieser G'schicht.

Bastl.

Schoa recht! zur heu'tige Parada
Beym alta Kappelweaber hinta
Nimmscht alles mit, Pistol und Flinta;

Ettich.

Ich komm bewappnet bis zum Waba;

Bastl.

Und bring' 'en Gutter Brantewei'!
Vergiß 's frey it und stell' di' ei'. —

Die Vorstandswahl.

Erster Bauer.

So Doana! find iahr au'schoa hussa?
  I will nu seah wia's heu't weab gau';
I bi' beym alta Amma dussa
  Voar gwea; — i moi, ma' solten lau'.
'S kommt selta öbbes bössers nauch,
  Und grab von beam dau gaut mei' Sprauch.

Zweiter Bauer.

Ja Holzbaur, u' recht hand iahr itta!
  Denn 's kommt a Schlotter nauch der Mill,
Und koiner ischt so extra glitta,
  Als grab der Lenzesöldner Schill.
Do' kommts druf a', ob b' Stube reicht?
  Im Streit dau ischt er ziemli leicht.
Jatz Liesla Hannes wär it übel,
  Im Capataster ka' ear na';
Ear haut earscht gmacht a Satzingsfiebel,
  Und suchzöh Jäuhrla garbet dra';
Ear haut a Wuch's Latei' g'stubiart,
  Und öfters denn au' b' Rechning g'füahrt.

Erster Bauer.

Ja Doane! iatz bei sölla Zeita,
  Dau leibt's koin Gspaß bei deaner Sach,

Jatzt brucht ma' schoa 'en rechte gscheiba,
    Dear au' verstunb sei' Ammasach.
Do' sollt ear uf be Burger seah',
    Unb benka, was ear voar ischt gwea.

Zweiter Bauer.

Dau kommt ja Goramatha glaufa,
    Unb hintanauch der Commissär;
Dear weabt a öttla wieder sausa!
    So daß ear hoigaut gwiß it leer.
I gang gau' iatz in's Wiathshaus nei',
    Der Gmoidsvogt kommt scho' hinta drei'.

Commissär.

Jatz Mand! sinb still unb haltet b' Mäuler;
    Beym Ausschuß sinb, bia wau' i nenn:
Der Kirchaweaber unb der Seiler,
    Der Böck unb ussra Wiaths Abben.
Unb nauch der Nummer gschieht frei b' Wauhl,
    Unb bear, wau röbt, soll aufthua 's Maul!

Auf bös nauf ischt der Pfleager komma,
    Der Amma ischt no' bei iahm gwea;
Ear haut sei' Platz beim Ausschuß gnomma,
    Unb z'easchtas frei' be Gruaß heagea.
Drauf sangt er a':

Commissär.

Jatz sagats raus:
    'S trifft jöba Nummer, Haus für Haus;
Du Nro. 1, wean hauscht du gwöllt?
    Wear ischt's bear biar am böschta g'föllt?

Erster Bauer.

J will be alta Loahbaur hau',
Dear thuat am moischta no verstau'.

Commissär.

Und Nummro 2, wean hand benn iahr?

Zweiter Bauer.

J hau' zum voarschla' öttla viar;
Dös ischt der Peaterle und Böck,
Der Brack, und Schmib bey'r ussra Höck;
Dia sind derzua verfluachtisch gscheib,
Und wära taugsam für dia Zeit.

Commissär.

Wia Nro. 3? wear gföllt benn ui?

Dritter Bauer.

J nimm be' Soh' vom alta Brui.
Wia hoißt ear benn zum Nama bear?
Ear hoißt: Erischpinianes Bear.

Commissär.

Und Nro. 4, was ischt mit ui?

Vierter Bauer.

J gib mei' Stimm 'em alta Brut,
Und z' nächst bra' ba ischt Tommesleath,
Denn's hätt iahm 's voarigmaul schoa' gheat;

Fünfter Bauer.

Und i als Nro. feuf gib a',
Do gwiß 'en brava, gscheiba Ma'!
Dös ischt: der Geßlabaur im Thal;
Ma' hoißt iahn gmoikli Hanibal.

Sechster Bauer.

Und i als söchs, will röbla hau',
Ma sott dös Amt em Alta lau'.
Der Lenz ischt gar a guater Narr!
Earscht nächta haut's mea gsait der Pfarr;
Und rechna ka' ear gnua für eus.

Siebenter Bauer.

Jaß I als simmna nimm de Heus.

Commissär.

Wean wöhlt denn Nro. acht?

Achter Bauer.

I nimm, daß, 's it lang Arbet macht,
De Lenz, dea' scho mei' Voarma' gnennt.

Commissär.

Jaß Neuna! sagets, wean iahr wendt?

8

Neunter Bauer.

J will frei' obra Baura Henz
  Und glei' nauch beam da alta Lenz.
Jatz Jackel wär' it gar so noiz,
  Und Erpedit bigott it koiz,
Do' laß i Nro. zöhna' na',
  Vielleicht geit bear be rechta a';

Zehnter Bauer.

De Kappelweaber will i hau',
  Dear thät sei' Sächla guat verstau';
Ear ischt so gscheid, als wia gstudiart,
  Und haut no neana dumm discriart.
Ear liest au alla Schrifta frei',
  Sie setza deutsch und vom Latei'. —
Kuzum, bear konnt scho' gscheid umgau',
  Und thät be Streit it jöbem lau'.
Schwätz Nro. olf! ischt bös it wauhr?

Eilfter Bauer.

J wöhl be Hansa an der Maur.
  Wean wöhlt denn Nro. zwölfa?

Zwölfter Bauer.

J nimm be junge Wölfla;
  Mei' Nauchbaur leit im Bött u. nimmt,
Zum Amma, dean der Seiler b'stimmt.

Dreizehnter Bauer.

Und J als Nr. dreizöh wöhl,
De guata Franz de Paula Möhl.

Commissär.

Wia Nro. viarzöh, gföllt er ui?

Vierzehnter Bauer.

Miar ischt bös Ding so sacrisch uui,
J woiß it weam i b' Stimm soll gea;
Am böschta ischt's 'em Alta mea.

Fünfzehnter Bauer.

Und J, als Nr. suchzöh, nimm
De Kirchabaura Hansjörg Grimm.

Commissär.

Jatz Leutla! bschliaßmer euſra Gſchichta,
Und genb hiamit iatz 's Votum hea;
Es ischt soviel i ka' ui brichta,
Zum Amma gwöhlt, der voarig mea;
Herr Loarenz Schill, er ischt bekannt,
Weab gmoikla au der Hau'le gnannt.

Vorsteher.

Ja Manb! sait bruf der nuigwöhlt Amma:
Jahr sollat z'frieda mit mer seh';
Zwar bin i von koim gleahrta Stamma,
Drum süag mi nu so halba brei'.

8*

Do' sag i ui, es bleibt derbey:
  I laß ui 's Reiß no' sammt der Streu,
Jahr könnat au in's Holz denn fahra,
  Apata bei bear hata Zeit;
I will koin Fleiß koi Müah it spara,
  Daß Darning im Catafchter bleit.
Jatz trinkat öbbas no zum Schluß,
  Daß koiner hoigaut mit Verbruß.

Dia Baura hand ui gluagat atla,
  Und 's Maul aufgriffa angelweit,
Dau haut denn Henzabaurabathla,
  Für all' em Lenz de Dankfpruch gfait.
Und drauf hand's gfchria mit 'em Henz:
  Vivat! es leabe hoach der Lenz!

Die November-Nacht.

Eine Burleske.

Personen:

Ein Bauer.
Leath, deſſen Knecht.
Sein Stieffohn.

Bauer.

(Erwacht um die 10. Stunde Nachts und ruft: (die Röthe außerhalb der Kammer erblickend) aus Leibeskräften:)

Ja Bua o! i bitt di' iaß luag do' dau naus,
Es haut ja a Reatha, als brenn euſer Haus!
O heiliger Flore! du gulbiger Ma',
So ſchütt do a Kübala Waſſer bra na';
J bau biar a Kirchla ſpa' nägela nui,
O komm do und hilf miar und ſey miar it ſchui!
Herrjörem! miar gſchwindt's ſcho', i gang uſſem
                                                    Luim!
Jſcht au' no a Roaſamari'goiſcht dahuim?

(Der Stieffohn, durch den Lärm vom Schlafe er= wacht, kommt mit einem Balſamgläschen herbei= geeilt, und ſpricht während des Einbalſamirens:)

Stieffohn.

Was hauſcht denn? was iſcht biar? was
                                    lärmaſcht a ſo?

Du steck'scht it am Messer und schnaufescht
ja no!
Du hauscht ja 'en Lärma iatz mitt' in der
Nacht,
'S weað viel sei' ob's Dörfla it annem er=
wacht.
Es haut ja schoa öfter's so Neathana ghött,
Hab koina so Lämana, gang in dei' Bött.

Bauer.

(Zu sich selbst gekommen) Ja Bua o!
I bitt di bischt heunt beim Verstand?
So los do' wia 's praschtalat buß an der
Wand!

Stiefsohn.

Wia laß it so bankla und sei do' au' gscheid,
Narr! 's ischt ja koi Brau'scht it, es glimmt
nu a Scheit.

Bauer.

Jahr viarzöha Helfer, ischt bös it a Schreck!
A Böttlab voll Wanza ischt wärli' a Dreck.
I zittra am Körpel, wia öschpana Laub,
Und gsieh it und g'hear it, bi wärli ganz taub.
Wia holt no'! es föllt miar so eaba grad ei',
Es konnta politischa Hellana sei'.

Stiefsohn.

Dös eaber. — — — —

Bauer.

Gang zuich bi' was woischt denn iatz du?
Mit Neatha, wen's viel ischt, daß b' Küah
schreiat mu!
Wenn b' gscheib bischt, nau hearscht mi' ge=
bulbig iatz a',
Soascht schlag' br a pommrische Oahrfeiga na'.

Stieffohn.

Ja freili! i woaß schoa, dau bischt bu it baar;
So pack sie halt aus denn bei' altbachna
Waar!
J los schoa mit Auga, mit Oahra unb Maul,
Unb thua bi frei' bummla, i bi no' gar faul.

(Indessen ist der Knecht ebenfalls erwacht; steht
noch gähnenb langsam auf, unb geht zum Fenster
hin.)
(gähnt) A — a — a — oi ja — i will bo
seaha was 's denn geit,
Ob's öbba gar 'en roatha Schnea ra' schneit!
A — a — J gsieh no' gar koin Stucka — —
Dött schei't's ganz roath rei' bur a Lucka;
Jatz lieg i kaum a Stunb im Stroah,
Es beißt mi' it a gotz'ga Floah,
J hätts so sauwohl könna hau',
Unb muaß iatz dau vom Bött aufstau';

Bauer (den Knecht hörenb).

Jatz endli' ischt der Leath bo wach!
So komm bo' hear! bischt au' bey'r Sach.

Stieffohn.

Wia so benn? was gschieht benn? was höbet
iahr a'?

Bauer.

Bischt rüabig bu Roper! so'scht kriagscht a
paar na;
Lauf' futt iap, und hol miar nu glei' mei'
Sybill.
Mach aber koin Lärma, und sei miar reacht
still!

Knecht (endlich ganz wach ruft):

O Jeses, und no söchs! was ischt benn passiart?
Was haut do' a söttiga Hella heagfüahrt?
He Baur o! was ischt denn, was geit's denn
bau buß?
Brennt öbba schoa 's Dörfla? — kommt gar
schoa der Nuß?

Bauer.

Beyleib it bös ischt a ganz oigana Sach;
Es ischt koi Komeat it und ischt au' koi Drach,
Denn luag nu, es glüahat ja 's ganz Firmament!

Knecht.

Weab viel sei' ob Wian it vom Stumpa weg=
brennt!? —

Bauer.

Dös wär no' passabel, unb gut zum verstau',
Dau burst i' no koi Prophezeiing it hau';
So aber ischt 's bösmaul a anbera Sach!
Dia schlöt schoa in's Hera u. Schwazkünstlersach.

Knecht.

Gott bhüat mi! was ischt benn! — ischts
wirkle au wauhr?

Bauer.

Ja; Leath o! miar sinb in ra g'fährliche
G'fauhr.

Knecht.

I hau' halt benn öfters schoa gheart von be
Leut,
Daß b' Reatha a brennige Költa bebeut.

Bauer.

It wauhr ischt's! bau wissat sie höchstens en
Dreck;
Dös streit't miar koi Gleahrter unb Docter
it weck.
Beym Evangelischta Johannes muascht seah',
Dau stauts biar uf's Düpfla was alles weabt
gscheah. —

Knecht.

Ah wär it?! — i kenn mi' it aus in der
Schrift;
Ka' bloaßig no leasa, wenn 's Gottbüachla
trifft.
Drum stand i, trifft so a Affärra denn ei',
Als Esel am Büchel und luaga so drei'. —

(Der Stiefsohn das Buch bringend.)

Luag Vater! — dau hauscht iatz bös merk=
würdig Buach!
Dau wearscht it viel finba; — iatz blättra
und suach.
'S haut allerlei Farba, bloaß ischt's it gar
weiß!
Und halba vernagt und versaicht von be
Mäus.

Bauer.

Was gaut denn bös di a'? du päppriger
Schwanz!
Wenn b' ällaweil maulascht nau schick' di uf
b' Schanz!

Knecht.

Dau muascht du it schwätza und öbbes verstau',
Von deam sogar J koi Begriffla thua hau;

Stieffohu.

I hau' a Gingina, dau därfscht du it na'!

Bauer.

Sind stilla, unb lesat! i höb iatza a':
(liest einen Augenblick still unb schlägt bann bie
Hände zusammen ausrufenb:)
O gulbiga Kinbla! was staut bo bau hinn?
I wott halt i wär in Amerika binn!
Denn wisset unb hearet: (liest) es kommt
balb a Pescht!

Knecht.

Herrjörem! Herrjörem! bös geit miar be
Rescht;

Bauer.

Der Haas verlait Eyer so föscht unb so höt,
Seit b' Welt eraftiart, haut ma' nia sölla
ghött.

Stieffohn (lachenb.)

Sind 's öbba schoa g'farbat glei' gar von
Natur?

Knecht.

Du lachscht!? — unb i zittra vear Angscht
bur unb bur.

Stieffohn.

Du gäbeſcht 'en ſaubra Soldata au' a —
Diar fiel bei' Kouraſcha in b' Hoſaſäck na.

Bauer.

Dau hauſcht a baar Schella, bu Dunders
Kuio'!
J will bi ſchoa zwiefla, bu u'gfanzter Soh'!

Knecht.

Ah Baur o! iaß leaſat, was gſchieht denn no
all's?
Es ſteckt miar der Schrecka bis hoba am Hals.

Stieffohn.

J bärf diar am Enb 'en Meliſſagoiſcht gea!
Verma'ſcht ja kaum wägerli' 's ſtanba recht
mea.

Bauer.

Bßt! ſtilla unb genbt uf der Stell iaß a
Ruah!
J hau' an beam Foppa a höba recht gnua'.
(lieſt) Dau ſtaut vom Elias im feuſta Caput,
Ear ſey im a fuiriga Wägala futt.

Knecht.

Was Wetter! wenn iſcht bös Spectakel denn
gſcheah?

Stieffohn.

Dös ischt bei de Juba im Morgaland gwea.

Bauer (liest).

So wia ear bött futt ischt, so kommt ear
au mea,
Dött soll's nau a fürchtiga Hella a'gea.
(Jammert) Jatz hammers! iatz schlaget nu b'
Händ uf ba Grind,
Diaweil mer mit ällem verloara iatz sind.
(liest) So daß ma' möcht glauba, bia Welt
sey in Brand,
Und b' Menscha voar Schrecka so bloich sind
wia b' Wand.

Knecht.

Ja wärli'! i gäb iatz koi bissala Bluat.

Bauer.

Jatz wend miar bo' heara was 's weiter no
thuat;
(liest) Dös ischt au' der A'fang vom lötschta
Gericht,
Wau 's Übel glei g'haufat beim Ländla rei'
bricht.
(Jammert) Dau hammer'e! iatz schlagat nu b'
Händ uf be Grind,
Erkennat und beichtat und büaßat au b' Sünd!

Du gulbiger Leath o! was hau' i denn gsait?
Zum lötschta Gericht sei es it a so weit!

Knecht.

O Baur o! o Baur o! was fangmer denn a'?
Miar sind halt so elend und lüaberli dra'!

Bauer.

Wia Kneacht! dau lies weiter, miar fehlt der
            Verstand,
An' bring i bös Zuig nimma recht füranand.
O heiliger Nasso' du groaßer Patrau'!
O thua eus, beim Hergett a Bürbittla lau'.

Knecht (nachdem er einen Blick in das Buch gemacht.)

Herrjöges und Marie! iatz hammer dia Nuß;
Der Antichrischt ist schoa leibhaftig dau huß.
(liest) Im Herzogthum Sachsa bei Leipzig dau
            bunt,
Dau weab ear geboara in anderthalb Stund;
Ka allerhand Spraucha und learnat 's Latei,
Und Wunder verüaba, do' bloaß uf da Schei'.
Und wenn ma' thuat zöhla ois, achta, viar,
            neu',
So stellt si' ear 's earschtmaul als Prediger ei'.
Ear haut a paar Oahra so lautet der Bricht,
Und 's Näsloch und b' Auga grab z'mittlascht
            im Gsicht.

Stiefsohn.

Was tausab! bös hau' i schoa ebig lang gwißt,
Dau brauch i it zwartet no' bis ma' miar
's liest.
I gang gau' ins Bött nei' und laß ui brav
stau'. (ab)

Bauer.

Gang leckli', ma' ka' bi' so beynah it hau',
Lies weiter; — was sait denn der Evangelischt?
Wenn's öbba no weischt wau du stau' blieba
bischt.

Knecht.

Ja wohla; ear schreibt dau im oalfta Caput
Sei' Ah'frau sei gwösa a mächtiga Trutt!
Und daß ear wear roisa vom Weschta zum
Oscht,
Frei ufara fuiriga, höllischa Poscht!

Bauer.

Dau hammers uf's Düpfla 's weabt b' Eisa=
bah' sey',
Dia gaut miar meim Hiara' no gar it recht
ei'. —
Es hoißt ja: ma häb iahn in Wian dunba
gseah!
Au z' Minka dau sei ear bös Maunat schoa
gwea?

Knecht.

Woiß wohla, ma' haut denn schoa oft dervo'
gröbt,
Do' hau' i koin ertara Glauba dra' ghött.
Ma' schmalkat und luigt denn iatz vieles derhea,
Und forscht ma' dernaucha sind's Lugana gwea;

Bauer.

Lies weiter, lies weiter! — i hear scho no
zua;

Knecht.

Ja losat! 's ischt fötig, drumm gammer in b'
Ruah.

Bauer.

Ja, weil mer no oimaul bös Büachla no hand!

Knecht.

Ja wärli'! 's ischt wirkli' a vürnehmer Band.

Bauer.

Iatz möscht nu 'en Ochsa uf Oaschtara na'
Thua öfters a Rüahrwill an b' Kaschpel au dra',
Damit mear uf 's weanigscht bo' öbbes no' hand,
Wenn gählinga b' Russa bald kommat in's Land.
Herr Jöges! was sait bo gau' eufer Herr Pfarr?
          (Der Stiefsohn ruft vom Bette heraus)
Du seyescht koi halber, a tüchtiger Narr! —

Bauer.

Halts Maul iatz! unb schlauf in beim Winkel
bahint,
So'scht komm i, unb nimm bi' recht tüchtig
beim Grind.
Du muascht frei' mea aufseh' glei' nauch 'em
Gebeath;
Gell Leath o! bu wöckscht'n scho' wenn ears
it heat.
Jatz sag i! iatz sag i! bös hätt i itt benkt!
Dau hätt br no eaber a Heirathguat gschenkt,
Daß J müaßt verleaba a söttiga Zeit,
In bear die ganz' Höll uf 'em Freia rumreit,
Denn Moininga geit es, ma woißt it wia viel,
Ma' treibt mit 'em Glauba unb Hoiligschta
's Gspiel;
Dau muaß öbbes komma, sey 's Kriag ober
Pescht,
Döß sölliga Vögel vertilgt sammt 'em Nescht.

Knecht.

Ja wohla; wia losat! — es schlöt an der Uhr;
(zählt) — — — halb zwölfa ischt's bur. —

Beide.

Jatz wen'sch mer ananber a hauniga Nacht,
Unb wenumar it g'heinat hand, hand mer do'
glacht.

Der Schulmeister in tausend Aengsten.

Schulmeister.

Was mach i, was thua i? Herr! gendts miar
'en Rauth;
I woiß it bigott, wau mei' Kopf heu'ta staut.
Ischt bös it a Gfrött und a bärigs Gezettel,
A Gnoath und a G'lump und a ebigs Gebettel!
I lußt miar's no gfalla bei wichtiga Sacha,
Dau konnt ma' von miar aus 'en Unterschied
macha.
It aber bei jödem kloiwinziga Ding!
Dös ischt miar scho' z'nixig und oimaul z'gering!

Herr.

Wia so denn? wau fehlts denn? was hander denn
meah?
Haut's öbba behr Pfleagschaft 'en Handel a gea?

Schulmeister.

Beileib it; i' solt halt zum Abministrater,
Dear kurrt und ischt sear wia a rammliger Kater!
Ear hätt' mi' schoa 's voarigmaul schiar liaber
gfressa,
Als b' Gelder auszahlt für bie schulbiga Messa.
Ischt bös it a Elend mit bear Mößmerey!
Bei weitem von miar aus bie greascht
Schinderei.

Jaß moara ischt's Feitig, der Dunder schla'
brei'!
'S weab schwärli a Kügala Weihrauch dau sey';
So'ischt hammer 'en Haufa so groaß wia 'en
Biarling
Verräuchert; am Fescht denn alloi' schea drei
Biarling!
Und hol' i iaß 's Jauhr nu um anderthalb
Groscha,
So haut ear behr Rechning a fürchtiga Goscha.
Koi Köza ischt dau in der Sakerastey!
'Sind kaum am Altaur buß no' richtiga drey.

Jaß wenn i nau' ra' lies bia welts Löttanei,
Dau weabt ear mea brummla und stampfa
derbei!
Nau hättmer no' vieles zum flicka u. macha,
Und wärli no' lauter ganz neathiga Sacha.
So fehlt zum Exempel 'em heil'ga Ottmara,
Der Schei' und a Fuaß, und seit nächta a Ara;
Dau ka' ma' bo gwiß vo' koir Hoaffath it sa' ––
Wau's bloaß all zwölf Jauhr thuat 'en Weih=
Waudel tra'. —

Herr.

Weam hammers z' verdankat? — wau kommt
es denn hea?
Von beana Beschlüß, bia der Landtag haut gea.
J wott no nix saga, wenn's rechtli wär ganga,
So aber hand s' g'späffige 'Schlichla a'gfanga;

Haut wölla au' oiner benn b' Wauhrat na'saga,
Uf's liber leviticus b' Näsa na'schlaga,
So hand sie, wia eahbeam im Oelberg dia brei,
Oh' gloga, — it glosat unb gschlaufa berbey.

Schulmeister.

Ja sikarameit! ischt benn so ois verlaubt?
Dös hätt i mei' lebtig koim anbera glaubt;
Eus gaut's no' balb koizer, als binne be
                                        Schweitzer!
Ma' laut eus mit Neatha 'en goßiga Kreuzer.
Es fehlt nu, baß b' Piemontesa eus stimmat,
Unb balbig bös bissala Sächla no nimmat.
Sei' konnt es; — so noathiga, hungriga
                                        Schwänz
Sind über zweitausab an euserer Gränz!

Unb binna im Wälschland bös Raubregiment!
Dau haut bo' a Recht unb a Gwissa a End!
Sind b' Löffel sogar in ber Schublaba binna,
Unb b' Kloiber im Kaschta, soviel mi' ka' bsinna,
It sicher von olfa bis Nammatag viara,
Voar lauter Liabhaber von beam aneriara.
Do' haut scho' ber Voinig zwea A'stifter gholt,
Unb 's schei't baß ear balbigst be britta au wollt'.

Was weab bo' bös Ding no? was kommt bo'
                                        no älz?
Denn rüabig ischts neana unb überall fehlts;

Ma laicht no am End, ſikerlott! ohne Zweifel,
Mit euſara Pfarrer alle Schulleahr zum Teufel.
Denn iatza iſcht Herrgett der Bauch und der
Maga,
Ma' thuat bloaß vom freſſa und ſaufa no
ſaga;
So daß in Erfülling gaut, 's böſcht Teſtament
Sei: „Alles verbutzt und verthau' voar ſeim End."

Herr.

Ja land ſ' nu reacht a' gau'; — ſie wearats
ſchoa ſeah,
Daß 's hinta und voarna voar böſſer iſcht
gwea;
Ma' haut bo' no' ghanblet nauch Recht und
nauch Gwiſſa,
Und haut it aus Privilegium bſchiſſa.
Dött iſcht no' a Darning gwea unter be
Geiſchter,
Jatz weißt ma' ſchiar nimma, wear Gſöll iſcht
wear Meiſchter.
Kuz! alles regiart iatz und will uf be Throa',
Und haurat um's Zepter und langt nauch der
Kroa'.

Schulmeiſter.

Koi Gleahrter iſcht gſcheid gnua und gründli
g'ſtubiart,
Dear über dia Gſchichta a Urthel a'ſüahrt;

Denn sell bei de wilba und kehla Kalmucka
Ischt bo' no a Darning in mankerlei Stucka.
Jatz leabt ma' und thuat halt als wia a
Narrari',
Und benkt it an Oelberg no an de Calvari.
So grausig ischt's neana als öbba bei eus,
Daß u'schiniart steahla thund Katza und Mäus.

Do 's kommt no a Falla; — was setzens Herr
Pfarr?
Vear weab bös Hanthiara und Lumpa it gar. —
Hau's nächtig mea gleasa in meiner Sybilla,
Wenns eintrifft dau weab no' a manker recht
schilla.
I weu'sch nu, daß I bei de selbiga Zeita,
Därf nimma uf eusara Schualbänk rumreita;
Dau wüßt i wahrhaftig it wischt und it hett,
Wear recht hätt? wear itta? iatz pfüatana
Gott! —

Das Exercitium.

So! t' Achtung iatz unb b' Loser auf!
So'scht gaut es in Arrescht drauf nauf.
Thunb b' Bruscht schöa raus unb b' Wampa
nei' —
Unb luagat it so bappig brei'. —
Thunb b' Auga links! — thunb b' Auga rechts! —
Was ischt benn bös für a Zuig für a schlechts?
Der oi luagt na', ber oi luagt nauf;
Thunb ulra Loser bösser auf!
Jatz weiter gfahra: schultert's Gwöhr!
Wia Hansel o! hauscht gar koi' Ghör?
J nimm glei 's Banganneat vom Stutza,
Unb thua biar beina Dahra butza.
Jatz t' Achtung gea! — unb präsatiart! —
Dös Ding soll ganga grab wia g'schmiart,
A so ischts nir! — bös merkat frei',
Unb fallat auf's Commanbo ei'. —
Jatz schultert's Gwöhr! — unb präsatiart! —
Dau haut si' mea koi Schepprer grüahrt.
Der Baschtel hauts ja gar beim Fuaß,
Unb 's Gwöhr ischt volla Dreck unb Ruaß.
Diar wear i gau' a Schnöllbüchs gea,
Verbianascht so koi Flinta mea.
Du kommscht miar heu't in's Bürgerstübla,
Dött ka'scht nau scho' da Dreck wegrübla.
Jatz schultert's Gwöhr! unb thunb's in Arm! —
Dös gaut so lack, baß Gott erbarm! —

I huaſcht in's exerciara nei'!
Der Michel ſchlauft bereits ſchtar ei' —
Der Simma ſchlöppt en Bauch berhea,
Als wär ear fuchzgmaul ſchwanger gwea!
Der Nazele reist Göckel auf,
Als ging ear auf 'em Plätzla brauf.
Der Sepper iſcht neu' Olla lang,
Und greaßer als a Fahnaſtang;
Und Bruia Lenza und der Staches,
Dös ſind halt mea die alta Schlaches!
— Zur Ladung 's Gwöhr! wia 's Tempo
ſait —
Drumm ſchnell bey Fuaß! und machats gſcheid —
Ergreifl d' Patro'! und beißats a'! —
Wia Michel! muaß i's no'maul ſa?
D' Patro' ans Gwöhr und nei' in Lauf! —
Ergreift da Ladſtock ſtoaßat drauf! —
Jatz thund iahn wieder in ſei' Dat,
Und mörkat auf's Commandowoat.
Da Hahna gſpannt! und 's Käpſala nauf! —
Nau thund iahr au glei ſchiaßa brauf.

Staches.

Herr Commadant! i ka' it ſchiaßa,
I müßt ſonſcht voarna und hinta niaßa.

Lenz.

Und i verma' koi Pulver it,
Drumm hau i bloaß 'en Streuſand mit.

Michl.

Und i verma' koi Kapselfuir,
Denn 's Biar und 's Fleisch ischt gar so thuir.

Hansl.

Und miar haut's Weib koin Labstock gea,
Denn sui haut gsait: „i brauch it zwea."

Nazl.

Und i hau' gar koin rechta Lauf,
Bey miar ischt bloaß a Bolzroahr drauf.

Seppl.

Herr Corporal! es kommt nix raus,
Ma' lachat eus am End nu aus;
Drumm lammer euser exerciara,
Miar könnat so koin Kriag ausfüahra.

Korporal.

Dös ischt koi Gschwätz it für 'en Ma',
Dear no a Hauptma' weara ka';
Dau hand iahr 's Beyspiel ja an miar!
J bi' iatz scho vom Füssaliar
Zum Commabanta avanciart!
Und hätt i nu a bißla g'schmiart,
So wär i it nu Capparal,
J wär scho' meah als General!
Nu sey's wia's wöll, es ralt si bo'
Und Argatant bös wear i no' —

Ka' ſey ſcho gar in öttla Wocha,
Der Hauptma' haut miar's ſcho' verſprocha.
Jaß will i ui marſchiara lau'
Vielleicht thuat bös bo böſſer gau'. —
Rechts um kehrt euch! — und vorwärts marſch!
Rauch Eaſtreich 's Gſicht! in b' Schweiß da
A .... ſch! —
Drum eins zwey, eins zwey, eins zwey, halt!
Jahr mögat it mit aller Gwalt.
Der Michel gar, der ſchloapt berhea,
Als wär ear ſchoa a Poſchtgaul gwea!
Und koiner hölt 'en rechta Schritt,
Drumm thua i 's nächſtmaul nimma mit,
Und commabiar iaß außanander!
Und in Arreſcht bis Alexander. —

Das Präsent.

Ein Promemoria an das sogenannte alte
Haus und seinen Bäri.

Jaß nimm amaul bia Wittring a'!
D' Kalender sind au hinta bra'; —
So'scht hauts denn gheißa „Simmetjaud
Dös keit be easchta Schnea in b' Staub,"
Und huir sind scho' drei Wocha rumm,
Seit alles weiß ischt um und um.
Jaß muaß i do' in Kempter seah,
Dös ischt no all der rörischt gwea.
Wia sieh i recht? ka's wirkla sey'?
Jaß schlag nu glei in's Küahloch nei'!
Miar hand am Mätig scho' Karolla,
Dau muaß i glei 'en Rauth verholla;
Denn bött ischt eufer Heara Ta',
Dau muaß i in ba Pfarrhof na',
Mei Gratalatio' aufsa',
Und öbbes zum Präsent natra' —
'Eischt gar a guater graber Ma'!
Wau eufer oiner röba ka';
Nu schab, baß ear 'en Glaßkepf haut,
Und gar so uffananbergaut.
Jaßt fraugt si bloaß: was gib i' huir?
A Wildpret ischt halt gar so thuir!
Und Hüah'la ma'g i au it bringa,
Dau thuat ear zwölf auf oimaul zwinga!

A Trauba mag 'm au it gea,
Sie sind grüasaur und it gar schea;
Und d' Öpfel sind scho alla gar!
Dös ischt mei' ganza Gätliswaar.
Was thuat ear iatz am liebschta möga?
I möcht halt bo a Eahr auflöga.
Jatz stich i grad mei junge Sau!
Nau kriag i Würscht und Plunza au';
Da Saukopf hink i ins Kamme'
Dean räuchrat nau mei alta Näh' —,
Und i mit meine breita Händ,
Vereahr'n 'em Heara zum Präsent.
Dös ischt a Fresse, sakermeit!
Wau's jährli bloaß an Oaschtra geit.
Und sieht der Herr bös vührnehm Gricht,
Nau lacht ear mit 'em ganza Gsicht.
Und i it faul mach 's Complament,
Und sa' mei' Gratulatio' recht gschwend.
Mei' liaber Hear! so wear i sa' —
'Sischt heu'ta uier Namasta',
Und bear soll komma no recht oft,
So wia's a jöder Nauchbaur hofft;
Drum hau' i au' mei' möglischts thau',
Und hau mei' Säula mötzga lau',
Denn iahr sind wirkli älles wearth,
So daß ui au mei' Saukopf gheart!

Die Kunkl-Stube.

Liesl (an der Spinnkunkl sitzend).

So Epher! bischt a höba dau?
Kommt heu't bei' Mara=Verbel au?
J hau's grab voar no mischta seah!
Komm' setz di' bo' uf b' Gautscha hea.

Epher (mit einem Spinnrad).

Mei' Liesel! laß mi' bo voar schnaufa,
J bi' ja grab meim Ma' vertlaufa;

Liesl.

Ja wearscht it gscheib seyn? — liaba Föl!
J hätten längscht scho' gschickt in b' Höll;
Denn so ma grätige Sacraschwanz,
Deam hätt i gea schoa lang Vacanz.
Warum bischt denn so fuchtig woara?
Du bischt ja no ganz grüa' voar Zoara.

Epher.

Du kennscht iahn ja, mein grätige Söckl!
J hau' verschla' 'en Hafa=Döckl.
Dau haut ear Zank und Streit a'gfacht,
Kaffee und Mill zum Vürwurf gmacht.

Liesl.

Ei au! bös lußt i' miar it gfalla,
Dau thäten i' scho' luadrisch schnalla;
I thät iahm fahra glei ins Gsicht,
It nau lau', bis ear anderscht spricht.
Dau käm ear zua der reachta grab,
I lub'n uf's Thal Josaphat!

Epher.

Ja woischt, i wolt vo' älz nir saga,
Wenn ear it voll hätt äll sein Kraga!
Denn ear ischt bjoffa spät und früah,
Und laut miar it dia Hutzelbrüah.

Liesl.

Mei' Epher! du bischt alz z' gebulbig,
Denn soviel ischt a Weib it schulbig;
I moi, wenn sie de Dreck wegputzt,
Nau' g'heart's si's gar it, daß ma trutzt.
I wollt iahm's gau' schoa sa beim Brack,
Und brosslat iahn als wia a Drack!

Epher.

Ja! I bi' wärli gscheart und gschunda,
De allergröbsta hau i gfunda;
I bi' it rüabig Tag und Nacht,
Und woiß it, wenn ear Humsa bacht.
Wär gscheiber, wenn er statt seim saufa,
Der Arbet thät au' nauchalaufa.

J brucht scho' lang a schöa's Charfett,
Und Feabara zum Unterbett.
J brucht uf's Fescht en Schuah, a Gwand,
J bi' ja gschlaift, es ischt a Schand!

Wär Noath i ging no' gar zum Schanza,
Denn 's fressat mi' schiar b' Fleah und b' Wanza.
Ja Liesel, sey nu rottala froah,
Daß Gott dein Ma' haut ghollat schoa;
Denn du ka'schts spiela wia a Frau,
Es lauft diar ja koi' Kind it nau';

Du bärfscht, wendwillscht, be Kaffee saufa,
Schiar viarmaul 's Tags, it huila kaufa,
Und ka'scht' nau na'thua Raum und Mill,
Und Zucker grad soviel ma' will.

Du ka'scht sogar 'en Reifrock tra' —
Koi' Mensch thuat was bergöga fa' —
(Die Böv tritt ein mit einer Spinnkunkl).

Liesl.

Ja Böv! was kommscht so spät earscht gsprunga?
Warum hauscht denn koi' Greath it brunga?
Du solltest öbbes früher gau.

Böv.

J gang earscht aus, wenn scheint der Mau'.
Denn losat nu! bös kommt dauhea:
Ma' ka' bo au' für b' Näs nausseah;
Mei' Ma' bear sitzt iatzt grad beim Bruia,
Und weab verschlucka öttla bruia.

Epher.

Gell Böv! bös ischt der nemli Kog!
Dear hockt be ganza Tag beym Trog.
'Sischt oiner wia der anber bo'
Dös ischt mei' oizigs Treaschtla no.

Böv.

I hau' iahm earscht, — lands ui verzölla:
An b' Goscha gschlaga b' Wasserkölla.
Denn Epher luag! der bei' ischt koiz,
Do' gegen Meina ischt er noiz.
Ear thuat zwar saufa, ischt au leaz,
Do' haut ear no' a christlis Heaz!

Epher.

Ja sauber! baß ma' möcht vergalla,
Voar Zoara schiar in b' Allmacht falla;

Böv.

I ka's ui it versaga gnua,
Warum 's bey miar denn gaut so zua!
Apata um die hoilig Zeit,
Wenn Seelatag ischt nimma weit.
Und 's nemli' ischt am Weihnächts Obad,
Gar sei'bli haud sie huir mea tobat.
Dau hauts ui gschellat, gmau'zgat wild,
Als ob ma' halt be Truttatanz hielt.
Und bockla thuat bös Ding so arg,
Es gaut miar all bur Boi und Mark.

Und mag i no' so roßla, schreya,
Mei' Ma' thuat miar koi Ghear verleiha;
Ear lacht mi aus, wenn's guat no gaut,
Dös ischt sei' Hilf, dös ischt sei' Rauth.
I zittre oft, voar lauter Spuck,
So daß' mi ganz in's Bött nei'buck.

Epher.

Dei' Ma' ischt gwiß a Herameischter'l
Und haut a Gmoi'schaft mit be Geischter?
Ja, ja! ear luagt so atla drei',
Will allaweil alloinig sey';
I thät halt öbbes Gweichts iaß ei',
Vielleicht konnts bo' von Wirkung sey'!

Liesl.

Und I gieng uffen mit em Stecka,
Und thät iahn bluia zum verrecka!
Was gilts? — ear wur's scho' bleiba lau',
Sobald ear thät nix z' essat hau'.
I thät iahm scho' be Glauba leahra,
I schlug iahn grab als wia 'en Bäara.

Böv.

Ja, wenn ear nu au' beata thät!
Dös mag er gar it früah und spät.
Ear hockat all beym Schnapps und Biar,
Versauft sei' ganza Hütta schiar;
Miar trait es kaum a guats saur's Kräutla,
Und Bobabiara in ba Häutla.

Z' Mittag 'en Schlotter no' derzua,
Nau hammer alla oalfa gnua.
Do' hia und dau bringt denn mei' Bua,
'En Scherba Gruiba no derzua.
Mei' Dourathea thuat learna naia,
Und b' Aufer ka' scho' höba maia;
Mei' Roasel und mei Lisabeath,
Und b' Eav no' sammt der Maragreath,
Au' Aubam und der Abraham,
Sind alla zua der Arbet z' lahm.
Jatz handers, bös ischt alles zäma!
Wau soll i dau a Geld heanehma?

Epher.

O mei'! es ischt zum Heina gricht,
Ma' möcht ja falla schiar ins Fricht.
Dös ischt a Kreutz und ischt a Pei',
Wenn b' Sach will so verbianat sey'!
Und b' Maud thund so in Tag nei' leira,
Und Wocha, Stund und Tägweis feira!

Liesl.

Ma' bärf 'ne alz in b' Händ nei' gea,
Und solt' no schmoichla, thua recht schea.
Sie fahrn oin a', wia b' Sau im Sack,
Und sind zum Häs ra'thua schiar z' lack.
Sie land di' gwiß it ruabig stracka,
It gruaba, wenn b' im Bött thuascht flacka!
Und wenn ma' sie heart, sind sie krank,

Böv.

Ja freili! uf der gfreſſna Bank.

Liesl.

Und 's Weib, bös ſolt koi Krankat hau',
Jahr lebtig nia zum Baader gau';
Dia Racker ſind ſcho' it zum möga,
Denn 's Weib, bös ſolt ſi' gar it röga.

Epher.

Wia los! im Thura ſchlöt's grad aus;
Du Lieſel! los beym Gucker naus.

Liesl.

So ſind nu ſtill, und haltet b' Goſch!
Jahr quackat grad als wia mei' Froſch.

Böv.

Ma' därf bo au' no öbbes ſchwätza!
Was biſcht iatz für a caba Kätza?

Liesl.

Dau hauſcht's! iatz hau' i nix verwiſcht,
Und woiß bigott it wiaviel 'siſcht.
Und euer Uhr, dia ſtaut ſcho' mea,
Der Wöcker hätt ſo'ſcht 's Zoicha gea;

10*

Böv.

I hear de Wächter olfa schreya;
Nu! — wenn i hoikomm, därf' mi' freua.

Liesl (packt zusammen).

So pfüat ui Gott und schlaufat gsund!
Und land de Riegel a' frei' dunt.

Böv und Epher.

Wia Liesel! zünd' eus b' Stiag no na'
Leab gsund! bis moara Nammata'. —

Nachrichten aus der Ulmer Schneckenpost.

Seinem Freund

„Hans von der Blaich"

gewidmet von Jörg von Spitzispui.

Erster Bauer.

Was geit denn b' Zeiting Nauchbaur o!
Was machat wohl b' Franzosa?
Regiart iahr alter König no?
Ma' häb ja uffen gschossa,
Haut nächta Amma Simma gsait,
Der gmei'kli 's Blatt zum Pfarrer trait.
Am End ischt's au' wia so'scht verloga,
Ka sey' ear haut si' sell betroga;
Ma' schwätzt und schreibt iatz ananand,
Und 's haut koin Fuaß und haut koi' Hand.

Zweiter Bauer.

Ja wauhr ischt's scho'; — dau hand iahr recht;
I will ni b' Wauhrat beichta;
So viel i sieh' staut's gwaltig schlecht,
Dös wear i glei' beleuchta.
I lies ja b' Ulmerschneckaposcht,
Dia wau's Quartal seuf Lammenz koscht;
Dia geits frei' haurkloi' uf be Dupfa,
Und thuat oim b' Zunga eahrli' lupfa.

'Sischt weit unb breit iaß 's rörirscht Blatt,
Unb thuat 'em Merkur merkli' Schab.

Erster Bauer.

Ah was! was bu faischst; — so, so, so!
J hau' scho' gheart denn vonner schwätza;
Wia sey so guat, unb lies miar's bo',
J trag berzeit bein Arakreßa.

Zweiter Bauer.

Dös ka' scho' sey'; i hau's bey miar,
Hau's eaba g'hollat beym Balbiar.
Drum will i halt benn gleiwohl gucka,
Denn 's geit gar attla g'späß'ga Mucka!
Wear woiß 's, was heu't mea binna staut,
Unb ob ma' be Zeahba naucha laut? —
Au weah, au weah! — bau hammers schoa';
Paris ischt halba ussem Häusla!
Jaß schei'ts es kriag be rechte Doa'!
Miar kracht voar Angscht mei' Hosapreißla.
Jaß los! in Frankreich sinb s'verschaicht,
De König hanb s' zum Schinber glaicht,
Unb hanb iahn ussem Lanb naustrieba,
Es sinb iahm kaum söchs Pfenning blieba.
Jaß hauts be earschta Rumpler thau'!
Im Deutschlanb weab's balb au' a'gau.

Erster Bauer.

Jaß sag i nu; bös ischt bo z' brau'!
Wia sieht's benn bösmaul hea in Minka?
Unb wia thuats benn in Wian bunt gau?

Zweiter Bauer.

Los: Eaſtreichs Macht thuat ſei'bli ſinka,
'S ganz Beahma ſtaut bergöga auf,
Und 's Ungerland no oba drauf!
Dau ſtaut ja gar mea von de Ruſſa,
Sie ſeya ſcho' behr Granitz huſſa.
Ey, ey! wia weabt bös Ding no gau!?
Der Dä' will au' it naucha lau'.
Dear Rotzer wöhrt ſi' ſakriſch lang!
Ma hätts beynah it ſolla moina;
Ear hölt 'em Preußa tüchtig Stang,
Dös will was ſaga vom a Kloina;
A ſtritt'ger Kog, muaß bös ſcho' ſey',
So'ſcht lußt ſi' ear uf bös it ei'.
Ear haut halt benkt: bu dummer Stichel
Du haureſcht bloaßig mit 'em Michel!
Und bear iſcht z'faul und z'ſchläferig,
Als baß ear nu' en Fuaß verrück'. —

Erſter Bauer.

Ja, ja; ſo U'recht haut ear itt'
Denn ganz und gar iſcht's it verloga;
Do' — macht der Michel nu en Tritt,
So haut ſi' ear meſchant betroga;
Und mögli wärs; ear iſcht iatz wach,
Und luagt' ſchöa ſtät nauch ſeiner Sach.
Ear haut, ſoviel i lies, befohla:
„Ma' ſoll be Däna brav verſohla."!

Guat Nacht! beam weu'sch i Heil und Glück,
Ear schlöt iahn lahm und buckelig.
Denn Michel ischt gar sei'bli sear,
Wenn ear vom Schlauf verwachat,
Dau ischt koi' gröbrer glei, wia Ear,
Mit beam sind koina Gspäß it z' machat;
Apatig iatz, — ear haut koi' Geld,
Und do' gaut soviel auf im Feld!
Ma' ka' iahn drumm it lau' verbarba,
Und geit iahm gleiwohl b' Zeahabagarba.
Ear haut ja au' sei' möglischt's thau',
Und b' Freiheit proklamiara lau'. —

Zweiter Bauer.

Dau streit i gar it liabar Frui'b!
Iatz därf ma' gar nir sa' vom Spara;
Sogar der öbrischt in der Gmui'b,
Der Pfarr! verliart von seim Salara.
Iatz traits 'em zöhta koin Kaplau',
Sie bärfet beynah sell no gau'.
Miar kriaga alles in b' Spitäler,
Vom Küahhüat bis zum Reichstagswähler;
Und gaut bös Ding it bösser aus,
Weab 's Ländla no a Beatelhaus.
Nau friß nu ra' von deine Stoi',
Und thua brav b' Wand a'schlecka;
Es trait diar kaum in b' Supp a Boi',
Geschweiges denn 'en Kreutzerwecka!
D' Barona büaßat 's Zuig vollt ei',

Es bleibt 'ne nix als b' Schulbaschei'. —
Mei' liabar Nachbaur! laß diar saga:
Es leit miar ebig scho' im Maga:
J moi', wenn 's glei it gschrieba ischt,
Es komm halt bald der Antichrischt!
Denn 's ischt koi' Glauba bey de Leut,
Gottvater haut ma' schiar vergessa:
Ma' frauget bloaß, was z' fressat geit?
Und beat't it voar no' nauch 'em Essa;
So thuat a Sau zum Triegel gau'
Sobald sie gnua haut, laut si's stau'. —
Am moischta gilt bös von de Groaßa,
Sie möget von und anderscht hoaßa,
Und b'sonders gaut's dia Landvögt a',
Dia ghaust hand wia a Muselma'!
Ma' haut a höba nimma gwißt,
Voar lauter Gwalt und U'fuag treiba,
Ob türkisch ober beutsch no bist,
So hauts u'mögli' könna bleiba!
Dia Vögt hand neama gästamiart,
Und 's Regiment nauch Bliaba gfüahrt.
Wia haut nu euer Jörgel ghausat!?
Ma' haut iahm aber tüchtig glausat.
Mit Prügel haut ma' gworfa drei'
Jatz könnats recht schöa däsig sey'. —

Erster Bauer.

Dös ischt scho' recht mei' liaber Ma'!
Ma' haut scho' därfa öbbes stutza;

Es ischt zwar göga manken Pla',
Do ischts it gwösa ohna Nutza.
Und 's ischt derzua no lang it aus,
Es gloschtet no'; bald brennt 's ganz Haus!
Was hilft denn eus bös rassoniara,
Wenn miar koi' bössers Leaba füahra?
Und 's Geld? — bös schwätzt ma' au' it hea,
So'scht hätt's no nia a Geldnoath gea.

Die Schweredee.

Ein naturgetreues Promemoria an Naglers
Alise von M......

I hau' iaz schoa söchs Schuala gheat!
Und hau' sogar 'en Preiß kriagt feat;
Drum bi i halt uf Weit und Näh,
Ganz treaschtli naus uf b' Schweredee.
Hau' benkt: es ka' diar huir it fehla,
En Batza kriagscht bei jöber Schwella.
I bi drum naus ins Schwaubaland,
Hau' gschwerediart halt anananb;
Do hau' i nia a Silber gseah,
'Sischt älles bloaß von Kupfer gwea;
Und öfters hauts no' „helf' Gott!" gheißa,
Nau hau' i müaßa leer futreißa.
So an der wüartabergischa Gränz,
Dau sind so kauzig gsterra Schwänz!
Ma' muaß denn oft a halba Stund
Schiar bettla, bös ischt oimaul z' bunt:
Nau enbli' sagets: Weib! gib hea;
Ma muaß ihm bo 'en Zwoiring gea.
Und anderswau, dau thunbs beym Drescha,
Oin oft a viartel Stund recht wäscha,
Bis enbli', s' ischt a groaßa Gnaub,
Der Ma' nau' nauf in b' Kammer gaut.
Drauf schreit ear ta': ka'scht wischla frei'?
Drey Pfenning raus, der oi' gheat bei'.

Verdrüaßli' bi' it weiter ganga,
Schoa z'frieda, daß i it hau'.gfanga,
Und bi' drauf nauf ins Bayra nei',
Hau' ghofft, es wear dau bösser sey'.
Dau hand's mi' streng examinirt,
Und I hau's brav bey'r Näs rumgfüahrt.
Do hau i gmörkt, es laut si' macha,
Und hau' no' kriagt en Kropf voar Lacha.
Dau hauts denn gheißa, wirst a Her?
Bist a' scho' bei der Christe=Lehr?
J' bi beym Ita missa est,
Hau' J druf gsait, dös ischt scho' 's best!
Uf dös nauf hand's 'en Groscha g'hollat,
Dau hau' i glei de „Gelts Gott!" zollat.
Drauf bi i nauf ins Oberland,
Hau' guckt wia d' Gschäftla dötta gand.
Ja wearscht denn du a gweichter Bua?
Du traischt ja koina Schnallaschuah!
Und hauscht a Häswerk und 'en Rock,
Als wärescht so a Schneiderbock!? —
So haut dött groaß und klei' glei' gschria,
Und haut miar weanig G'hear verlieha.
J will der do' dea' Rappa gö,
Wau doba am Altaur ischt glö; —
Von deana Gschenker wearscht it fett,
Und bleibscht als wia a Frosch so nett;
Drum hau' i glei' bey Pfronta doba,
Acht Enta in 'en Sack nei' gschoba,
Und hau', weil's gwea find iahra neu',
Der lötschta gea de Toabtaschei'.

I hau' 'en an be Kriegel ghenkt,
Und hau' mein Weag nau' weiter glenkt.
Jatz, weil i bi ge Stuagat zua,
Dau hau' i ghött koi' bissla Ruah,
Denn bötta sind dia Politief,
Scho' luadrisch flink und ziemli' wief;
Ma' ka' 'ne ittamaul vertlaufa,
Sie bildet gar 'en groaßa Haufa.
Drum hau' mi' halt mit Gotteswill,
Recht gschnell und frei' ganz mäusli still,
Im bickfta Neabel bey der Nacht,
Mit meiner Fracht zum Thoar nausgmacht;
Dau hau' i könna bo' mea schnaufa,
Und rottala a Wasser saufa.
Jatz z'Ullem hau i 's U'glück ghött,
Dött ischt bey weitem 's ärgischt Gfrött!
Denn wia i kaum hau' b' Stadt recht gseah,
Dau bi i scho' im Thura glea,
Und bös zwar unter sölla Kerla,
I hau's für Lumpa g'halta wärla.
Stockfinster und kuahnacht ischts gwea,
Miar hand anand beynah it gseah;
Und mäusli' still haut's müaßa sey',
All Stund ischt oiner zu eus rei'.
Ma' ka' nur dur a kloina Lucka,
Mit gnauer Noath uf b'Gaß naus gucka;
Dau hands mi' halt a'fanga gspraucht,
Was haut di' in bös Loch rei'braucht?
Dau hau' i gsait: i bi Student,
Und schwerebiar dur's schwäbisch Gländ.

Der oi' haut gsait: i hau' beym Haura
Verstocha zöha, ohna z'gsauhra.
Und oiner haut en Diabstahl thau',
Ma' haut iahn neana fechta lau' —
Drauf hau' i gfraugt, was gschieht miar gau?
Du wearscht en Tag ins Blockhaus thau',
So hand sie gsait; dau hau' i glosat,
Und grab wia meina Molla dosat.
Jatzt weil's schöa stät halt hell ischt gwea'
Dau kommt a Politief derhea,
Dear haut mi' nauf zum Schultes gfüahrt,
So wia's em greaschta Diab gebüahrt.
Dear haut denn 's Urthel also gsprocha:
Ear wöll miar schenka 's ei'malocha,
Do wear i gfüahrt zuar Doanabruck,
Und därf von dötta nimma z'ruck.
Uf bös na', bi i wia Maus,
Dear b' Katz naulauft, ins Boyrisch naus.
Dau hau' i denkt, und bei miar gsprocha:
Gang hoim, so'scht kommts zum ei'malocha!

Der Gratulant.

Der Rückerinnerung an den Heinrichstag
zu Mering gewidmet.

Dau bin i iatzt, wia fangts denn a'?
I ganz totaler, gschlagner Ma'!
Iatz ischt miar grabweg 's Trumm ausganga,
Und hau' no it be Wau'sch a'gfanga!

Was sag i iatzt? was muaß i thua?
I bi bo au' a bumma Kuah!
I hau's bo' glearnat ghött mei' Sächla,
Und öfters ra'gsait in meim Gmächla.

Schöa aufbutzt, bin i, wia 'si's gheat,
Als Depatiarter huir wia seat;
Hau' gschmiarta Schuah, a hellroaths Leibla,
Und au' be Eahring von meim Weibla.

Und serchta bärf' mi it voar ui,
Wußt it warum? — miar sind it schui.
Wia halt i hau's! iatz alter Klaus
Sag's keckla und u'bschnitta raus.

Zum earschta weu'sch i, was iahr wend,
Dös soll ui laufa glei' in b' Händ.
Bloaß bitt' i': alle meina Buaba
Land rottla frei' und gmächli' gruaba.

Zwar 'sischt a mancker recht u'gfanzt,
Denn 's ischt it Alles Gold, was glanzt;

A anbrer wieber fürchtig grätig,
Unb gleich ma alta Weib ha'bätig.

A britter luigt als wia a Bott,
A viarter sauft als wia a Krott,
Unb möcht no' sammt seim viele maschta
Mit Luscht no sa': ear müaß viel faschta.

J woiß es sott bös allz it sey',
Do' föllt miar grab a Mittel ei';
Jahr müassat halt bur b' Finger gucka,
Uf's weanigst bo' a Aug zuabrucka.

Mei' liaber Ma'! i thät's it sa', —
J nimms von meina Biara a'; —
J bi' benn gwösa grausig müahla!
Hau' gar nix könnt als 's Häs vertrüahla.

Mei' Veit thuat 's nemli Uebel hau',
Ear ka' bös G'plau'scht it bleiba lau'.
Unb wennem au' thua Wichs aufmessa,
Ear ka's halt oimaul it vergessa.

Ear ischt amaul a so a Buscht,
Ear haut koi Freub unb haut koi Luscht;
Do' baß i komm zum gratuliara,
So will i be zwoyta Wausch a'füahra.

J wen'sch ui ferners, heißt ber Spruch:
De Himmel unb a guata Kuch.
J benk, bös ischt it gar so übel!
Wenn b' Dier hauscht unb Schmalz im Kübel.

Dös gaut bey diar 's ganz Jauhr it aus,
Es luagt im Kübel g'haufat raus;
Ma' haut am End heu't Küachla bacha?
Gell ja! — i sieh d'ers a' am lacha.

Vom Holber sind sie fei'bli guat,
Wenn's Schmalz drum rum recht pflottra thuat;
Mei' Weib haut earschta an Johanna,
Di' bacha in der nuia Pfanna.

Kvin Apfel geit's iatz halt no it,
So'scht hätt' der gleiwohl öttla mit;
Und mit de Keschper thuats nir heißa,
Wau b' meah in b' Stoi' als 's Floisch thuascht
                      beißa.

Verzeih miar's, daß bi' dautza thoa,
Es haut halt viel 'en andra Doa'!
Und 's iatza will halt, ohna z'gspassa,
It allat in be Reim nei' passa.

Do' daß mer wisset, was mer wend,
Und endli kommat au' zum End,
So weu'sch der halt als guata druia:
Es möcht bi' heu't bear Tag it ruia!

Drumm lang zum Kruag, und trink mit miar
Zum Vivat hoch'! en Schoppa Biar.
Dös störkt de Bauch und küahlt be Maga
Und 's anber thua i nächstens saga.

David und Goliath.

David.

Jaz ischt miar's aber do' balb z' rund!
J wart scho' schiar a gschlagna Stund,
Und 's laut si neama seah no' heara;
Dös hoißt ja b' Leut u'neathig scheara!
Ear weißt do' daß i uffen wat,
Und daß ear hea muaß ohna Gnad.
Ka' sey' es ischt' em gar voar Zoara,
Recht koiz und ganz stoi'übel woara.
Natürli'! ka's denn anderscht sey'?
Ear ischt a Ries, und J so klei'!
So ischt's mit deana groaßa Heara,
Vom Kloina wend sie nia nix heara.
Do wenn ear kommt, so sag i keck:
Ear sey a Drä'sger, krank voar Schreck!
Es weabt vielleicht deam groaßa Lalla,
Weil J dau stand, it wölla gfalla;
Do' mags iahm recht sey' oder it,
J weich amaul vom Platz koin Schritt.
J hau' zwar bloaß a Millsupp gessa,
Und ear haut ghött sei' fürstli's Essa;
J hau' koin Sabel in der Scheib,
Do ischt's miar ganz und gar it leib;
J hau' derfür drei Stoi' ei'gschoba,
Und beatat voar, zua beam dau doba.

Dau kommt ear ja bigott derhea!
I bi it gröaßer als sei' Zeah';
Ear haut zum Spiaß a sölla Stanga,
Ma' könnt beynah de Mau' verlanga,
Und macht 'en sölla weita Schritt,
A Ochs könnt bura in der Mitt!
Ma' moinat schiar ear sey von Eisa,
Und könn be Eabball zämareißa;
En Sabel haut ear an der Seit,
Drey Ella lang, a halba breit!
Sei' Grind, bear thuat schiar b' Sonn verbunkla,
Und 's Aug als wia Blitzger funkla!
Dear Kerla muaß 'en Maga hau'!
Drey Kölber konnta aufrecht stau'.
Ear haut 'en Huat und haut 'en Ranza
Drey Pärla konnta uf em tanza!
Sei' Stimm, bia geit 'en sölla Hall!
Es gäb koi' bössra zum Choral.
Kotz Donner! wenn bear Block thät schnupfa,
Dear brucht a Dus, wia euser Schupfa!
Do' ziemli' langsam gaut er hea,
I hau' iahn voar 'ra Stund scho' gseah.
Dear thuat bo' gwiß ko' Boi' verrenka,
Dau müaßt ear b' Füaß ganz anders schlenka.

Goliath.

Kotz Judagstank! bischt Du bear Held?
Dear gar so lärmat voar meim Zelt;

Di' ka' i ja ſchiar niederſchnaufa!
I laß bi' drum aus Gnad mea laufa.

David.

Jaß luag oi Menſch bea' Sprecher a'!
Döſ ka' a jöder, wenn ear ma';
I moi bebnah bu thäteſcht jucka,
Sobald i thät vom Plätzla rucka?
Do' bau biſcht gſtimmt, bau weab's nir braus,
Dau muaſcht mit miar uf's Haura raus.
I bi' zwar kloi', und hau' koin Panzer,
Do' fürcht 'di bo' it, als a Ganzer;
Jaß mach, baß 's au' fürana gaut,
Denn los: i will koi' ſölla Gnaub.

Goliath.

Was ſaiſcht iaß bau bu Steckaſpringer?
Ma' moi't bu ſebſcht ber Rieſezwinger!
Und biſcht nu ſo a kloina Maus,
Di' ſchnöll i ja, als wia a Laus!
Mi wundrats, baß bu no' ma'ſcht ſchreba,
Wenn b' gſcheib biſcht, bitteſcht um's verzeiha.

David.

Was ſchwätz'ſcht iaß bau mea bumms berhca?
Du wäreſcht ſcho' ſo nirig gwea!
Du biſcht amaul a rechter Limmel!
Koin greaßra geit's it unterm Himmel!

Du bischt a rechter Spiaß=Philot,
Und hauscht koi' Eahr im Leib, bey Gott!

Goliath.

Haha! was ka' i bau no' saga?
I muaß 's zur Kuzweil halt vertraga;
Heu't bi i scho' recht guat aufglöckt,
So'scht wär bear Notzer scho' verröckt!
So mach bo' zua! ka'scht wacker grilla,
I füag mi gänzli' nauch beim Willa.

David.

Ja moi'scht i gib 'en Narra a',
Und thua bös Sach aus Gspaß bloaß sa'?
Dau luag! (wirft auf ihn) dau hauscht be rechte
Knipfel,
Jatz hau' i bi troffa bey beim Schipfel.
It wauhr? bös sind kuriose Nuß,
Dia wachsat it bey biar bött buß!
Dau flackascht iatz du Weltbezwinger!
Es haut di' keit der Steckaspringer.
Du bischt scho' z'lahm, und z'faul, und z'lack!
Dau lang i zwanzgmaul in be Sack;
Bis du hauscht griffa nauch beim Eisa,
Dau hau' der könna b' Voarhöll weisa.

Goliath.

I bitt di' schöa', hear auf! thua gau',
Denn luag, i ka' ja nimma stau'. —

David.

Noi, noi! dau laß biar nu nir trauma;
I thua mi iatza nimma sauma,
Und schlag der grabweg auf deam Fleck
De Grind von Stump' und Butza weck.
I hau' biars voargsait: wärescht ganga,
Jatz bischt und bleibscht für immer g'fanga!
Dös hauscht du gwiß im Traum it denkt?
Do' merk's: es haut's frei' Gott so glenkt.

Die unterbrochene Zeche.

Wia Annamay! gib b' Tafel hea!
J möcht a weng in b' Rechnung seah,
Damit i weiß au' wia i stanb,
Mit eusra Burscht unb alta Manb.
A Glump ischt's seit a öttla Jauhr,
A Noatharey! 's ischt sterbiswauhr.
Denn wenn i it so bscheisa thät,
So wur i iatza nimma fett;
Ma' zwingt oin ja mit Gwalt berzua,
Unb wear's it thuat, bös ischt a Kuah!
So'scht haut ma lauter Mauß ei'gschenkt,
Dau haut koi Mensch an Halba benkt;
Unb iatz, kommt so a Bäurla rei',
So muaß a Glas beim Maußkruag sey'! —
Nau' hockt ear hi 'en halba Ta,
Gar laut koi gotziga Wuscht auftra',
Wenns nobel gaut, es ischt a Woat!
'En Biarling Käs unb zweymaul Broab;
Unb kommat u'gfähr anbra viar,
So trinkats höchstens viar Glas Biar,
Nau schaffats a Kaffeela a',
Unb schüttat Wasser no bra na',
Sie steigat rumm in aller Pracht,
Wenn kaum iahr Zech neu' Kreutzer macht.
Jatz will i glei ba Baura seah,
Dear ischt bis olfa heana gwea;

O jö! dau standat bloaß drey Mauß,
Und haut bear Ma' so a vürnehms Haus!
Deam gib i no a paar derzua;
Jaß sind's die seuf; — s ischt no it gnua!
I därf scho' no' 'en Strich na'thoa,
Denn daß i' bscheiß dös weißt ear schoa.
Dau staut der Amma mit feu'f Strich;
Dös wärat also grechtaglich:
Zwoa Mauß, und no' a halbs derbey;
Dau mach i halt die ganza drey!
Wear ischt denn dös? — was staut denn dau?
A junger Herr mit seiner Frau,
Und fuchzöh Kinder, aus der Stadt,
O greachter Gott! i hau' scho' satt!
Dia wearat meah a Schur gmacht hau'!
Hand höchstens Milli bringa lau'.
Und so ischts wirkli, wia i gsait;
Jahr ganza Zöhrung zäma trait:
Drey Schweißerbaßa und so'scht nir;
Dös hau' i verdiant mit lauter Knir!
Jaß kommt der Herr! — was haut denn bear?
Aha! — bear haut a bißla meahr! —
Ear thuat nauch seiner Sackuhr gau',
Und dia bleibt äll auf oim Fleck stau' —
Drumm hauts bey iahm koi' sölla Sach;
Ear trinkt schöa stät und allgemach
A Mäßla nauch 'em andra nei',
Ear laut si' in koin Handel ei',
Ischt friebla wia der Engelbert,
Höcht gsund und frisch als wia sei Pferd,

Und liabt 'en G'ſpaß zum Zeitvertreib,
Drumm gilt er Alles bei meim Weib.
Jaß will i ſeah, was gſchrieba ſtaut,
Und ob ear ſo a zwölfa haut?
Dau ſtandat dött die dreyzöh Mauß;
Dös liaf auf dreyzöh Schilling naus;
Dau mach 'mer iaß die ſechszöh na' —
Ear benkt bo moara nimma dra'.
Da Schluß, bea macht, — i hau miar's denkt —
J hau 'ne no' ganz ſpät ei'gſchenkt,
Der Schualleahr und der Baber duß,
Dia machat allamaul ba Bſchluß!
Nu! bös gaut a' bös wär ſo recht!
Wenn älz ſo ſuf, ging 's Gſchäft it ſchlecht.
Was hands iaß mitanand verbraucht?
Zwölf Stuck Zigara hand ſe graucht,
Und trunka hand ſ' bi noizöh Mauß;
Dau mach i b'Rechnung öba aus.
Dau thua i iaß 'en Strich dervo',
Denn profatiara thoa i ſcho'! —
Beim Gaſſagſchenk dau kommts mea rei',
Dau ſchenk i lauter Schnöller ei'.
Jaß kommt gar no der Pfleager bunt!
Dear braucht zur Mauß drei volla Stund.
Sei' Biar weadt allamaul ſeichwarm,
Do' ſchimpft ear b' Wiath, baß Gott erbarm!
Dau ſtaut ja gar a halba dött!
Dia haut ear meah im Maußkruag ghött!
Denn meine Weibsleut, 's iſcht a Graus!
Dia ſchenkat b' Wiathſchaft halba aus.

Dös sind Carnalaluaber dös!
Was ischt denn bussa für a Getös?
(Schaut beim Fenster hinaus!)
O heiliger Sanct Valatei'!
A Schösa kommt beim Hofthoar rei':
Jatz leck' mi nua die ganz Bagasch,
Wenns gföllig ischt, im nackate A..sch.

171

Neujahrsseufzer.

Wia mögets wohl all bschaffa sey',
Von alla Farba, groaß und klei'?
De oina druckts am groaßa Zeah,
'Em andra thuat der Dauma weah,
A britter haut 'en koiza Maga,
Und thuat von ällem U'glück saga.
Der Baur, der weu'scht daß 's Koara graut,
Und in der Schranna 's Troid nauf gaut.
Der Burger sinnt: ob huir, wia seat'
Au 's Schmalz a bißla wolfel weab,
Und fürcht't si' voar bear thuira Zeit,
Als wia voar Maur'r und Zimmerleut.
Am moischta seufzget wohl d' Despotta,
Ob's öbba länger wear no hotta?! —
Und ob der Demokratageist,
It endli' amaul in's Ausland reist.
Denn 's ischt halt gar a fürchtigs Thiar,
Koi' Pulver hilft no' Blei derfür.
Dött loi't a Communischt am Eck,
Und laurt wia d' Maus uf iahren Speck.
Der Bürokrat verkratzt sei Hiara,
Und möcht, wia allat, b' Leut a'schmiara;
Möcht's Zepter und 's Kommando hau',
Und alles mea beym Alta lau'.
Ja, sölla Narra gäb 's no' viel!
Vom alta Feabrafurerstiel.
„Do' laßt das Seufzen kecklich sey',

„Ma mißt euch wahrlich rechtlich ei';"
So sagt der Jud, dear geara mecht,
Daß d' Gojim seya seina Knecht,
Und klagt und meint: es thät gebühre,
Sein Stamm vom Druck' z' emancipire.
Der Schneider denkt: wia viela Fleck
Im nächsta Jaihrla bring i weck? —
So druckt's und zwickt's 'en jöba schiar,
Indeß der Bursch verschluckt sei' Biar
Und sait: „Wenn Malz und Hopfa graut,
Und guater Stoff it naucha laut,
Nau komm' der Schinder oder Schaber.
I hau' mei' Gsod und hau' mein Haber."

Abschied von der Heimath.

Wenn so'schtig b' Sonna auf ischt ganga,
　Und 's Thau am Gras so tröpflet haut;
Wia b' Perla an de Blättla g'hanga,
　Und b' Vögel gsunga hand so laut;
Dau hau' mi auf vom Stroahsack gschwunga,
Und bi mit Luscht in's Feld naus gsprunga.

Jatz ischt's ausgsprunga und ausgsunga,
　Mei' Leaba ischt mer schiar vertleidt;
Sie hand mi' zum Recruta bunga,
　Und hand mi' gstöckt in's Kriagerkleidt;
Jatz muaß i halt 's Commißbroad essa,
Do b' Hoimath ka' i it vergessa.

Wia haut denn so'scht mei' Seages glitzgat!
　Im Sommer wenn i bi' uf's Feld, —
Und 's Kreutz am Feldkapella blitzgat,
　Als wia a Liacht am Himmelszelt!
Jatz schei't miar alles steif und gfroara,
Und miar zur Quaul beynah geboara.

Do Stessa! gang iatz nimm bi' zäma,
　Loff treaschtli' fut und halt bi' guat;
Nau bärf'scht bi' gwiß voar neama schäma,
　Denn jödes lupft sei' Kapp und Huat;
Und kriagscht vielleicht au' öttla Wunba,
So ischt biar b' Haut no lang it hunta.

Iatz pfüat di' Gott mei' liaba Hütta!
 I denk au buffa no' an di',
Und komm i ganga ober gritta,
 So bi i do' bei' oiga gfi.
Ma' muaß fi' halt in alles füaga,
Und unter Gottes Wille schmiaga.

I komm vielleicht — bös wär a Loab!
 Verstümmlat zruck und ohna Gficht;
Vielleicht halb lahm, ka' fey' scho' toab,
 Dös wär a fei'bli arga Gschicht!
Dau leibt 's it viela Maffamatta,
Dös ka' miar wachfa leicht in Gata.

Dau thua i earscht au' b' Wauhrat brichta,
 Denn alles bös ka' wirkla gscheah;
I muaß uf's Glück iatz halt verzichta,
 I hoff nir rar's, i hau's scho' gfeah.
Denn b' Säbel schneidet dötta besser,
Als eusra Gfob= und Kräutla = Messer!

Und thät mi' oiner in feim Zoara,
 Durrumpla mit ma Bauganett,
Dau wär i hi' und ganz verloara,
 Und käm gieng's guat in 's Lazareth.

Und ka' i halt dös Zuig it fassa,
 So kriag i Hiab, als wia mei' Märr,
Und muaß derbey no fey' ganz glassa,
 Denn I bi naucha nimma Herr.

Ma' hoißt mi' glei' 'en Bauraknocha,
Und stoaßt mi rum, als wia 'en Schocha.

Jaß bhüat di' Gott mei' liaba Seffa!
I ka's halt nimma anderscht hau';
Und denk denn öfters an dein Steffa,
Apata, wenn's in's Feld solt gau'. —
Und hearscht a maul i sey verschossa,
So freut's mi' wenn dei' Zäher gflossa.

Der Meteorstein

oder

die Communalisten

im Jahr 1847.

Mann.

Ah Weib! laß los, wia 's burna thuat!
Dau ka' i freili nimma lacha;
Miar stockt voar Aengschta beinah's Bluat,
So sei'ble kehl thuats dussa kracha!
Der Himmel hangt voll Schnea und Eis',
Und euer Oart ischt kreibaweis;
Koi' bißla Lüftla und koi' Windla gaut;
Hauscht's gheart, wia's grad mea brummlat
haut!?

Guat Nacht! dös ischt koi' schöana Gschicht!
J hau' miar's denkt, hau's wölla saga:
Daß bald der jüngschte Tag a'bricht,
Dau hilft koi' Lärma und koi' Klaga.
Ah, ah! — iatz laut es no it loas!
Es haut mea thau' 'en arga Stoaß.
Wia! hear i recht? — ma' schuist ja pomm-
risch duß,
Ka' sey' d' Franzosa sind voar Straußburg
huß.

Weib.

Ah mei'! du tappeſcht all' drum rum,
Und wearſcht verruckt voar lauter bſinna;
J moi', ſey's gſcheib nau' ober dumm,
Ma' halt' Mannöver z' Ulem dinna.
Und ſo weads ſey'; — i ſetz a Kuah!
Drum gaut's ſo ſakerlintiſch zua.
Ma' müaßt do ſo'ſcht 'en Rauch 'en Blitzger
ſeah!
Vielleicht iſcht's gar der Pulverthura gwea?

Mann.

Ja, ja! bleib allat bey beim Gſalb;
Es weab ſi' ſpäter 's recht ſchoa weiſa;
Du biſcht halt au' ſo halb und halb,
'Siſcht Schad, daß d' Doctra it thuaſcht heißa,
O Weib! ſey do' it gar ſo blind,
Und ſchlag dein Leichtſi' iatz in Wind.
Dau kommt grad euſer Rauchbaur, Vogta Veit;
J will nu ſeah' was bear zu dear Hiſtora ſait?

So Rauchbaur! land ui aumaul ſeah,
Und thund frei' öfters Ei'keahr nimma;
'Skommt ſelta öbber zua eus hea,
Als hia und dau denn Amma Simma.
Jatz thund miar nu glei ſage Veit!
Was 's duſſa für 'en Lärma geit?
J moi', i ſeah's ui ſchiar im Gſicht ſcho' a',
Daß öbbes Cariſcht's an der Sach iſcht bra'.

Nachbar.

Jatz schweigat; spörrat b' Loser auf!
I will ui öbbes anders saga;
Genb alla Possa iatz be Lauf,
Unb thunb berfür an's Hearz brav schlaga;
Denn 's ischt koi' Gschicht unb koi' Legenb,
Ma' hauts ja schwaz uf weiß in Hänb.
So rüabig als 's benn bey eus gwösa ischt,
So rammlig gauts iatz zua, wenn b' hussa
bischt.

Kuzum; wear no' a Hiara haut,
A gottigs Fünkla vom a Gwissa,
Dear neust's daß 's it im Gleis binn gaut,
Ear bärf koi bissla Jura wissa.
'S regiart huir scho' a so a Planeat,
Der alles unter's übrischt keah't.
Denn von Natur, bau haut ear ziemli Hitz,
Drum leibt es it be kloi'schta Witz.

Apata haut ear's Schwaubalanb
Gar fei'bli brennt unb gschunba,
Unb bloaß brei Schneiber mit ananb
Hanb Gnaub no' bei iahm gfunba;
Uf bös nauf ischt ear a'gsetzt gwea,
A anbrer kommt iatz für iahn hea.
Do' b' Schneiber hanb si' öbbes vürnehms
bäucht,
Unb hanb be Voarstanb schiar zum Tuisel
glaicht.

Dös haut denn au Gottvater g'seah,
Und haut bia Kerla wölla holla;
Haut gsait: drum ischt koi' Darning mea,
Weil sölla Leut regiara wolla!
Dia sollat nimma b' Naudelbir,
Denn 's ander Zuig scheniart sie nix,
Dös wär miar scho' a saubers Regiment!
Dau nuhma b' Händel ebig nia a End.

Druf nimmt ear bey der Näs de Mau',
Und haut 'en Brocka von iahr grissa;
Was moi'scht denn, was ear druf haut thau'?
Ear haut iahn na' uf b' Schneider gschmissa.
Do' haut si' ear im Keia bsinnt,
Und haut 'em Brocka gea 'en Wind;
Dear haut de Stoi' druf in a Dat neikeit,
Dös bussa dau im Mindelthäla leit.

De Schneider iahr Dictaterhuat,
Dös Stuck vom Mau', haut gar so glärmat!
Drum wundra it, daß 's gar so thuat,
Denn b' Hitz haut b' Dummheit it vergwärmat!
A Mitleid muaß ma' do' no' hau',
Sie thund halt b' Sach verkeahrt verstau'.
Was moi'scht, was in beam Brocka gwösa ischt?
A Kind! — ma' sait: es sei der Antichrist!

I hau' de Stoi' frei' sell scho' gseah;
In Schuaschters Gata ischt ear gfalla,
Und seufthalb Schuah im Dreck binn glea!
Ma' haut iahn weitfut heara knalla;

Ear ischt ganz schwaz, haut viela Eck,
Miar hand iahn schiar it braucht vom Fleck.
Und pfutzgat, grocha, g'stunka haut ear frei'!
Koi Schnupfer haut it könna bötta seh'. —

Gar wild haut's thau' im Mindellthal; —
Soviel i gseah hau' aus be Kata,
Haut beana Schneider gheart bear Ball,
Dia wau uf b' Voarstandsstell thund wata;
So'scht wärets it so luabrisch keck,
Und thäta iahren Amma weck.
Zwar's retariara thund sie brav verstau,
Und learnat wia ber Krebs au 's ruckwärts
gau'.

Jatz hau' b'ers gsait, so wia i's benk,
Es ischt miar gleaga lang im Maga;
Gottvater sell haut sölla Schwänk,
It länger könna mea vertraga,
Und wär ear it barmherzig gwea,
So wära iatz bia Schneiber grea;
Denn so a Stoi'! bear hätt' ne gea a Schlapp,
Sie bruchta gwiaß iahr Leabalang koi' Kapp.

Mann.

J moi' halt, Veit! es komm a Strauf,
Nau simmar alla bopplat gschlaga!
Miar kriaga für be Reaga 's Trauf,
Und müassat 's ärgischt no' vertraga.

Vielleicht kommt gar a thuira Zeit?
Ka' sei, daß 's bald a Krauket geit?
A Kriag, dear kommt uf alla Fäll!
Dös sait ja euser Amma sell.

Was ischt's au, wenn benn öbbes gschieht?
Ma' bleibt wia voar, halt mea beim Alta;
Und wenn ma's scho' ganz haurkloi' sieht,
Ma laut Gottvater rüabig walta,
Und laut iahn sei' en guata Ma',
Dear nia im Earischt beas sei ka'. —
Nu, theab ma', was ma' wöll; — i halt
                                berfür,
A beasa Straufruath sey voar euser Thür.

Anmerkung. In diesem Gedichte werden des=
halb Schneider angeführt, weil besonders solche es
waren, die in dem letzten Monat des Jahres 1846
eine Stadt=Behörde, die sich im Mindelthal (wo der
Meteorstein niederfiel) befindet, zur Communal= oder
Ruralgemeinde umstempeln wollten, welcher Plan
aber an dem gesunden Sinn der Bürgerschaft, zum
guten Glück scheiterte.

Der Dorfbader.

Mei' liaber guater Franz be Paula!
Wear wief und laß bi' b' Zeit it baula;
Denn luag du bischt a Sonntigskind,
Und hauscht 'en hagabuachna Grind;
Hauscht Backa wia a Heffanubel,
'En Strobelkopf wia Rauchbaurs Pudel;
So haut mei' Äh'li benn bischeriart,
Haut's butzetmaul oft repatiart;
Drum bi i wirkla öbbes woara,
Und zum a Medikus erkoara;
I bi a ganz aleter Buscht!
Dös woißt der Schinder z' Höslawuscht,
Denn unter alla seina Gsölla,
Hau' I am böschta könna bölla;
Und hau' berfür an St. Matheus,
Zwea nagelnuia Ziagelpreiß
Verwischt, und mit der Gmui'bskarpatscha
Als Trinkgeld, obedrei' a Watscha.
A pfiffigs Luader bi i gwea!
Obwohl ma' mi haut für nix a'gseah.
I hau' scho' ghött a prächtigs Hiara!
Hau' bärfa seufmal repatiara;
Drumm bi i gründli' eingstubiart,
Hau' seufa fuchzgmaul praklaziart.
Zum earschta bi i gwea z' Doi'hausa,
Und hau' bött boctrat 'sischt zum grausa!

Balb bi i gwea a Allapath,
A Stund dernaucha Homapath!
I hau' it viel Recept verschrieba,
Und b' Leut uf hundert Stund vertrieba;
Von allem deam ischt b' Ursach gwea,
I hau' bi moischta gmachat grea,
Denn wear von miar a Pulver gnomma,
Ischt 's zwoytmaul nimma leabig komma.
Drauf hau' i doctirat z' Pfeascha buß,
Dau hand s' mi gforchta wia 'en Ruß'! —
I ka' halt bloaßig bös verzölla,
Daß neama haut bött sterba wölla;
Mei' greaschta Kur, dia wau i weiß,
Dia hau' i thau' auf meiner Reiß;
Und zwar in koim ganz schlechta Rescht
Denn Schlipsa hoißt 's, probatum est!
Dött hau' mi schoa verfluachtig gflissa,
Und hau' mein Schädel arg verrissa;
Miar ischt a Wind im Bauch umganga,
I hau iahn schiar it könna fanga.
Dau hau' i halt lang, lang gstudiart,
Wia dös Malheur wear operiart?
Und hau' nau stät mit Forcht und Banga
A Operatio' a'gfanga.
Am böschta konnt dös ja mei' Bauch,
'S haut guttrat binn wia im a Schlauch!
Apata ischt für b' Toabtagriebel
Mei' Medizi' it gar so übel!
I' sorg scho', daß der Wasa gaut,
Und b' Mößmerey 'en Eintrag haut.

A g'ſtockta Mill' und Doppelbiar,
Verſchreib i' halt am moiſchta ſchiar.
Dös richt b' Natur am rörſchta ei',
Und folgat uf da Brantewei'.
Jatz weil i thua von beam biſcheriara,
Will i bo au ſei' Lob a'ſüahra.
Ear macht oin, ſag i keck mit Recht,
Alet und friſch als wia 'en Hecht;
Und färbt, i ſag's nu zum Erempel:
Oim b' Näs ſo roath, als wia 'ma Gempel;
De Backa ganz zinoberroath,
Und gilt für b' Supp bey'r greaſchta Nauth;
All Stund gib i bös Attaſtata,
Und gwinns bo' ohne Affakata.
Zwar 's Biar wär freili 's röriſcht Gſüf,
Wenn 's nu it halb vom Maga lief!
So daß, wenn b's Maußweiß zua biar guomma,
Mit gnauer Noath in Kopf thuat komma,
Denn uff'rem Waſſer ka'ſcht ſei' Guat,
Leicht ſchütte in 'en Fingerhuat.
Jatz 's Waſſer, 's iſcht beynah zum lacha,
Hilft gar für alle tauſeb Sacha!
Es geit ſogar a oigna Cur,
I hau' ſie glearnat bur und bur;
Und hau's erprobat' am a Spatza,
Drauf am a Hund und öttle Katza.
Dös ſag i glei: für's Podagra'
Wend's I am allermoiſchta a',
Denn ſell bey jödem hitzge Fiaber
Iſcht miar koi' Cur als bia frey' liaber;

Drum b'schreib i netto älla Täg:
A Dutzat kalte Überschläg,
A laulechts Wasser zum lariara,
Und drauf als Rauchgricht g'sottna Biara;
Denn 's Obscht dös ischt schoa 's rörscht Confect!
Sogar der Mahner haut Respect;
Und thuat der Patient bra' sterba
So ischt's do it zua meim Verderba;
Ma ka it sa es sey a Gift,
Weil's sammt be Biare 's Obscht so'st trifft.
Do leider Gott! hia muaß i schweiga,
So'scht thuat ma' miar be Abmarsch geiga;
Drum rois i iatza nauch Paris,
Dött trait's miar meahner, i weiß 's gwiß!
Dött geit's no' Leut ganz ghaufatweiß
Trotz beaner Merikanerreiß!
Dia täglistag, so wia's si's ziffrat,
'Em Hennaboana 's Fuatter lief'rat.
Dös ka' i au', brumm freu' mi' scho'
Am End auf b' Eahralegio'!

Der Frühling.

Knabe.

Juhe! iatz thut der Schnea scho' gau'!
Ma' ka' schoa höba kluckra;
J lußt koin Eiszapf neana stau',
Und wär ear gleiwohl zuckra.
'Es sind drey Wucha seit Matheus,
Und b' Regel lautet: dear bricht's Eis.

Mädchen.

Ja Veitle! sag: was lärmescht so?
Willscht öbba Schlitta fahra?
Dau watest halt ächt Maunet no',
Und nimmst derzeit en Karra.
Luag Daschtre kommt, bös haut 'en Schei'!
Dau lögt der Haas a Oile ei'.

Knabe.

J hau' ganz öbbes anders gröbt,
Als du dau moischt mei' Resa!
J hau nir mit 'em Winter ghött,
Dea' ka' i wohl vergessa.
Und. aprobo i bitt miars aus:
Für was hau' J mei' Staarahaus?

Moischt öbba Spatza setza dinn?
J will diar's gau' beweisa;

Söchs Staara sind im Gata hinn!
Und no' derzua zwoa Meisa.
Dös merk diar nu, i woiß ganz gnau,
Daß b' Storke schoa ächt Täg sind dau.

Mädchen.

Was du saischt! weischt nir anders mea,
Als von be Vögel z' schwätza?
I laß biar öbbes anders seah,
En Haufa Bluama in meim Kretza,
Und willscht a paar so ka'scht dus hau',
Sie thäte nett beim Hüatle stau'.

I hau' Maginke wundernett,
Dia spielet guat selbander,
Zua viela Sträußla z'sämmebreht,
Und Veigele untrenander.
Dia riachet frey! denn hear amaul:
Es weab biar b' Näs voll sammt 'em Maul!

Knabe.

Dös ka' schoa sey', i streits it a',
Denn du bischt gar a gscheiba!
Do laß' nu komma Jörga Ta,
Nau weab's biar schoa vertleiba,
Wenn d' nimma därfscht in b' Gätle naus,
Dött ruckt der Pfinder 's easchtmaul aus.

Jatz hau' di' gell? luag mi' nu a'!
I will no' öbbes anders saga: —

Dau bi i ſchoa viel böſſer bra,
Laß nu de eaſchta Moia ſchlaga!
Dau kommat Käaſer haufaweiß,
Dia fang i mit 'em Beaſamreiß.

Nau ſperr i's in a Häusle nei',
Thua friſcha Blättle brocka,
Spann ſ' hia und bau zum Fuahrwerk ei',
Und laß ſ' im Freie hocka.
Oft näh i's an 'en Faba na'!
Und laß ſ' reacht ſumſa an iahm bra'.

Und no' ois hätt i ſchiar it gſait,
I bau au' Schläg für b' Meisla,
Und weil iatz bald der Haas ei'leit,
So klaub i Schneckahäusla;
Dia ſtreu i nauf auf's Haſaneſcht,
Däs wau i mach auf's Oaſchterfeſcht.

Es ſait ja b' Muater: los mei' Kind!
(Merk auf iatz frei mei' Reſla!)
Je ſchöaner deine Reſchtla ſind,
Sind b' Oher von beim Häsla.
Dau laß i mi it mahna bra',
Und wend' mein greaſchta Eiſer a'.

Mädchen.

Und woiſcht uf was i mi' no' freu?
Auf b' Frauefüahla an de Quella;

'S sind öttle blau und roath berbey,
Und manka genb a gulbna Hella.
Nau kommt no neabehea berzua,.
A weiß und blaua Holberbluah!

Dös laß biar sa: mei liaber Veit!
'S soll 's halt koin Schnea mea treffa,
Nau moi' i, daß 's ganz Büschel geit,
Denn so sait Gätners Steffa.
Do luag: no voar i ausgschwätzt hau',
Thund b' Wolke Butza falla lau'.

Der Herbst.

Kotz sikerlint! was sott i sa'?
Gaut bös a küahler Luft!
Miar hand do heunt eascht Gallata,
Und bo' sind d' Bäum schoa vella Duft!
Zwar ischt die kommad Wucha Simmetjaud,
Dös hängt denn s' moischt be easchta Schnea
in d' Staub.

Es sind do meine Zwetschga hund,
I hau huir öttla Bäum voll ghött;
Sie flackat wohl im Keller dunt,
Und hand im Faß a truckes Bött.
Dau kocht mei' Weib schoa öttle Krapfe draus,
Sie roichet geara bis Martini aus.

Und Biara hau' i suchzöh Schauf!
A Faß voll Hengst und blaua Schlea;
Drey Maltersäck voll Spä'ling drauf,
Nau bi i frei no' lang it grea!
I kriag ja bey der uffre Einzäu duß,
Zum weanigst seufthalb Metza wälscha Nuß.

Jatz Äpfel hau' i meah als Stoi',
Und sag i bös, so luag i itt;
Drei Säck voll Broitling schoa alloi,
Geschweiges, was nau 's oi' no gitt.
Apatig geit's bey'r uffra Mühl,
Huir Leader= und au' Klausaöpfel viel.

Wenn nu iatz 's Wetter böffer wur!
Nau wär huir älles glückli thau',
Es folt halt reggna dur und dur,
Nau kount ma au ge faia gau',
Und brächt fchea ftät bis höchftens St. Lebold
Dös Sächla rei', wau öbba dutz ifcht volt.

Es gand fo hata rauha Wind,
Dia thund be Saume fürchtig weah;
Und 's Lauba fchüttlets fakrifch gfchwind,
Denn b' Sonne laut fi' felta feah.
Es weab do no a biffla beffer gau'!
Denn's thund no Rüabe uf 'em Feld dutz ftau'.

Zwar gmoi'kle in der Kiarweihwoch,
I hau' no ällat Achting gea,
Ifcht offa moifchtens 's Reageloch,
In zöhe Jauhr kaum druimaul fchea;
Und bo will Mathe für fei' Rotz a Heu,
Und fotts au nu a halber Viarling feh'. —

Der Winter.

Knabe.

Ah Näthli! gugg mein nuia Schneema' a'!
'Em Leath der seinig därf it an iahn na';
Ear staut voar euserm Gata hussa,
Ma moit, es sey der Müller bussa!
Mit Kohla hau' 'em b' Auga gmacht,
Gell Greath! du hauscht bi' z'bucklig glacht.

Mädchen.

Ja wauhr ischt's schoa; ear macht a söttigs
Gfrieß,
Als ob ear lauter saura Aepfel biß!
Und dött stau' thuat ear wia na' gfroara,
Und ischt so gsterr als wia a Hoara.
Wia Nä'hli gang! es ruit bi it,
Und mach dia öttla suchzeh Schritt.

Ahnherr.

Ja Kindla! glei sobald mi gwärmet hau',
'S ischt heu't so kalt als thät scho 's Grund=
Eis gau'.
'S duft leck no b' Sonn a bissla scheina,
'Sind eascht ächt Täg seit Kathareina;
Denn wollt ma' nauch 'em reachta gau',
So soltmer no' it Winter hau'.

Zua meiner Zeit isch't's no' viel wörmer gwea,
Ma haut voar Thommestag koin Schnea it
gseah;
Denn bey be easchte 2 Lorata,
Isch't's oft no grüa' gwea in meim Gata;
Jatz thuats a sölla Gehwind hau',
Ma ka' voar Schnea schiar neana stau'!

Knabe.

Ah Nähla! luag bo a', wia's schneiba thuat!
Auf bös nauf lauft der Schlitta eascht recht guat;

Mädchen.

Jatz bärf ma' koina Feab'ra kaufa,
Gottvater keits ja ra ganz Haufa!
Und no ois: 's föllt miar grad iatz ei',
Der Klausatag weab au' bald sey?

Ahnherr.

Nu, weil 's denn grab so fürchtig weha thuat,
Und 's böscht ischt, daß ma' hinterm Ofa ruaht,
So will i bo a wen'g verzöhla,
Was huir der Klaus für Sach thuat wöhla;
Jahr müasset aber fleißig sey',
So'scht legt der Klaubauf Ruatha ei'.

Mädchen.

Gell Fritz! i ka' schoa allzwey A, B, Cea,
Und sag de'r b' Fiebel ussem Kopf berhea.

Dia vina kriagat nir als Datza,
Und wearat Esel gschimpft und Fratza!

Knabe.

Ja Nä'hli! b' Greath haut duraus recht
Im Schuala bi' i au' it schlecht.

Ahnherr.

Sind still, und loset iatza Fritz und Greath!
Was jöbem, wenn iahr brav sind ei'glegt
weabt.
Für's eascht: a nagelnuia Kucha,
A Dogganann und Kloibertrucha;
Dös gheart der Greath, und du mei Fritz!
Kriagst huir a nuia pölz'na Mütz.

'En Reiter sammt 'em Gaul berzua,
Für b' Schual a Pärla filz'na Schuah;
Und daß ja do sey gar nir selta,
No Aepfel, Nuß und Klausezelta.
Nau kommt no b' Hauptsach hinta drei',
A Ruath, dia muaß voll Zwetschga sey'.

Drum beatat brav zum Jesuskindla frey',
Daß ui bia Ruath zum Schaba it thuat sey'.

Knabe.

Ah Nä'hli! thua a Krippla macha,
Persona, Schauf und andra Sacha;

So wia 's der Nauchbaur beana haut,
Bey beam 's im Stubakasta staut.

Ahnherr.

Ja Fritz! du kriagscht ois, 's ischt a Woat,
Und sott's au nu papiera sey' zur Noath;
Bloaß muascht nau nimma so viel hehla,
Koin Aubab it beym Schlitta fehla;
Denn gar z' oft ischt halt oimaul z' viel!
Und 's Learna gaut bo voar'em Gspiel.

Ja wenn's Vakanz ischt, bärfscht du leck berzua,
Brauchst au a Freud als wia a anbrer Bua;
Drum thua d'r au' no Schlittschuah kaufa,
Daß uf 'em Weiher denn ka'scht laufa;
Jatz siehscht, ma' thuat diar älles gea,
Wenn d' nu zur Zeit au learnascht mea.

Knabe.

Dös will i schoa, und nimm miar's bsonbers
                                        für,
I learna z' eascht, nau gang i naus voar b'
                                        Thür;
Und wemmer hanb Sebaschtiana,
Nau will i extra ui bra mahna,
Daß grab mei' Fleiß an Paul Bekeahr,
Halb, wia der Winter, hi' unb hear.

13*

Die Betschwester.

Ah mei'! ma ka' voar Gall nix saga,
So sei'bli koiz sind iatza d' Leut;
Dös könnt als Gott i it vertraga,
I mei' nu, daß 's iahn gar it keit?! —
'Em Schwaza gheart der greaßer Theil der
                        Welt,
Denn dia wia eufer oiner sind glei zählt.
Dau hau' halt i a christles Gwissa!
I hau' 'en Krautstoi' statt 'em Kissa.

I thua 's ganz Jauhr koi' Floisch it essa,
Hau' oft nix warems in der Wuch;
I hear von drui bis olfa d' Messa,
Und sag all Stund 'en Bibelspruch;
I ströck frei' Stundlang b' Händ naus, wenn
                        i beat,
Und leab kuzum, so wia 's si's wirkli gheat.
I laß all Stund fuchzg Seufzer fahra,
Und thua be Weichbrunn gwiß it spara.

I hau', i muaß iatz gleiwohl saga:
'En Riama um be bloaßa Leib;
Vergonn schiar nix meim eigna Maga,
Und schimpf denn b' Leut zum Zeitvertreib.
Voll Heilge ischt mei' Stuba ausgstaffiart,
It oiner vom Kalender fehlt, bear 's ziart;
Und hau' i denn 'en Spruch vergessa,
So thua i miar selber Wichs aufmessa.

Für bös, dau därf i mi' scho' loba,
Wenn J bi oina Leut betracht;
Und wenn i wär halt du dau doba,
Entgieng miar koiner meiner Macht.
Dau bau halt J all Tag a Stuff in b' Heaß,
Und ka' beynah scho' iaßt in Himmel seah!
J woiß von alla Engel b' Näma,
Und komm au' mit 'em Peater öfters zäma.

So muaß ma' sey', so muaß ma' leaba,
Nau kommt ma' au' wia J zum Nuahm;
Brav faschta und brav Opfer geaba,
Nau tröts amaul a Myrtha Bluam.
Gar sei'bli guat ischt miar St. Hyacinth,
Ear nennt mi' gmoi'kli nu sei' Gschwistrigkind.
J konnt no öbbes meah frei' saga,
Do' ka's it jöder Maga traga.

Drumm bi' i still, und b'schliaß mei' Schimpfa,
Es weabt amaul scho' anderscht gau'!
J därf it doktra und it impfa,
So'scht muaß i' no' voar's Schwurgricht stau';
Und z'lötscht, dau käm i in Arrescht,
Als wia b' Amala Hohanescht,
Dia für iahr Schimpfa und Kuriara,
Hätt müassa bald in's Loch spaziara.

Das Tischgespräch.

Vater.

Die himmlisch Gnaud sey iatz bei eus,
Und sengna euser bissla Essa;
'En Napf voll Spec 'en Hafa Reis,
Der Herr woll euser it vergessa.
'En guata Appattit! Weib hock bi' hea,
Nau wear mer au' zur Zeit meah grea.

Wau steckat denn mea euser Veit?
Dear Hundsschwanz ka' zur Zeit it komma;
Ma' haut scho' ebig olfa gläu't,
Ear wead mea sey' bey Schualleahrs Thomma.
Denn Vero', fleißig ischt ear scho' der Bua,
Ear kriagt im Learna scho' frei' gar it gnua.

Iatz Weibla! 's ischt a höba Zeit,
Sags raus, was soll der Lauser weara?
Der Lukestag ischt nimma weit,
Drum möcht i's Resultat halt heara.
Döß sag i scho': a Au's ischt euser Veit!
Denn 's ischt iahm schiar der Schualleahr nimma
                                    z' g'scheib.

Mutter.

Dau hauscht scho' recht, döß wußt i ällz,
Hau's dur de Kopf scho' eahrli' zoga,

Do' moi' i: an der Hauptsach schlt's;
I hau' mi' eascht derzu' it troga.
Unb wenns betracht'scht beym rechta Liacht,
Weascht's finba, wau der Brauta riacht.

Vater.

Mei' Vero! muascht auf bös it seah,
Unb auf a Kloinigkeit it gucka;
Was ischt denn euser Herr voar gwea?
Ma' muaß halt au' de Dauma rucka.
Ear überspringt eus scho' all Jauhr a Claß,
Mei' Gott, bös ischt 'em Veit nu so a Gspaß!

A Hasasupp, a Schoppa Biar,
Dös thuat sei' ganza Mauhlzeit macha;
A Pfündla Schmalz, bös reicht iahm schiar,
A Maunatlang zum Rubla bacha.
Au' kommt ear naucha von der Schüssel weck!
Dös muascht verrechna; 's ischt koi' kloiner Dreck!

Mutter.

Mei' Ma'! du schwätzst en rechta Mischt,
I moi', du sey'scht uf's Hiara g'falla.
Du weischt amaul it Hott no Wischt,
Unb denkst it an ba Hauszei's zahla;
Unb's Liacht, 's Papeyr unb d' Schuah, bia
                  schenkt ma' hea!
Wia sag miar's, wear thuts unmeso'scht
                  heargea?

Vater.

Für bös ischt g'sorgt, bös ischt scho recht!
Ear soll nun dinna eftrubiara;
Nau stellt si' ear it gar so schlecht,
Und thuat no gwinna statt verliara;
Mei Vero'! luag i thät nir sa', —
Do' euser Herr, dear thuat miar b' Haut
schiar ra' —

Mutter.

Dös glaub i scho', und thuas verstau',
Do' wenns gau' gieng vom oigna Beutel,
Dau wur ear glei a Ausred hau';
Mei' Ma'! ma haut mit biar be Veutel,
Du gspür'scht es freili it, du bischt gar guat,
Denn du und Veit ghearscht zua der Narrabruat.

Vater.

Jaß seß miar uf der Stell glei still,
Und laß mi's nu it zwoymaul saga,
So'scht ischt biar gsteckt bei' Leabesziel,
J braih bir um dein alta Kraga.
Jaß friß nu sell; i hau' scho' truili gnua,
Und klöckts it, steck'scht en Stecka no derzua.

Dös ka' i oimaul it verſtau'.

Jatz wemma' ſo in b' Welt nausguckt,
Wia's J denn hau' probiart,
A Aug aus Gnaba halb zuabruckt,
So weab ma' bo' beinah verwiart,
Denn 's iſcht bigott a heller Graus!
Ma' kennt ſi' gar voar Glump it aus.

Jatz hau' i bo gwiß guat g'ſtubiart,
Bi' bleaſa frei' in jöber Schrift;
Hau' b' Feaber ziemli brav ſcho' gfüahrt,
So wia ma's it alltägli trifft,
Unb bo' verſtanb J ſammt meim Fach,
Au' s minbeſcht it von beaner Sach!

Do' iſcht, ſoviel i halt ſcho' gſeah,
Unb huimli rausverziffrat hau',
Dia Schulb alloi' am Schualpla' glea,
Denn ſoviel thua i no' verſtau'. —
Wia 's aber kommt, baß bös iatz gaut,
Dös haut mei' Hiara it verbaut.

Weil i no bi' a Schualbua gwea,
Dau haut ma ghött a böſſers Gſetz!
Ma' haut voar achtzöh ſelta gſeah
Wia iatza b' Wiaths= unb b' Muſik=Plätz.
Denn bau haut's gheißa: „marſch bu Fratz!
Dös iſcht für bi' koi' rechter Platz.‟

Do' iatza find's mit sechzöh frey!
Emanzipiarta Taugennichts!
Sie hand voar Gott und Welt koi' Scheu,
Und könnat nir! b' Erfahrung spricht's.
Daß bös zum Heil für's Land soll gau'
Dös ka' i oimaul it verstau'. —

Weil i no hau' be' Naturgschicht gea,
Dau haut ma' gwißt viar Elament,
Nau ischt ma' scho' ganz bleasa gwea,
Haut bitta uf en mit be Händ.
Jatz hand s' an feufa fuchzg it gnua!
Sie möchta liaber söchs berzua.

Eus hätt ma' uf 'em Holz verbrennt,
Und hätt eus b' Ketzerkappa gea;
Ma' hätt eus it als tausch verkennt,
Miar wära gwösa gänzli grea.
Jatz gand fie mit der Schwazkunst um,
Dös ischt der nui Canisium!

Ma' learnat iatz be Herarauch,
Und thuat be Schwaza bschwöra rauf;
Denn sölla fraugat nir bernauch,
Und find no eaber stolz brauf nauf;
Miar hand halt ghött denn 's A, B, Cea,
Wear meahr könnt haut ischt Docter gwea.

Jatz hand fie Haucka in der Schrift,
Sind über b' Zauberer g'stubiart!

So wia ma's beym Zigeuner trifft,
Dear, wau bo gwiß nir hoiligs füahrt.
Ma' fraugt it, wia viel Gott sie wend,
Ma' nimmt halt a' so viel ma' kennt.

Zum Rechna hand s' koi Ziffer meah,
Daß b' Lumperey it kommt ans Liacht;
Din Buastab ka'scht am andra seah,
Und Strich nu gnua, bia wau ma' ziacht.
Sie machat Dreyeck im a Rad,
Und Truttafüaß bald krumm bald grab.

'En Kasta hand sie in der Heah',
Wia a Thurem Babel sieht ear aus;
Dau thund sie nauch de Steara seah,
Und guckat dur a Roahr druf naus.
Sie fraugat nir meah nauch 'em Gschütz,
Und könnat macha sell de Blitz!

Und wia mit beam, so ischts mit allz,
Denn iatz ischt b' Welt scho' ganz verkeahrt,
Und wau du na' guckscht, üb'rall fehlts!
I will nu seah, wenn 's anderscht weab?
So haut ma's mit der Musi mea,
Sei' lebtig haut ma' dös nia gseah! —

Jatz blaust ma' frei' koin Dudelsack,
De Büffel hand sie exaliart;
Gar gipässig gend sie iatz bea Tack,
So daß ma' schiar de Si' verliart.

J moi' balb b' Gurgel seh von Boi',
Unb Lung unb Leaber seh a Stoi'!

So'scht müaßt 's verreißa, 's konnt it seh';
So viel J halt thua bau verstau',
So schrehat's gotterbärmli brei'
Unb müaßtat bo bigott vergau'!
Unb b' Mäuler öffnets angelweit
'S hätt recht guat Platz a buachis Scheit!

Nau hanb s' a Ripsa hanb a Gseag,
Als wära b' Saita Batzastrick!
Unb trotz beam Blära unb bem Gseag,
Haut bo a jöber no' sei' Gnick.
J moi' nu, wia ma's ka' so hau'?
Dös ka' i oimaul it verstau'. —

'Sischt alles ussem Häusla hält;
J moi' nu, wia 's St. Peater leibt'?
Jt uf ber Stöll bia narrat Welt,
Drehtausab Schuah in's Meer nausket?
Unb no it schickt be jüngschta Ta',
Per Eisibah' vom Himmel ra'!?

Denn 's ischt iatz alles übermacht,
Bei jöbem Zweig ber Metiè;
Ma' haut a ganza Schlaraffatracht,
Unb ischt am hella Werstig weh.
Ma' sott nu so 'en Schneiber seah!
Als wia a Biebhenn steigt er hea.

Und sieht ma' zlötschta b' Weiber a',
Sanct Audam hilf und zecha drei'!
Dau ka' ma' schiar koi' Woat mea sa,
A Pfau geit koin so groaßa Schei';
Dia Eava steiget wia a Dogg,
Und 's Mannsbild haut seu'f Fleck am Rock!

Und earscht bia Reifröck! liaber Gott!
Dia standat nauf, bis übers Knia;
Es ischt a wahra Schand und Spott!
Wia keahl und sittaloas sind bia!
Wenn so a Weibsbild b' Stiag na'gaut,
Und grad a Mannsbild brunta staut.

Dau haut bia hoach Madam z' Paris,
Ma' ka' miar saga, was ma' will,
Nix extra schöans erfunba, gwiß!
Sie ischt halt au' a Hoaffarts=Grill,
Und möcht, so hauts be ganze Schei' —
Dictatra über b' Weiber sey. —

Als wia iahr Ma' voll Tück und Lischt,
In alla eufra Weltatheil,
Der öbrischt Obernater ischt,
Dear Alles füahrt am Narraseil,
Und wia a bissige Klapperschlang
Sei' Maul aufreißt zum Fürschtafang.

Daß Alles iahn thuat wuaschta lau'
Als wia 'en Maulwurf uf 'em Land,

Dös ka' i oimaul it verstau' —
Dös gaut miar über mein Verstand.
J moi' ma' sollt lahm b' Wauhrat sa' —
Und sollt iahn lahm und bucklig schla'. —

Daß 's aber sölla Menscha geit,
Jm liaba, deutscha Vaterland,
Dia, o du liaba, nuia Zeit!
Zum Bonapatla bettla gand,
Dös ischt miar z' dumm und ischt miar z' brau'!
Dös ka' i oimaul it verstau'. —

Klageseufzer eines Schwaben.

Du arems Närrla mei'!
Was hauscht bo für a Pei'?
Du hauscht di' bo' so röbli gflissa,
Unb hauscht bo' nia a rüabigs Gwissa;
Es ischt ja wärla zum vergau',
Liabs Herrgettla? was hau' i thau'? —

A Elend ischt's! 's ischt wauhr,
Dau fehlt si' gwiß koi' Haur;
Es trait miar it a oi'zigs Knöpfla,
Gschweiges denn a Goglhöpfla;
Liabs Herrgettle! was hau' i thau'?
Dös Urthel ka' i it verstau'. —

O mei' bu armer Leath!
Huir hauscht's so koi'z wia feat;
Bischt wärli nir als plaugt unb gschoara,
Unb zum Verbruß unb Loib geboara.
Liabs Herrgettla! was hau' i thau'
Daß b' mi' willst nimma leaba lau'?

I rakra, schinb mi z' toabt,
Unb komm it von der Noath;
I nuhm verliab mit greaschta Spatza,
Unb z' Aubab thät i halt kolatza.
Liabs Herrgettle! bu siehschts iatz schoa',
I hau' 'en fürchtig gringa Loah'.

Dau binna ſteckts im Heaz,
Koi' Menſch vertrait dea' Schmeaz;
It ſaur, it ſüaß, däucht mi' mei' Eaſſa,
Gottvater haut mi' ſchiar vergeaſſa;
Liabs Herrgettle! i bitt bi' ſchea',
Gib mir mei' rüabigs Gwiſſa mea.

I bi als Schwaub veracht',
Wear überall verlacht;
Was muaß i bo no allz verleaba?
Ma' will miar koin Reſpakt mea geaba;
Liabs Herrgettle! iatz nimm du a',
I bi a ganz verhaßter Ma'. —

'S geit gnua g'ſtubiarta Leut,
Und do' iſcht b' Welt it gſcheib;
Denn ſui iſcht gfalla ganz ufs Hiara,
So'ſcht thät ſ' a andra Darning füahra,
Liabs Herrgettle! zech du iatz drei'
Und laß mi' it verloara ſey'.

I woiß miar ſell koin Rauth,
Wau na' bös Ding no gaut;
Drum bitt i euſern liaba Heara,
Ear möcht miar gea en Hoffnungsſteara.
Liabs Herrgettle! verhear mei' Bitt!
Vergeaſſa thua i bi' gwiß bo it.

xxxxxxxxxxxxxxxxxxx

Das Abendgebet.

Herr Jesu Chrischt, du guater Gott!
  Weib! beat, es ischt a Schand und Spott!
Dear glitta haut für eus be Toadt,
So'scht kommer it von eufrer Noath,
Und gstorba ischt am Kreuzesstamma;
  I muaß be Fuchsa au' no' kamma.
Erhear mei' brünschtig Fleah und Bitt,
Erhalt miar's Feld sammt meiner Hütt,
Sieh a' mei' innigs Heazaleib;
  Du Seffa! 's ischt zum melka Zeit;
Thua retta euser arma Seal!
  Herrjö! wia brennt mi' heu't mei' Feahl;
  Wart Hans! i nimm di' bey beim Grind;
Herr! wasch eus do' von eufrer Sünd,
Und laß bei' Leiba und bei' Sterba,
  Putz 's Liacht! ma' sieht it zua be Scherba,
An eus do' it verloara sey', —
  Gell Weib! du fuirescht naucha ei',
  Und treibscht glei b' Henna au in Stall;
Erleas eus von beam Jammerthal,
Herr füahr eus einst ins Parabeyß;
  Bua! moara lög mer's Gift be Mäus,

Und tränk eus mit beim Gnabawasser.
I brucht scho' mea en nuia Maser!
Erhalt miar 's Vieh und 's Hausgesind,
Und gib, daß glückli' wirft mei' Rind;
Voar allem U'glück bhüat mei' Haus,
Und reiß mi' aus de Schulba raus.
So genb nu Fried in Gottesnamen! —
Jatz hear i auf; — Weib! sag du Amen.

A Mörkerla

von 'ra Pfingſtfahrt.

I kenn a Sträußla wundernett,
Dös bloaß zwoi Blüamla haut,
Und bös im ganza Gatabett
Am allerböſchta grauth.
I ma' halt luaga wia i will,
Und Maul und Aug aufreißa,
So ſieh i wohl no andra viel,
Do koi's von deaner Weißa!
Dös iſcht ſcho' von ra bſondra Art,
Und ſticht miar keif in b' Auga;
Haut Knöſchpla fürchtig ſei' und zart,
I ka's it gnuag beſchauga.
En Grucha geit es, ſakermoſcht!
Gar rar und bſonders liabla,
Es weab's ja bo' koi ſtarker Froſcht
Verhunza und verrüapla. —
'S wär Schad, wenn's iatz bey deaner Zeit,
Wau ſölla Stürem brauſat,
Aprillabutz im Mai no geit,
Verthau' wur und verzauſat.
Am böſchta iſchts, i nimms in Ghuim,
Und ſetz es in 'en Scherba;
A Eabra hau' i ſchoa dahuim,
Dau ka's it leicht verderba. —

14*

Nau bi i aus be Sorga huß,
'S mag schneiba ober gfriara;
Und staut es voar meim Feinster buß,
Beguckt's a jöb's mit Giara.
J hau's scho' länger uf ber Muck,
Hau' alla Plä'la gschnitzlat,
Drum waug i halt gleiwohl bös Stuck
Was haut's mi' all so bitzlat!

Mirakel und Spectakel

ober

**Ein Trümmchen aus der Weltgeschicht,
Man kann es glauben oder nicht.**

Jatz losat auf! was i ni sa,
Und thund miar frei' koin Lärma schla —
Dös traurig mag ma' so it geara,
Und will all öbbes luschtigs heara;
Drum will i mi' it länger sauma,
J wear a luschtiga Gschicht auskrauma,
Und sotts au komma vom Mirakel
Bis ra' zum greaschta Weltsspectakel!
Do' muaß i no bemerke bey,
Daß b' Noathlug koi' Verbrecha sey;
Und au 's Salvena bitt i aus,
So'scht ruck i mit der Gschicht it raus,
Denn 's kommat mankmaul sölla Sacha,
Wau oiner konnt 'en Kurrer macha.

— Der A'fang ischt im Wald duß gscheaha,
Ma' ka' bös Plätzla heu't no seaha;
Wau iatz der Holzwat dussa hausat,
Dött hand amaul drei Gsölla glausat;
Und oiner ischt a Schneider gwea,
Dear haut oi ghött so groaß wia b' Schlea!

Do' weil ſie kaum ſinb gwöſa grea,
Haut's Schneiberle a Dachsloch gſeah,
Unb haut nau in bear Höhla buuba,
A alta Pataro'bäſch g'funba;
Dia haut benn ghött en groaßa Seaga,
A Beutel Golb iſcht in iahr gleaga.
So iſcht iatz bur bös lauſig Boara,
Der Schneiber zum a Herra woara;
Unb neababött beim böſchta Guat,
Iſcht glea a ziemli alter Huat;
Dean nimmt er au' unb ſötzt iahn auf,
Unb thuat 'en ſtarka Jutzger brauf.
D' Patro'bäſch hängt ear um ba Kraga,
Unb thuat ſie für a Schöaheit traga;
Do 's Golb bös haut iahm mentiſch gfalla,
Dau haut ear könna b' Schulba zahla,
Unb was iahm gmacht haut gwiß koin Boara,
Der Beutel iſcht iahm leer nia woara.
Boar Freuba haut ear nimma gſeah,
Denn neama iſcht no' reicher gwea.
Jatz enbla fällts iahm ſchöa ſtät ei' —
Ear ſoll iatz gau in's Stäbtla nei' —
Denn ſait ear nau ſo bey ſi' ſell,
Biſcht meah iatz als a Schneibergſell!
Unb ka'ſcht bi' als ber Herr von Zwiara,
Sogar als Freyherr tituliara;
Ka'ſchts wia a Grauf ſo nobel hau',
Unb in Komöbeſtabel gau —
Ka'ſcht leaba wia ber reichiſcht Fürſcht,
A Wei'la trinka wenn's bi bürſcht;

Es trait biar au' a nobla Braut,
Und vürnehms Häswerk für bei' Haut.
So denkt ear si' beim Weitergau'
Und thuat bereits im Städtla stau' —
Dau kloibt er si' im nächsta Lada,
Ganz um, vom Kopf bis na zum Wada,
Nau ischt ear glei' zum Juweliar,
Haut kauft da halba Lada schiar,
Und haut sei Zuig so weit no braucht,
Daß ear haut Milanollos graucht.
Drauf ischt ear in a Wiathshaus ganga,
Und bötta haut sei' Pech a'gsanga;
Ear nimmt halt au a Zeiting hea,
Und thuat sie langsam dura seah.
Dau liest ear denn a atla Gschicht,
Und schneidt a ganz Baronagsicht!
Wear sey' wöll reich und arg vermessa,
Dear soll si' melba bey'r Prinzessa,
Denn wear sie mach beim Spiela muat,
Dear kriag sie ganz mit Guat und Bluat;
Do muaß bös Spiel drei Täg futtgau,
Am viarta soll's sei' End earscht hau'. —
Dös haut da Schneider luadrisch bitzlat,
Ear haut koi langa Plä' it gschnitzlat;
Hollah! dös kommt miar grad wie g'weuscht!
Dau mach i it lang extra Deu'scht,
I gang im Hui in d' Resadenz,
Und denk it anders, als i gwenns!
So haut ear gsait und ischt glei glossa,
Und haut sie grad beim Flechta trossa.

Haut's golta? wemmer na' ans Werk?
I bi'. Baro' von Koi'zaberg,
Und was da Eahcontract betrifft,
So mach i glei ans Gricht a Schrift,
Denn soviel ka' i voarnei' saga,
Daß i da Sieg im Sack thua traga.
Und wenn i au verspiela thua,
So hau' i' bo' no' Gelber gnua;
Denn keebig ischt der Beutel leer,
So ischt ear au vom Geld meah schwer.
Du! voar miar gaudt zum Hoachzeitlaber,
Dau lauscht iahn seahe no meim Vater;
So sait b' Prinzesse; ziaht iahn raus,
Und trait iahn glei 'em König naus.
Dear thuat de Schneider atla stimma,
Und geit iahm au' sein Beutel nimma;
Dau pflannt der Schneider öttla Stund,
Und ischt total iatz uf 'm Hund;
Do' haut si ear glei wieder bsennt,
Und ischt 'm Hui vür b' Stadt nausgrennt;
Au' haut ear no' im earschta Zoara,
Voar Gift und Gall sein Huat verloara.
Iatz ischts die oizig Däsch no' gwea,
Dia haut ear vür 'en Gott a'gseah.
Du sollscht halt voll Soldata sey'!
Nau käm i meines Loibs scho rei';
So haut ear denkt, und hauts kaum gsprocha,
Nau sind sie aus der Däsch rauskrocha,
Zearscht b' Füssaliar und b' Reiterey,
Nau b' Kananiar und 's Gschütz derbey.

'Sischt alles voll Soldata gwea,
Ma' haut oin Kopf am andre gseah.
Der Schneider haut 'en Schecka gritta,
Und Gsichter wia der Schamyl gschnitta.
Drauf ordrat ear a Gsandtschaft a'
Von zweymaul hunderttausad Ma';
Dia hand da strengschta Auftrag kriagt,
Sobald si' frei der Fürscht it füagt,
So solln's iahn an 'en Pfauhl na binda,
An all viar Eck sei' Stadt a'zünda.
Der König haut it gwißt, wau aus,
Ear gaut glei sell drauf zua iahm naus,
Und sait: ear wöll koi' Herrschaft meah,
Ear wöll iahm glei sei' Tochter gea,
Wenn ear iahm laß sei' ölends Leaba,
Seim Land da Frieda meah wöll geaba.
Auf bös na' haut der Schneider gsait:
So! hau' di' do' no' braucht so weit!
Soldata o! marschiarat rei'!
Miar land da Kriag iaz fötig sey' —
Dau haut der Schneider ölend zapplat,
Bis alla in dia Däsch sind krapplat.
Drauf reißt der König glei beam Tropf,
Dia Täscha ra' schlöts an sein Kopf,
Sait: Kerla! wenn du liabscht dein Grind,
So mach di' futt als wia der Wind!
Dau hand iahr iaz bös Oh'mirakel!
Jaz nimmat a' bös Weltsspectakel!
Der Schneider lauft ganz gschnell in Wald,
Und kommt dött uf a grüana Hald;

Dau ischt a Baum gwea uf ra Heah,
Dear ischt halt volla Feiga gwea.
Dau haut ear si a öttla grissa,
Unb wia ear haut bia britt verbissa,
Dau haut ear kriagt a Gschwulst am Kopf;
Es ischt iahm gwachsa raus a Zopf,
Unb wia bia Gschicht passiart ischt gwea,
Dau haut ear nauch da Feiga gseah;
Ear haut 'en Sack voll a'gfüllt mit,
Ischt drauf in b' Stabt mit Doppelschritt,
Ischt auf ba Markt, hauts feil bött ghött,
Unb haut für 's Stuck en Gulba gwött.
Dau kommt benn au' b' Prinzessa glaufa,
Unb thuat bia Feiga alla kaufa.
Jatz wemmer halt gleiwohl au seah,
Was mit da Feiga gau' ischt gscheah.
D' Prinzessa haut s' halt zua si' nei',
Unb hauts glei' bsuacht so neababrei'. —
Dau hauts benn gea a fürchtigs Pflanna,
Sie haut a Maul gmacht, wia a Wanna;
Haut kriagt am Hals 'en groaßa Kropf,
Druitausab Ölla lang 'en Zopf,
Unb neana ischt koi' Docter gwea,
Dear's gheilat haut, unb gstöllt hätt hea.
Jatz nimmat a' bös Weltsspectakel!
Dau brucht ma' scho' a Oh'mirakel!
Der König laut in b' Zeitung thau' —
Ob neama thät bia Kur verstau'?
Dear bürst' nu, was er wott, verlanga,
Unb wär au 's Königreich bra' g'hanga.

Dös ischt ganz g'wen'scht im Schneider gwea,
Ear haut si' frei it lang verseah,
Und haut si' gmeldt als Doktor glei,
Dear in dear Kur erfahra sey;
Und wia ear ischt zum König ganga,
Dau haut iahn bear gar guat empfanga;
Haut gsait: ear sey amaul a Ma'!
Von beam ma' Wunder röba ka'.
Der Schneider denkt: du Sakratropf!
I kriag di' gwiß no bey beim Schopf.
Do' eah der Schneider b' Kur a'gfanga,
Thuat ear a Leabesgschicht verlanga;
Und weil b' Prinzessa gwößt ischt grea,
Dau haut er sie ganz föscht a'gseah.
Ischt bös denn alz, hauscht so'scht nir thau'?
Hauscht it ba Dauma z'lang sey' lau'?
Jatz endli' ischt's in Si' iahr komma:
A Pataro'bäsch hau' i gnomma,
Und no derzua 'en alta Huat,
'En Beutel, wenn's it anderscht thuat.
Druf haut ear gsait: glei bringscht miars hea,
So'scht ka' i biar koi Pflaschter gea.
Und weil sie 's ghött haut naucha ghollat,
Dau haut si' glei der Huat aufgrollat.
Der Schneider sait: hö! kennscht mi no?
I bi' frei aus der Welt it g'floh.
Du moischt, i heil di'? dau hock nauf!
I wen'sch biar no söchs Knipfel drauf.
Dau schreit b' Prinzessa: haltat ba Koga!
Sei' Zuig ischt dur und dur verloga.

Dau kommt der König auf dean Schrei
Ganz weibla glei zur Hilf herbey.
Der Schneider sait: probiar's! gang hea!
Mit diar dau bi' i blitzschnell grea;
Wia Huat! gang auf, und thua iahn nimma,
Miar land eus 's zweytmaul nimma stimma.
So sait der Schneider, fliagt dervo'
Und ischt vielleicht im Mau' bob scho'.
A söttigs End haut bös Mirakel!
— — O Spectakel! — —

Der Rapport

des Merkurius an den Jupiter.

Jupiter.

Wau bleibt der Mercur bo so lang?
Dear haut gwiß mea 'en extra Gang,
Und steckt am End z' Sebaschtopol
'Em Mentschikoff seim Camisol.
Ka' sey' ear haut z' Kriagshaber bunda,
'En alta Juba=Vötter gfunda!

Sei' Schachra ka' ear halt it lau',
Döß thuat iahm allweil naucha gau';
Z' Martini weabs bereits auf's Haur,
Seitdeam ear sott ischt, seufthalb Jauhr!
Jatz thua i halt 'en Steara rucka,
Und grabweg na auf b' Erba gucka.

Sieh luag! dött kommt ear scho' berhea,
Ear ischt ganz kreibaweiß vom Schnea,
Und sieht scho' so verfroara aus,
Als käm ear grab von Rußland raus.
'En Benkel haut ear wia 'en Metza!
Dear weabt mi' wieder blau a' schwätza.

(Merkurius tritt auf mit einem Zwerchsack beladen.)

En guata Aubad Gvatter mei'!
Der Tuifel möcht bei' Bott iatz sey'.

Dös ischt a glumpats Zuig bau bunb,
A Leaba hand s' wia Katz und Hund!
Dei' Tauf und Chrysam ischt verloara,
Sie sind koi Häurla bösser woara;

Und schneiba thuats, ma' ka' kaum gau',
Als hätt mer scho' Sebaschtiau'!
J moi es ischt bald alz verruckt,
Weil's bunba und bau hoba spuckt.
Seit achtaviarzga, — därf i schwätza —
Ischt b' Welt a purer Lumpafetza!

Jupiter.

Oho, oho, kreutzsakerlott!
Du übertreibschts, als wia a Bott;
Ganz öba ischt's no neana gwea,
Ma muaß a wen'g bur b' Finger seah;
Wia mach iatz! thua bein Pack aufschnüara,
Und thua miar Alles raportiara.

Merkur.

O Jupiter! i weusch eus Glück!
Jatz hammer bald deau Augablick,
Wau alle Welt 's Lariara haut,
Und bald zum Henna Doana gaut.
Ma' sieht bloaß Lazareth und Spittel,
Und andra Leutvertilgungsmittel.

Der Doctor Roborantius,
Der hoahgstudiart Laxantius,

Kuzum die ganze Doctorey
Sey Waſſer oder Gift derbei,
Sie ka' koi ſött's Rezept verſchreiba,
Dös wau bös Sch...ſa kunt vertreiba.

Jupiter.

Dau huaſcht i in bia Salber nei!
Soll bös am End der Geltsgott ſey',
Daß i ſo viela Mittel hau,
Deam koi'za Menſchavölkla glau'?
Für was hand ſ' denn b' Chemie dau dunda,
Wenns koi Mixtur hand no it gſunda?

Merkur.

O laß mi aus mit bear Chemie!
Denn wenn i in 'en Bierkruag ſieh,
So ſtinkt ſie raus wia Wagaſchmiar,
Verreißt oim Bauch und Maga ſchiar.
Ma' kriagt iatz gar koin Trunk koin friſcha,
Denn alla Tuifel thun's dra' miſcha.

Und wia mit beam, ſo iſcht's mit älz,
Denn gar in alla Stucka fehlts;
Apata bey der Böckerey!
Dös iſcht a pura Zwalkerey.
Bald iſt's verbrennt, bald halba bacha,
Und wia a Luim zum Oſa macha.

Und mit ba Müller iſcht's a Graus!
Dia ſteahlat 's Geld uim druifach raus;

Denn beana ischt a Sack voll Meahl
Viel liaber als a Menschaseal.
Unb bei ba Hucklar, 's ischt it gloga,
Dau weabt ma bur unb bur betroga.

Kuz! wau ma' nu a Gschäftla haut,
Unb wenns au mit ber Butta gaut,
Sey's langa ober kuza Waar,
Ischt b' Reblakeit so ziemla rar;
Unb earscht bie allergreaschta Lumpa,
Sinb b' Baura mit ba Koarastumpa.

Dia Koga sinb scho' beara seischt,
Unb stinkat schiar voar Hoaffartsgeist.
Am Biar, bau hanb sie nimma gnuag,
Sie saufat glci ba Wei' im Kruag!
Unb solltats stuira, hanb s' a Goscha,
Als hättets halt koin halba Groscha.

'S kommt älz von bcam Firiara hea!
Denn voar, bau sinb sie bäsig gwea;
Jatz sitzats alla Leut auf's Gnack,
Unb spielat b' Barona vom Koarasack;
Sie thunb brav fressa unb brav leaba,
Unb wenb koi' Alamosa geaba.

Jupiter.

Dös ischt a rechta Lumperey!
Was sait berzua benn b' Polizey?

Merkur.

A mei! bös ischt b' Krähwinkelei!
A Vötter unb Fraubaserey!
Sie ischt helliacht 's seust Rad am Waga,
Unb traut si' neana öbbes z' saga.

Natürla! wia ka's anberscht sey'?
'Em Schwauger röbt ma' neana ei';
De Gvatterne gschieht au it z' weah,
Wau nuhm ma so'scht a Tobtla hea?!
Unb außerbeam trait 's visatira,
Halt Biar unb Brob, unb saura Miara.

Unb Gsetzer geits, wear weiß wia viel!
Für alla Sorta Beasemstiel;
Sie hanb berzua earscht no' it gnua,
All Lanbtag machats oi berzua,
So baß s' für jöben alta Hafa,
Schiar hanb 'en eigna Paragrapha!

Jupiter.

Dös ischt a Wiathschaft, s'ischt a Graus!
Wia siehts benn mit ba Gleahrta aus?
Dia sollat 's Recht unb b' Wauhrat sa',
Für was thunbs benn Titel tra'?
Dia müassat Furcht unb Ghorsam leahra,
Unb Glaub unb Liab zu eus vermeahra.

Merkur.

O gang miar mit ba Gleahrta weck!
Dia streitet rumm um jöba Dreck;
Sie hand vom Glauba gar koin Schei',
Wend gscheider als der Mohses sey'! —
Dia moischta sind recht faba Schwätzer,
A wahra Bruathenn von be Ketzer.

Sie leahrat Zuig, i mag's it sa',
Du thätscht miar oi's auf's Maul nauffschla';
Sie glaubat gar nix meah von diar,
Vom Pluto und von seim Reviar;
Mit Höll und Himmel wear ma troga,
Sey' Alles dur und dur verloga!

So heart ma's schwätza, wau ma staut,
Und wau ma' in a Schual nei' gaut;
'Sischt wärla a hellliachter Graus!
Mit Treu und Glauba, dau ischts aus.
Sie sind bereits so weit scho' komma,
Daß sie 'en andra Herrgott gnomma.

Es moi't a jöber dummer Krippl,
Der Herrgott sey sei' gsterrer Schippl,
Und wenn ma' sterb sei Alles aus,
Als wia bei Hund und Katz und Maus;
Au' sagat viela Philasoffa,
Du seiascht ussem Boda gschloffa.

Dös ischt a saubra Regillio'!
Dia glaubt koin Vater und koin Soh';
Sie stöllt da Mensch 'em Ochsa gleich,
Dear haut im Stall sei' Himmelreich;
Für sölla dumma Hundsgedanka,
Dau kömmer eus recht schöa bedanka!

Jupiter.

Kotz Donnerwetter Stearablitz!
Eiszapfakölt und Höllahitz!
Wenn dös am Eud so futt will gau',
So muaß i 's Gricht bald halta lau',
Denn so'scht thunds no da Himmel sturma,
Und iahn nauch iahra Launa furma.

Merkur.

Dau hand sie iatz no it der Zeit,
Weils Händel weag 'em Türka geit.
Denn d' Russa wend Constantinopl,
Und hand earscht nächt bei Sebastopl
Da Engaländer und Franzosa
Die hinter Front gar arg verschossa.

Jupiter.

Was saischt do dau? — was ischt do bös?!
Drum ischt beim Mars a so a Getös!
I hau' all gmei't ear häb 's Katarh,
Jatz weadts miar eascht a höba klar;

15*

Drumm mag' ear selta wieber lacha,
Unb thuat so saura G'frießer macha.

Merkur.

Dös glaub i scho' i zweisla it,
Ear haut bis iaz koin guata Schnitt;
Denn Bonapatla macht a Gsicht,
Wia oiner, beam sei Hosa bricht,
Unb b' Mabam Victor thuat schoa brummla,
Der Franzeff soll si' bösser bummla.

Unb bear thuat wirkli, was ear ka',
Ear sötzt sei' ganz Vermöga bra';
Haut Ma'schaft, Gäul unb Pulver gnua,
'En guata Commabant berzua,
Unb haut earscht beim Finanzathomma,
A nuia Hypathek aufgnomma.

Wär alz, wia bear, so flink behr Hanb,
So hättmer balb a Ruah im Lanb;
Denn Höß, ber Tann unb Benebikt,
Thät b' Lumpa pluia, baß si's zwickt;
So aber macht der norbisch Fritzel,
Wia allamaul 'en falscha Spitzel!

Ear haut koi' bißla Schaam im Leib,
Jscht minber, als a Wäscherweib!
Unb schenkt 'em falscha Bonapat,
Meahr Glauba, als ma Kamarab,

Voar lauter Stolz und Kaiserey,
Und faber Zweifelscheiserey.

Es nutzt iahn aber gar it viel,
Ear fötzt derbey sei' Sach auf's Gspiel;
Verliart beim Michel fein Crebit,
So baß der Franz und Andra mit,
No örger, als auf gwißa Straußa,
Sein gsterra Schippel wearat laufa. —

Jupiter.

Jatz hau' i gnua! — bös ischt miar z' brau'!
Dös Ding, bös muaß miar anderscht gau'.
Der Ruß, bös ischt a grober Bengl,
Und b' Engaländer, Labaschwengl;
D' Franzofa steahlat keck wia b' Ratza,
Und b' Preußa, bös sind falsche Katza.

Der Franzeff ischt der brövscht derbey,
Dear ohna Falsch und Schmeicheley,
'Em Jöba Recht und Wauhret fait,
Und wenn's au' lange Gsichter trait.
Ear ka' it umgau' mit 'em Lüaga,
Und au' it mit 'em Buckelschmiaga.

Und gaut ear bösmaul in a Gfecht,
So hanblat ear ganz guat und recht;
Der Boir und Schwaub, bia alta zwea,
Dia thund iahm iahren Beistand gea,

Und so weab ear auf alla Seita,
Als Sieger aus 'em Treffa reita.

Jatz lauf nu glei' zum Mars no' na'
Und thua iahm Gruaß und Melding sa':
Ear soll nur grad, so guat ear ka'
De Garibaldi pfeffra a',
Und seine Helfershelfer Alla,
De Ranza in's Elysium schnalla.

Anrede eines Schultheißen

an die foldpflichtige Dorfjugend.

Gott grüßana Kinderle allmitanand!
Jahr ſtandat heu't 's lötſchtmaul im ſchwäbiſche
Land,
Denn b' Marſchruath bia lautet: „ins Däna=
mark na!"
So laut eus der König dur b' Zeitinga ſa';
So ſtauts au' im Merkur, dear z' Stuagat
druckt weabt,
„Ma häb anno viarz'ga it ſoviel verheart,
„Denn Alles, was laufa und Säbel tra' ka' —
„Vom Obriſchta ra' bis zum hundsgmoina Ma'
„Muaß bösmaul im dopplata Schritt in b'
Caſſarm,
„Au b' Nachtwächter, b' Jäger und alla Scha'=
barm.
„Und häb ma' 'en Buckel, und häb ma' 'en
Kropf,
„Wenn oiner nu Füaß haut und Auga im
Kopf,
„So kriagt ear 'en Säbel, a Gwöhr und a Blei,
„D' Montur und 'en Tſchako und 'en Köſſel
derbey.
Drumm laufat und ſpringat, daß der Buckel
ui ſchwißt,
Und ſchreibat, ſobald a Kanona haut blißt.

Ja! learnat 'em Däna da röblicha Glauba,
Unb ruckat beam Fuxa nu tüchtig auf b' Hauba.
Unb henkt ear da Wöbel unb macht ear a
Zanna,
Unb mag ear au fchreya unb rotzla unb pflanna,
So genb iahm koi Ghear it unb lachat iahn
aus,
Unb ruckat mit Eahra aus Dänamark raus.
Es ifcht zwar a zäher, a pfiffiger Schwanz,
Unb bis iahr iahn zwingat unb lieberat ganz,
Dau weabts aweil braucha, weabt Dachtla
gnua gea!
J woiß ja von Alfa unb Düppel no hea;
Dött hauts fcho' grab krachat unb pfeffrat unb
blitzt,
J hau' meina Lofer ganz fakerifch gfpitzt;
Denn b' Bayer dia hanb dött fchoa gfuirat
unb dampft,
Unb eufara Gäula ba Boba verftampft,
Daß z' Flensburg, fogar in der Hechelisgaß!
Kaum gwea ifcht, — oh' gloxa — a gottigs
ganz Glas.
Dött hanb f' müaffa laufa wia b' Wanza beim
Tag,
Unb z' Renbsburg dau haut ma' dictiart be
Vertrag.
Dött hammers nau gnomma bia Tropfa beim
Frack,
Unb hanbana b' Meffer brav a'gfötzt an's
Knack!

Und wär der Prittwitz it nauchsichtig gwea,
So wärats vom Stiel bis zum Butza ganz
grea.
Nau weil mer von Schleswig nauch Jütland
na' sind,
Hand b' Däna a höba recht na'ghinkt da Grind;
Dau hand sie voar Grimma scho' gschria, au
weah!
Voar Ängschta und Schrecka bereits nimma gieah,
Miar handana gea bött 'en Duzel ins Maul,
Daß alles krepiart ischt, der Ma' sammt 'em
Gaul;
Nau hand sie Respiez kriagt bia roatha Schwanz=
janer,
Voar eusara Jäger und blaua Hulaner!
Drum zoigat iatz, baß iahr minder wend sey' —
Und ruckat im Gschwindschritt in's Dänaland
nei';
Trischackat bia Koga, i gib ui dean Nauth,
Biß, baßanna 's Seaha und 's Heara vergaut.
Nau sind iahr no wackara schwäbische Leut,
Und machat 'em König a kindische Freud,
Und kommat iahr raus meah von Schleswig
und Schleitz,
So kriagat iahr Gelder, a Blobing und 's
Kreutz;
Drumm nimmat ui zäma und haltat ui guat,
Weil bösmaul der König no selber mitthuat.
Und bear ischt, iahr wisset's, a gmachter Soldat!
Er trait it aus Moda und Hoaffath 'en Bat;

Haut's Pulver scho' grocha, ischt britta unb
groaß,
Ist z'voaberischtgöscht, wenn der Tuifel gaut
loas,
Und wär scho' von alla der vürnemmischt Held,
Sobald ear a bißla meah Leut hätt unb Gelb.
Nu thund, was iahr könnat unb hoffat auf
Gott!
Und gand in Gottsnama, sey's wischt ober hott;
Und sind uira Obrischt recht truila ergeaba,
Nau laut ui der König unb 's Vaterland leaba!

Was thuat der Michl?

Ein Gegenstück zu Michl auf dem Kanapee.

Wenns gfroara, und wenn's zuagschneit haut,
Nau fahrat b'Ulmer Schlitta;
Wenn auf der Doana 's Grundeis gaut,
Nau friart's oin in der Schmitta.
So singt der Michel z' Ulem duß,
Und haut koin Aerger no' Verdruß.
Ear rutscht sei Fible übers Bött,
Nau haut ear au a Schlittaschi ghött.

Hand b' Preußa iatz auf b' Schweiß 'en Gluscht,
Auf iahren Emmathaler,
Und blechat für a Baslerwuscht,
'En nagelnuia Thaler,
So denkt der Michel: o wia dumm!
Dau gang i bloaß in b' Kuchel numm,
Und hol miar bey meim Bäsla,
A Wuscht und Doppakäsla.

Wenn b' Schweitzer dur da kalta Schnea,
Wia b' Schneagäns heamaschiarat,
Und voar sie hand 'en Preußa gseah,
S' Kuraschi scho' verliarat,
So lacht der Michel hell derzua,
Und ischt koi' sölla dumma Kuah;
Ear zuicht sein warma Schlaufrock a',
Und strackat uf sei' Gautscha na'. —

So macht's der Michel alla Ta',
Ear bleibt bey seiner Gwoahnat;
Und hölt derbey trotz Podagra
Sein Korpus eahrla gschoanat.
Denn wenns au hintra für denn gaut,
So treascht si' ear: „kommt Zeit kommt Rauth!"
Trinkt Ulmerbiar und ißt a Nudl,
Und laut si' wohl sey' wia a Pudl.

Die Standeswahl.

Jatz Michel röb! was willscht denn weara?
J hätt halt öbbes richtigs geara;
Verstand und Grind hauscht gnuag derzua,
J wollt' i wär in beine Schuah.
Bis viarzöh bischt in b' Schuala ganga,
J moi' bös konnt bo' eahrli glanga!
Zua meiner Zeit ischts it so gwea,
Miar hand kaum glearnet 's A, B, Cea;
So haut mei' Vater alle Wocha,
Mit guata Weartle zua miar gsprocha,
Do J, beim alta lucka Si',
Bi' blieba, was i gwösa bi';
J hau' koi Luscht zum Affacata,
Dau muaß i earscht auf b' Kläger wata,
Und wenn i' 'en Prozeß au' hau'
Vom Ponzes zum Pilates gau';
Apata bei be nuia Gsetzer,
Dös sind die purschta Menschehetzer!
Denn voar bau hauts mit oim Gricht thau'
Jatz muaß ma' glei zu bruia gau',
Und bärf be Geldsack richtig fülla,
So'scht ka' ma' bia Notar it stilla.
A Vader freut mi' au' it recht,
Dös Gschäft bös gaut verfluachtisch schlecht!
Seitbeam der Vatle ischt Rasiarer,
Und aller Leut= und Welts=A'schmiarer

Thuat Alles beam de Glauba gea,
'S verdiant koi Mensch 'en Kreutzer meah.
A Korporal bös wär i geara,
J hau' 'en guata Soldatasteara!
Do' hau' i au' koi' rechta Freud,
Weil's au' in beam Stand Lumpa geit,
Dia b' Ochsa anstatt zur Menascha,
Spatziara land zur oigna Gascha.
Zum Diana bi' i it geboara,
An miar bau gaut a Herr verloara;
Und iatza bei beam Gschind und Gfrött,
Dau hätt i so koin Luscht it ghött.
A Emissär, als wia der Brater,
Und Docter Metz der Maurer=Frater,
Dös ischt miar oi' und allmaul z' dumm,
Dia roisat so im Neabel rum.
Frisöt! — dös hätt i weara möga,
J käm de Leut mit Art entgöga;
Do' seit als dös Franzosagsicht
Z' Berlin dahint Barocka flicht,
Dau möcht i aus der Haut glei' springa,
Und mit 'em A. sch 'en Jobler singa.
Au' mit de Gerber heißt's it viel,
Denn b' Bruia pfuschet in iahr Spiel;
Dös sind die klaurschta Wasserfärber,
Und sind die greaschta Kuttlagerber!
Mei' Bauch dear haut si' arg beklagt,
Und hätt miar bald de Dienscht versagt.
A Hafner, bös ischt gar so dreckig!
Und weil i bi so fürchtig schleckig,

So konnts paſſiara miar amaul,
J fahret mit 'em Dreck ins Maul.
Au' haut bös Gſchäft ſei' eiges Nieſa,
Denn 's taugat, ſait mei' Anna=Lieſa
Nur beam, bear au' zum Liebig gaut,
Weil bear 'en jöba Dreck verſtaut.
Und b' Jägerei, trotz zogna Stutza,
Dia bringt iatz au' 'en ſchlechta Nutza,
Es geit koin Haaſa, gſchweiges Böck,
Denn b' Diplomata ſchiaßets weck.
A Kaiſer, wär it gar ſo übel,
Apata wenn der Herr von Sybel
Oim b' Kaiſerkroa von Deutſchland geit,
Nauch bear der Preuß ſi' heiſer ſchreit.
Zum Lumpaſammler bi' i z' nobel,
Dös Gſchäft, bös iſcht miar oimaul z' ſchofel!
J ma's it liefra zum Papiar,
Geſchweiges zum Juſtitz=Reviar.
Dau müaßt i dia Bedingung macha:
(Ma' mag iatz heina oder lacha)
Dia iſcht: baß i au' z' öbriſcht köhr,
Und ſollts au' ſey' beim Lamparöhr!
A Mauſer thuat mi' gar it freua,
Dau möcht i liaber brüber ſpeia;
Weils iatz in beaner falſche Zeit,
So viele Duckelmauſer geit.
A Nublebrucker, liaber Himmel!
Verhungret wia a Fiacker=Schimmel;
A Pecher könnt no' beſſer ſey',
Dia braucht der Nationalverei'!

A Quäcker will miar au' it gfalla,
Seitdeam a söller Batzalalla,
Als wia der Vincke Mitglied ischt,
Dear Mensch, bear schwätzt be purschte Mischt!
A Ritter! — so'scht a Cahra=Poschta!
Dös thuat iatz z'viel Charackter koschta,
Seitdeam a so a schofla Söl,
Als wia der Vieter Emanuöl
Zum Ritter stemplat so Farini,
Dia koi'zer sind als Rinaldini!
Auf alla Cassa jaga gand,
Und gar koi Quintle Gwisse hand.

A Schlosser haut so'scht öbbes traga,
Dös thund oim b' Schlosser=Conto saga;
Do' seit der Churfürscht z' Hössa bunt,
Verfertigt haut 'en Diatrichbund,
Ischt's Gwerb a bissla schofel woara,
Dös sag i heu't und übermoara;
Dös hätt ear solla bleiba lau',
Dös thuat sammt Gwerbsfreiheit it gau' —
Iatz Seifasiader geits ganz Rudel!
Bald meahr, als schwarz und weiße Pudel!
Dös weiß der Garibaldi scho',
Trumm ischt ear au' bei Zeit dervo'. —
So ischt's au' mit da Tintaschlecker!
Apata seit b' Lotterie=Collecter
So miar nir — biar nir — übernacht —
Zua lauter Bettler sind iatzt gmacht.
A Virtuos ischt gar so hungrig!
So bschnotta gstöllt, und gar so lungrig!

So'ſcht hätt i 's Gſchäftla do' probiart,
Weil's viele Gſpäßle mit ſi' füahrt.
Jaß bleibt miar no' a Zeitungsbrucker!
O mei! bös iſcht a armer Schlucker,
Voarausgſößt, wenn ear b' Wauhrat geigat,
Der ſchlechta Welt be Abtritt zeigat,
Dau weab ear allabott verklagat,
Unb haut am End koi' Boi' it z'nagat.
Därf all' ſei' Gelb be Grichter gea,
Noi, noi! — noi, noi! — bau bank i ſchea!
Was ſoll i naucha iaß no' weara?
J mag mi' nimma bſonbers ſcheara;
J bi' ſcho' glaßig, — bi' ſcho' grau!
A alter Eſel! — ohne Frau! —
J hau' koi Schwägra, hau' koi Bäsla,
Wau jaget miar in b' Kuch a Häsla;
Bi' muatterſeala ganz alloi'
Unb find am Hearzfleck lauter Stoi'!
Nu ſehs wias wöll! was iſcht bernauch?
J lieg wia b' Kaßa auf be Bauch;
Trink Münchnerbiar, iß Ulmerſchnecka,
Unb laß miar b' Welt mei' Fiebe lecka.

Die sieba Tuifel.

(Ein Volksmärchen).

Es ischt amaul a Büable gwea,
J ka' bös Närrle heu't no' seah,
Bluatarm und bo' alet berbey,
Als wär ear Schuld= und Sorga frey;
Und wia ear aus der Schual ischt komma,
Dau haut 'en Hiatadienscht ear gnomma;
So haut ear denn drui volla Jauhr,
Jn Kissadorf beim Luckes=Baur,
A stattli's Sümmle Geld verspart,
Und bringt der Muater huim sein Part.
„Juhö! neu' Thaler!" thuat ear singe,
Dia thua i meiner Muater bringe;
Voar Freude weard sie schiar vergau',
Weil i so viel verdienat hau';
So denkt und singt mei guater Bua,
Und pfeift 'en Jodler au' derzua.
Do' wia ear kaum a Stund weit ganga,
Dau därf ear scho' in Sack nei' langa.
A blinder Bettler spricht iahn a':
„Hab Mitleid mit ma arme Ma'!
„Thua miar a Alamosa gea!
„Ajau! i bitt di' truile schea!
Und 's Büable, ohne si' z' bedenka,
Dös thuat 'em Ma' drey Thaler schenka,
Und sait: dia föchs, dia bring i huim,
Drumm schwätz nir aus, und bhalts im Ghuim.

Vergelt diar's Gott! sait drauf der Ma',
Und 's Büable fangt mea 's springa a'. —
Do' ischt ear kaum a Stund weit glaufa,
Und ka' bereits schiar nimma schnaufa,
Dau staut, mit Krucka an der Seit,
A Bettler, dear a Hilf a'schreit.
„Ah Büabla! — hab Barmherzigkeit!
„J bi' der ärmischt weit und breit;
„J ka' koi Stückle Broad verbeana,
„En sölla Krüppel nimmt ma' neana,
„Jt um a alta lieberne Hosa,
„Drum schenk miar bo' a Alamosa!"
Ja liaber Ma'! sait drauf der Bua,
J steck halt sell in arma Schuah!
Söchs Thaler ischt mei' Hab und Guat,
Dös schiar für mi' it reicha thuat.
„Es reicht biar scho' mit Gottes=Seaga,
„An iahm, dau ischt ja Alles gleaga."
So sait der Ma' und seufzget auf;
Do 's Büable thuat 3 Thaler drauf,
Deam arma Ma'la Schankung gea,
Und dear voar Freude dankt gar schea:
„Vergelts Gott tausabmaul im Himmel!
„Als wia 'em Marti' mit seim Schimmel." —
Mei' Büable höbt drauf 's springa a',
Und schreit was ear verschreia ka':
„Juhö! drei Thaler hau' i no'
„Dia bring i meiner Muatero;
„Dia wearb voar Freuba hellauf lacha,
„Und miar im Schmalz a Ohla bacha."

Dös heart a armer, alter Ma',
Dear 's Gau' und Stau' it recht verma', —
Und dear, — oi Lumpa ischt sei' Kleib —
Im Straußagraba dinna leit.
Er schreyt: „Hö Büabla! it so springa!
„Sag a': was soll dei' lustigs Singa?"
„Ja, sait der Bua, i gang halt huim,
„Und 's ander bhalt i in der Ghuim;
„Es ischt it neathig, daß i's sag,
„Es kommt scho' auf am jüngschte Tag!
„Der Himmel ischt der richtigst Zahler,
„Drumm schenk i ui dean blanka Thaler.
„So pfüat ui Gott und leabat wohl!
„Und beatat für mei' Heil und Wohl."
„O Büable! halt do' no' a weng,
„I muaß diar sa' a wichtigs Deng;
„I hau' a Geigla und a Flinta,
„Dia loinat hinterm Baum dahinta;
„A Geigla, nauch deam Alles tanzt,
„Und sey's au' glimmlat und u'gsauzt;
„A Flinta, dia wau' Alles trifft,
„Und sey's au' z'heahischt in de Lüft;
„Drumm gib du miar die andra Thaler,
„Und Flint und Geig ischt dei' Bezahler."
„Was thua i von dear Flinta hau'?
„I ka' it all auf's Jaga gau';
„Was thua i mit dear Geigerey?
„I ma' koi so Faullenzerey;
„Ja! wenn b' miar konscht de Himmel schenka,
„Nau thät i anderscht mi' bedenka."

So fait der Bua, und luagt dean Ma'
Vom Kopf bis zua be Zeacha a';
Do dear seufzt auf, nauch kurzer Still,
„Ah' Büable hilf! um Gottes=Will!
„Thua di' mit Flint und Geig begnüaga,
„De Himmel wearscht am End no' kriaga!"
Auf bös nauf gaut mei' Büable ei'
Langt flink in seine Däscha nei',
Und thuat be lötschta Thaler Geld,
Als wollt ear gar nix von dear Welt,
Für Flint und Geig und 's ewig Leaba,
Deam arma, alta Mändla geaba.
Drauf nimmt ear d' Geig, hängt d' Flinte um,
Und luagat so am Himmel rumm.
Dau sieht ear auf ma Pappelbaum,
— Er traut schiar seine Auge kaum, —
Ganz z'öbrischt beba auf der Spitza,
En groaßa Haufa Vögel sitza;
Ear nimmt sei' Flinte: — pumstrara!
Und alle Vögel fallet ra' —
Dau haut a Pfänder gseah bia Gschicht,
Und nimmt mei' Büable mit auf's Gricht;
Do' bear it blau'ck und kurzweg bsonna
Denkt: Alles hand iahr no' it gwonna!
Ear nimmt sei' Geigle mit der Fiesel,
Dau hupft der Pfänder wia a Wiesel,
Und au' der Amtma' sammt be Schreiber,
Dia tanzet wia die bsoffna Weiber!
„Hear auf! — hear auf! i bitt hear auf!
„I gang voar lauter Tanza drauf;

„Es gschicht biar nir, — verschoan bo' mi'!"
So schreit der Amtma' mörderli'.
Do 's Büable lacht und fieselt b' Geiga,
Und denkt: i will's ui gau' scho' zeiga!
Ear geiget fort, sie tanzet rum,
Bis Alle burzlat um und um,
Und so mei' liaber guater Bua,
Am Geiga kriagt haut, übergnua.
Der Amtma' und der Bürgermeischter
Erklärt be Bua zum Herameischter,
Und spörrt iahn in a Schlössla nei',
Wau lauter Geischter sollat sey',
So daß koi Mensch 's Kourascha haut,
Und bey der Nacht vorbey dra' gaut.
Mei' Bua, bear haut scho' öfters gleasa,
Ma' könn so Geischter au' vertleasa,
Sobald ma' a guats Gwissa haut,
Und in a Gspräch bermit ei'gaut.
Drum haut ear gar koi bissle Scheu,
Und denkt: bia Sach bia weist si' glei;
Bis übermoara Mittags olfa,
Dau ischt be Geischt und miar scho' gholfa!
Und wia der Aubad halt ischt dau,
Und alles gwea ischt, still und grau,
Dau lögt si' ear auf b' Brietscha na',
Und höbt schea stät so 's schlaufa a'. —
Urplötzli! — 's haut grab zwölfa gschlaga,
Heart ear voar seiner Brietsch bött saga:
„A Büable! gang, sey bo' so guat,
„Und lösch bös Fuirle aus, wenn's thuat."

Der Bua verwacht, und sieht dia Gschicht,
Langt nauch 'em Wasserkruag und spricht:
„Ey bring diar's Gott mei' liaber Näzel!
„I ka' it umgau' mit be Räthsel.
„Lösch du bös Fuir nu selber aus,
„Und mach it soviel Weasa draus."
Kaum sait's der Bua, so ischt's scho' thau';
Der Geischt thuat drauf zur Thür na' gau',
Und winkt 'em Buaba, halb mit Lacha,
Ear möcht iahm helfa, b' Thür aufmacha.
Der Bua staut auf, langt nauch 'em Kruag,
Und sait, wia's earschtmaul kurz und kluag:
„Ey bring diar's Gott, und g'seg'n biar's Gott,
„Mach du bei' Gschäft nu selber sott!"
Und kaum ischts gsait, so sind's scho dussa,
Und standat z'mitt im Schloßgang hussa.
Dau loinat sieba, schäfige Söck,
Bewacht von sieba schwarza Böck;
Dia sind voll Gold und Silber gwea!
So wia ma's ka' beim Roathschild seah.
Dau sait der Geischt: iaz thua dean Gfalla,
Und jaich bie schwarze Böck weg Alla!
Do 's Büable schüttlet mea be Kopf,
Und höbt an's Maul sein Wassertopf;
„Ey bring diar's Gott! und g'segn biars Gott!
„Jaich du bia Böck nu selber fott,
„Du ka'scht bös Gschäftla bösser macha,
„Für mi' sind's lauter nuia Sacha."
Und gsait und gscheah, ischts nemli gwea;
Ma' haut koin gotziga Bock mea gseah.

Dau sait der Geischt: „gottlob und Dank!
„J bi' vertleast! — nimm hi' bei' Gschank:
„Dös Schloß, sammt deana Söck voll Gelder,
„Mit tausad Tagwerk Feld und Wälder,
„Es gheart dei' eiga, i bi' Herr,
„Miar brauchat koin Notater mehr.
„Drumm nimm's Fazeala, schlag drauf ei'!
„Mei' Hand und Ring wearb's Mörkmaul sey'. —
„J wen'sch diar Glück und Heil und Seaga,
„Weil i vertleast bi' deinetweaga." —
So ischt der Bua, nimms ei Mensch a'!
A ganz stoi'reicher nobler Ma'!
Ear kommt auf b' Jauhr und nimmt a Weib,
Kriagt sieba Buaba beim gsunda Leib,
Und geit 'em Jöba, — 's haut's scho' glitta,
'En Baurahof, koi' Söldnerhütta.
Und heu't no' ischt im Schwaubaland
Dia Gschicht bei Alt und Jung bekannt;
A Oat dös sieba Tuifel heißt,
Und auf die sieba Böck hi'weißt;
Do wear dös Nescht will näher kenna,
Därf's it beim rechta Nama nenna.
Und kennt ear's it, so weiß ear do'
Als Schualbua aus der Bibel no:
„Thua fleißig, brav und folgsam sey'
„Und laß di' in koi Lumpa ei',
„Nau ka' di' Gott und Menscha leiba,
„Und 's gaut diar guat auf ewiga Zeita!"

Die drey Haupt-Ochsa.

'Sgeit viela Ochsa auf dear Welt,
Vom Allgäu dob, bis na zum Belt;
Von Ungra bis ins Schwaubaland,
Von Pommra hint, bis ins Brabant!
Und all hand b' Nä's ganz z'mitt 'im Gsicht,
'En langa Schwanz als Gögagwicht,
Und rechts und links bei iahra Oahra,
Recht prügelbicka, langa Hoara!

Von deaner groaßa Ochserey
Haut's Schwaubaland die böschta Drey!
Sie sind it schloapig und it trottlig,
Sie sind it schöbig und it zottlig,
Und hand iahr Farb, wia ka's bo sey'!?
Vom Nationalitöts-Verei'!
Es sind drei respectable Viecher!
A jöber Kenner bhauptets sicher.

Will oiner so 'en Ochsa hau' —
So därf ear it zum Viehmarkt gau;
Ear nimmt 'en Paß ge Ulem naus,
Dau sind all drey, zum finda draus.
Der schwartz! bear geit sein föschta Hieb!
Der gulbig! haut de rechta Trieb,
Und macht 'em Stoffel und der Zusel,
En hiegelhagelsetza Dusel!

Do 's Luader unter alla drey!
Dös ischt der roath! mit seim Gebräu.
Dear lockat's Gelble ussem Sack,
Ear hockat wia a Goischt im Gnack,
Und geit ma' manka brava Ma'
Dear wau si' it gnua fassa ka'
Vom Kopf bis na' zum Bauch und Nabel,
'En himmellanga scharfa Sabel.

Wear also will a Räuschla hau',
Dear muaß zua beana Ochsa gau';
Dau gspürt ears glei' baß 's Viecher sind,
Und baß sie Hoara hand am Grind,
Ear därf si' stölla föscht auf b' Füaß
Soascht wearb ear gstoaßa bis ins Rias,
Denn auf der Welt mei liaber Bruader!
Dau sind bia drey die gröbschta Luader!

Die Rückkehr vom Volksfest.

Ein Zwiegespräch.

Erster Bauer.

Hö Matha o! wau bischt denn gwea?
I hau' di' ja scho' lang it gseah;
Hauscht öbba wieder 's Fiaber ghött?
Dös keit di' allabott ins Bett;
Bischt gar am End auf's Volksfescht ganga,
Und hauscht a Preißla vürragfanga?

Zweiter Bauer.

Ja was it no! — 'en Pfifferling!
Mi' ruiat meine Gäng und Sprüng.
I wollt i wär it uffem gwea,
Und hätt bös Minka gar it gseah!
Und nennst mi', au 'en Bauralalla,
Miar hauts amaul koi bissla gfalla.

Erster Bauer.

Jatz sey miar still! wau denkst bo hi'?!
Hauscht no' fünf graba, gjunda Si'?
Was faischt denn von der Eisabah'?
Dau ka' koi Bernerwägele na'!
Dös ischt a anders Fuahrwerk Matha!
So lauft koi Roß, dau bärjscht lang wata.

Zweiter Bauer.

Was? — Fuahrwerk rum, und Fuahrwerk num,
Ma' keit an' auf der Eisabah' um!
Und nau' bös wüascht abscheula Gländ!
Ma' moi't es komm der Welt iahr End.
Ma' fahrt dur' lauter Moos und Lacha,
Von Mering a' bis na' auf Dacha!

Dau ischts von Hall ge Stuagat zua
Viel scheaner frei mei guater Bua!
Dött ischt es, wia im Paradeyß!
'Sgeit Obst und Trauba ghaufatweis,
Und Städtla aufeinander boba,
Viel meahr als Dörfer sind dau hoba.

Erster Bauer.

Dös weiß i scho'; — bo' z' Minka ischt,
Für jöden bear a Kenner ischt,
Zum Seaha au' gar viel und schea!
Es thuat koi zweyta Stadt mea gea,
Die soviel haut an Monamenter,
Und an Soldata-Regamenter!

Zweiter Bauer.

Was hau' i vomma Monament?
A Mäußla Biar, a brautna Ent,
A warma Stub bey miar dahoi'
Dös schätz i meahr als so 'en Stoi!
Au ka'scht mit beana Klotz und Gmäler,
It röba, dös ischt au' a Fehler!

Was ischts, wenn d' so 'en Gaul ansiehscht?
Und öbba d' Bschreibing von iahm liesscht?
I möchts halt 'en Natura seah,
Nau' geb i scho' 'en Zwanzger hea;
Dau ischt miar, mit meim Wolkaschiaber,
Mei' leabigs Bräu'la scho' no' liaber!

Erster Bauer.

Dös kommt halt auf de Guschta a'
Du hauscht halt so koin Gfalla dra'!
Ins Hofbruihaus, dau bischt do nei?! —
Dött geits a Biar! millionanei!

Zweiter Bauer.

I bi' beim earschta Schluck vertlaufa,
Dau ka' ma' schiar im Dreck versaufa.

Erster Bauer.

In's Hof-Theater bischt do au?
Dau geits a prächtig's vürnehms G'schau!
Dau heart ma' Gsang und schöana Sprüch,
Derzua a Musing zauberlich!
Apata bei beam Norda-Steara,
Dean hear i fei'ble bsonders geara.

Zweiter Bauer.

O gang mit beiner Singerei!
Und all der Spiel- und Gauklerei;

Dös ischt a so a närrisch Zuig,
J möchts it a' seah als a Fluig,
Wenn zwea und drey Hanswuschtel machat,
Und 's Volk derbey so klatscht und lachat.

Dös ischt miar z' kindisch und au z' dumm!
Dau keahr i b' Hand im A.sch it um.
D' Soldata sind miar 's liabscht no gwea,
Dia hau' i allat geara gseah;
D' Latschiar mit Seagasa derneaba
Dia sollat sammt 'em König leaba!

Erster Bauer.

Bischt denn auf Nympfaburg it naus?
Dött haut der König sei' Sommerhaus!
Ma' kommt am nuia Thoar vorbey,
Dös earscht eröffnet woara sey,
All beana scheana Griacha z' Eahra,
Dia iatz von Boira wend nir heara.

Zweiter Bauer.

Was haut denn mi' dös Thoar schiniart?
Mei' Weag haut it verbey dra' gfüahrt;
Und wär 's Verbeygau' neathig gwea,
So hätt i auf be Boba gseah!
J ma' nir wissa vom a Griacha,
Denn dös sind u'dankbara Siacha!

Erster Bauer.

Dau hauſcht ſcho' recht, dös iſcht ganz wauhr!
J bi' zwar bloaß a dummer Baur,
Do' weiß i's von meim Herra hea,
Daß b' Griacha allat ſo ſind gwea;
Sie hand koi Treu und hand koin Glauba,
Und leabat vom Steahla und vom Rauba.

Dau iſcht's bei eus dau huſſa ſchea!
J woiß koi böſſers Ländle meah;
Und earſcht dia Gauda z' Minka dinn,
Es geit koi greaßra, wia mi' bſinn.
Apata auf der Feſchtwies duſſa!
J konnt voar Freud be Boba kuſſa.
Auf b' Feſchtwies Matha biſcht do naus?
Wia laugnas it, — ſag b' Wauhrat raus:

Zweiter Bauer.

Ja, ja! auf bear dau bi' i gwea,
Dös iſcht no 's röriſcht, was i gſeah;
Dau haut miar's it ſo übel gfalla,
Bloaß hau' i müaſſa ſoviel zahla.

J hau' nir als Hanswurſchtel kriagt,
Es haut ſi' gar koi Treſſer gſüagt;
Dau bi' i drauf in b' Schiaßſtatt nauf,
Wau Hans und Gröbel ſpringat auf,
Und hau' dau in ra Staudahöcka,
Mei' Biar verzöhrt und öttla Wöcka.

Nau' bi' i endli lack und matt,
Schöa stät halt wieder nei' in b' Stadt,
J hau' beim ewige Liacht ei'keahrt,
Wau's Tag und Nacht it heller wearb,
Und bi', der Guguck soll's glei' holla! —
Schiach hoi' vom Fescht, mit Hengscht und
Molla.

Faſtenbetrachtung eines fidelen Studio.

Es iſcht amaul a Studio gwea,
A Söh'la vom a Baura;
Dear gar nia haut a Buach a'gſeah,
So lang au' 's Jauhr mag daura;
Es haut derfür bear faul Student,
Sein greaſchta Fleiß auf b' Gurgel gwendt.

So haut ear denn um b' Faßnachtszeit,
Ganz bachanaliſch ghumpat,
Haut's „esto mihi!" luſtig gſait,
Sei' Gelble all's verlumpat;
Und wia ear haut koin Kreuzer ghött,
Em Vötter gea, zum Pfand ſei' Bött.

Do endli' kommt ear zua ſi' ſell,
'Siſcht gwea am Äſcher=Mikta;
Ear nimmt a Schreibpapiar ganz ſchnell,
Und ſchreibt 'en Briaf 'en gſchickta;
Denn ausgſtudiart iſchts Luaber gwea,
Bevoar ear haut a Buach a'gſeah.

Ear luagat in Kalender nei'
Und liest dau 's „Invocavit"
Dau föllt 'em Schlinkel plötzli ei':
„J mach's, als wia der David!

„J ſchreib: o reminiscere!
„Papa! laß Gelder blitzere!"

So ſchreibt ear huim, unb ſchickts auf b' Poſcht,
Unb zöhlat b' Täg unb b' Stunba;
A Haſaſupp, bös iſcht ſei Koſcht,
Ear haut koi Pump it gfunba.
Dös gaut iahm höba recht ans Hearz,
Unb macht iahm Bauch= unb Magaſchmearz.

Unb wia am Sonntig „Oculi,"
Koi Antwort no' iſcht kumma,
Dau beatet ear: erbarme bi'
O Himmel! — ſchick a Summa!
J bi ja um unb um voll Noath,
Unb iß voar Hunger Haberbroab.

Dau enbli' kommt der Poſchtbot a',
Unb bringt 'en Pack Banknotta;
Laetare! ſchreit ear, gulbner Ma'!
Jatz weabs gau anderſcht hotta!
Jatz bi' i wieder Ma' von Gelb!
Unb 's Gelb regiart am böſchta b' Welt.

Unb wia am Sonntig Judica,
Die anbra Kamaraba
Jahn fraugat: hauſcht a Gelb? — o ja!
Schreit ear, ka's it verwata,

Und haltet am Palmarum-Tag
'En Abschieds = Suff nauch Stubioschlag.

Und wia bia bsoffa Mötta aus,
Dau gaut ear in sei' Kammer;
Do z'morgischt plaugt 's fibele Haus,
A arger Katza = Jammer;
Drauf gaut in si' der u'gsanzt Soh' —
Und singt a Lamentatio'. —

Es geit auf deaner weita Welt,
Koi' Eseley, no' crasser!
Als wenn ma' um sei' baares Geld
Nir sauft, als Hopfa=Wasser,
Drumm laß i iatz dös Picha sey'
Und trink derfür brav Necker=Wei'.

17*

Der Gang in's Rorate.

Jatz ischt amaul bös Räthsel huß!
Dia haut verfluachtisch ghöbt, bia Nuß!
Wia hau' i oft mein Kopf verrissa,
Voar Gall und Zoara b' Zung verbissa!
Als wia a Affakat sinniart,
Jatzt haut bear Schwanz mi' so a'gfüahrt!

J woiß iatz ganz aufs Häurla na',
Warum i it gnua zahla ka' —
Denn so bschiaßt freili' nia koi Schicka,
Dau durft i alla Juba zwicka;
De ganza Hof verganta lau',
Und baarfuaß und im Hemmat gau'! —

Ja, ja! so ischt's! der Pfarr haut recht!
J hau' iahn gsprauchat drüber nächt;
Und bi' heu't glei nauch seim Verlanga,
Mit Giara in's Lorata ganga.
Dau hau' i voar'm Sanctus gheart,
Warum bia Stubi so gsalza weard.

Denn cöli, cölorumque, — hum!
(J bi' be au it gar so bumm:)
Virtutes, — haut der Pfarrer gsunga;
J bi' voar Wuath in b' Heacha gsprunga!
Ja! zöhl i rumm und zöhl i numm
Verthuat ears, — bau ischt Alles rumm!

Die Geisterburg bei Bopfingen.

Eine Vision.

Jatzt bringt amaul der Spitzispui
A Gschicht, bia ischt ganz alt, und nui!
Und thuat von alla Geischter-Gschichta
Am allermoischta Wauhrat brichta.
Dia Gschicht ischt gescheah im Schwaubaland
Bei Bopfi hint' — es ist bekannt;
Dau leit hoach doba auf ma Gipfel,
Als Grenzschildwacht vom Nieser-Zipfel,
A Schloß, verwettrat und verzaust,
In beam amaul a Geischt haut ghaust;
A Geischt, gar fürchtig und gar gräusla!
Dean Alles gschuit haut gar wohl weisla;
Denn scho' von weitem, bei der Nacht,
Haut Alles 's Kreutz, zwey druimaul gmacht.
Dau bi' i denn 3 Täg voar Thomma,
Per Zuafall in dia Gögnad komma;
I sieh dös Schloß, fraug näher nauch,
Dau gaut halt von beam Geischt dia Sprauch:
„Koi Sealamensch könn iahn vertleasa,
„Ear ghear scho' zua die bsonders Beasa!
„Und häb, so sagat alla Leut,
„A Maul, dös lauter Fuir ausspeit;
„Ma' seah koin Kopf und koina Oahra,
„Ear hab 'en Schwanz und krumma Hoara,

„Unb ſchlag 'en ſölla Lärma auf,
„Ma' moit, es gang 's ganz Schlößla brauf;
„Drum iſcht bia Burg a ſo verſchunba,
„Unb 's Gmäur als wia a Leib voll Wunba!"
Auf bös hau' i 'en Vürwitz kriagt,
Unb hau' mi' in bös Schloß verfüagt;
Dau hau' i benn im Wächterthura,
Ma' ſieht bur alle Zimmer bura,
Mei' hoimli's Loſchama' aufgſchla'
Unb laß miar Biar unb Wei' auftra';
Drauf wear i ſchea ſtät faul a'fanga,
Unb bi' nau gmüathli' ſchlaufa ganga.
Wia 's zwölfa ſchlöt — gaut 's Pumpra a'! —
Unb luag! a himmellanger Ma',
Dear naufreicht bis an b' Zimmerböcka,
Dear thuat mi' aus 'em Schlauf aufwöcka.
Ear will, i ſoll vom Bött aufſtau',
Unb ſoll mit iahm ſpatziara gau'. —
Dau ſtanb i auf, — ſchliaf in b' Pantoffel,
Beat ſchnell a Sprüchla zum Chriſtoffel,
Nimm Säbel unb Piſtol in b' Hanb,
Unb gang im Hemmat, ohna Gwanb!
Miar ganb bur alla Schloßgäng bura,
Do' ſieh i neana Menſchaſpura;
Miar ganb in alla Gwölber nei'
Dau thuats gar ſtill unb finſchter ſey'. —
Jatz enbli, kommer zua ma Keller,
Dear iſcht no' nöchter anſtatt heller;
Dau ſtaut a Trucha mit 5 Öck,
Der Geiſcht will hau', baß i's beböck.

I bsinn mi' schnell, was will i macha
Bei so verzwickta Geischtersacha?
Und lög de Sabl, b' Pantoffel mit,
Auf's ober Öck, auf's zweyt und britt;
Auf's viart, dau thua i b' Hauba löga,
I hau' 's Pistol it heargea möga;
Und weil i 's fünft no' bsötza soll,
Dau ischt miar wirkli nimma wohl;
I sötz mi' selber na' auf b' Trucha,
Und sitz halt bött a ganza Wucha!
Dau wach i auf — i glaubs no' kaum,
Und sieh daß Alles ischt a Traum!
Und wia i lupf mei' Oberkissa,
Dau hau' i ghött ins Bött — nei'g'schmissa.

Wear 's Glück haut, füahrt d' Braut huim.

Ein Volksmärchen.

Jatz hau' i an meim Hof recht gnua!
J möcht amaul a Rascht und Ruah;
Für was hau' i mei' Pfrüandhaus baut?! —
Daß Maus und Ratz a Hörberg haut?
Für was bi' i der Koiserbaur?! —
Daß i mei Leaba sötz in d' Gsauhr?
Dia sind miar z' bumm bia Fröttereia!
J übergieb, no' voar'm Maia.
Do' weil i drey so Hundsschwänz hau',
Und jöbem it be Hof ka' lau',
So müassats all zum Freya naus,
Und, wear am meischta bringt ins Haus,
Deam gheart der Hof mit Katz und Maus,
J nimm miar bloaß mei' Sächla aus.
Zwölf Kübel Schmalz, zwölf greichta Schinka,
Und suchzg Schaf Koara behr Pflögelhinka.
So haut der Baur von Hasla gsait,
Und seine Buaba hand si' gfreut;
Und wear a silberne Kötta haut,
Dia wau um Haus und Hof rumgaut,
Deam soll der Hof sei' eiga sey',
So hand sie gsait, und schlagat ei', —
Und scho' am allernächsta Morga
Verland all drey, be Hof oh' Sorga.

Do buß im Dorf beim Müller = Steag,
Schlöt jöber ei' 'en anbra Weag.
Der Jörgel gaut ins Allgäu nauf,
Unb singt a Schnaberhüpfla brauf;
Der Hansel gaut ins Unterlanb,
Unb moi't ear häbs scho' in ber Hanb.
Der britt, — saubumm — a ächter Michel,
Mit Füaß, so krumm als wia a Sichel,
Dear gaut ber Nä's so langsam nau'
Unb nimmts mit Strauß unb Weag it
gnau.
Ear tappat so in Neabel nei',
Unb luagat ziemli' läppisch brei';
Auf oi'maul kommt ear zua ma Haus,
Dau guckt a Krott beym Fenschter raus;
Dia schreit meim Michel stracks entgöga:
Sag's keck, wenn b' öbbes solltescht möga!
Der Michel zuicht sei' Kappa ra',
Unb thuat ber Krott entgöga sa:
A Kött von Silber möcht i hau',
Dia um mein Hof bahuim thuat gau',
Nau bleib i auf a Jauhr im Dienscht,
Der Platz, bear wär miar ganz erwünscht!
Ganz recht! — sait b' Krott — thua bu mein
Willa,
Nau wear i biar be beine gstilla.
Unb gsait unb gscheah ischts nemli gwea; —
Wia enbli kommt 's zweyt Jauhr berhea,
Dau kriagt ber Michel von ber Krott,
A Häswerk wia a Grauf so flott,

Unb im a golbene Schächtele binn,
De allerböschta, rörschta Gwinn,
A Kött von Silber! — ohna z'gspassa,
Ma' kount 's ganz Dörfla mit umfassa.
Wia bös die oina Brüaber gseah,
Dau ischts glei Aus unb Amen gwea.
Dös gilt it! sait ber Jörg, ganz wilb,
Zum Hansel, bear voar Zoara schilt;
Dös Ding bös muaß ganz anberscht gau!
Der Michel bärf be Hof it hau'.
Weischt was? — sait b' Hans — i pfeif auf
                                    b' Kötta,
Miar machat iaß a nuia Wötta,
Unb bia soll sey': „zwea scheana Gäul!"
Wear's kriagt, beam wearb ber Hof sei' Theil.
Von miar aus; i bi' scho' berbey,
Sait Jörg unb au' ber Michel glei'.
Der Hans nimmt brauf be Stock in b' Hanb,
Unb wanbrat wieber naus auf's Lanb.
Der Michel packt sei' Sächla zäma,
Unb thuat sein alta Weag mea nehma.
Ja wia! was ischt's? — bischt wieber bau?
Schreit b' Krott aus iahrem nobla Bau;
Wau hauts benn gfehlt? — was hauts benn
                                    gea?
Wear haut be Hof? — bie anbra zwea?
Noi, noi! sait Michel, gar koin Schei'!
Weil Jörgs unb Hansels Kötta z' klei'
So hauts für bösmaul gar it golta;
Sie hanb als wia b' Beahmacka gscholta,

Und hand iaß b'ſtimmt: zwea ſcheana Gäul,
Um bös bau ſey der Hof nau feil;
Und ka' i's kriaga, bleib i dau,
Und thua mein Dienſcht ganz röbli' gnau.
Ganz recht! ſait b' Krott; gang weible rei',
Wann b' Zeit rumm iſcht, wearſcht z'frieba
　　　　　　　　　　　　　　　ſey' —
Und kaum iſcht gwea a Jauhr in b' Weita,
Dau haut der Michel könna reita;
Zwea Schimmel, grab wia gſchnißt ſo ſchea,
Mit Füaßle, ſei' als wia a Reah,
Mit Köpfla wia vom Drechsler baut,
D' Schabracka von 'ra Tiegerhaut,
Und ſilbres B'ſchlägwerk nu grab gnua,
Dia füahrt mei' Krott 'em Michel zua.
Und Michel o, der ſaubumm Kerle,
Reit't futt dermit, als wia a Herrle!
Und tippti tappti, tippti tapp!
Gauts auf und futt im ſtrengſchta Trapp.
Der Jörgel iſcht ſcho' lang dahuim,
Und macht Kalender in der Ghuim;
Ear haut zwar wohl a Gäule kriagt,
Do 's Pärla haut ſi' it recht gfüagt;
Und Hans, bear haut bloaß ſo 'en Klepper,
Als wia der Rapp von Schinders=Sepper;
Do' wia der Jörg be Hans veracht,
So über b' Jachſel ſchiaf betracht't,
Und huimli denkt: der Hof gheart mei'!
Reit't Michel ſchnell beim Hofthoar rei', —
Und ſeine Schimmel milliweiß!

Hand wieder kriagt be Hof zum Preiß,
Daß Hans und Jörgel voller Zoara,
Sind grüaner als a Laubfrosch woara.
Jatz höb'mer nomaul a' — aufs nui!
Denn alla guata Ding sind drui;
So sait der Baur und machts bedingt,
Deam, bear die reichischt Braut hoi'bringt.
A so ischts recht! — iatz laß nu gau'! —
De Hof, dean muaß i bösmaul hau'! —
So schreit der Jörgel; — Hans thuat
         lacha,
Und Michel gar koin Lärma macha.
Ear dreht si' um, und wischtaho!
Reit ear mit seina Gäul dervo'. —
Do' wia ear kommt zum alta Platz,
Dau schnauft ear auf: iatz gilt's 'en Schatz!
Wear 's reichischt Mädle bringt mithoi',
Deam gheart mei' Höfla ganz alloi';
Wau wear i wohl au bia auftreiba?
J ka' it leasa und it schreiba,
J stand als wia der Ochs am Berg.
Dear Puncta leit miar überzwerg
Im Maga und im Unterleib,
Als wär i gar a schwangers Weib!
Und wenn dear Schmearz it aufheart balb,
So muaß i', trotz be Gsetzer halt,
Zur Doctere von Deisahofa,
Und sey sie bunt bis z' Pescht und Ofa.
Mei' liaber Michel! bös brauchts it,
Sait b' Krott; — erfüll du bloas mei' Bitt,

Und bleib dös Jäuhrle wieder dau,
Nau wearscht du hau' a sölla Frau!
Daß koina ischt im ganza Land,
Dia haut a söttigs Haus und Gwand.
An Geld und Guat weabs au it fehla,
Ma' wearb's bereits it könna zähla.
Dös macht 'em Michel frisch Kourasch,
Ear denkt: iaz leck mi' all's im A. sch.
J bleib mea dau; kommt Zeit kommt Rauth!
J wear scho' seah, wia's weiter gaut;
Und los amaul: wia 's Jäuhrla aus,
Dau kommt vom Haus kei Krott mea raus.
Dau kommt a vürnehms, gnädigs Fräula,
So fei' wia gschloffa aus 'em Eyla!
Und schnuarstracks laust's 'em Michel zua,
Und sait: „mei' liaber guater Bua!
Ischt's diar, wia miar, so gib miar b' Hand,
Miar bleibat iaz, allweil beynand.“
Und Michel, dear dös a'gheart haut,
Föllt na' auf b' Knia und stottrat laut:
„Jahr Geischter! lobet Gott de Heara,
„Sag an und röb, was bei' Begeahra?“
So stand do' auf und rüahr mi' a',
Denn luag, du bischt und bleibscht mei' Ma'!
J bi' vertleast dur deine Dienscht,
Dös ischt ja diar, wia miar erwünscht;
Der ganz Pallascht mit Hab und Guat,
Auf beam a hoacher Abel ruaht,
Dös ischt iaz dei' und mei' Vermöga,
Seitbeam i mi' als Mensch ka' röga.

Gar viela, langa Mater=Jauhr
'Sischt Alles, Alles weatliwauhr! —
Hau' i als Krott bös Haus bewacht,
Bis endli' haut b' Erlösung glacht.
Du hauscht sie braucht, mei' liaber Michel!
Und wärscht du au' der dummischt Stichel,
So sollscht du bo mei' Ma'la weara,
I hau' di alz von Heaza geara.
So komm halt hea, mei' liaber Schatz!
Und gib miar de Verlobungs=Schmatz.
Nau gang in Stall und spann glei' ei'!
Viar Schimmel wearat gsattlat sey', —
Und b' Schösa bringat b' Loah'lakey,
Drum schläf bi' ei'! miar fahret glei;
Der Michel o, voar Freud wia bsoffa,
Ischt weible in sei' Häs nei'gschloffa,
Und wischtaho! gauts naus beim Hof,
Denn 's Thoar ischt wagaweit scho' off!
Der Hans und Jörgel passat scho' —
Wear bösmaul trait de Preiß dervo'? —
Em Hans sei' Föl, bia haut koin Zah',
Und ischt scho' zuächst am viarzger dra' —
Em Jörg die sei' — a rechte Trantschel! —
Dia gleicht aufs Haur der Thurabautschel.
Haut auf der Nä's a groaßa Watz,
Ischt grab, als wia a Moahr so schwatz,
Und wär iahr A'zug it so reich,
So wärs a leabige Vogelscheuch!
I glaubs bigoscht! mei lebtig it,
Daß Michel au' a Braut bringt mit;

Dös müaßt scho' sey' a rechts dumms Luader!
No' druimaul dummer als der Bruader;
So sait der Jörg, und Hansel lacht,
Und sait: paß auf, und sey bedacht!
Es kommt it alz auf b' Gscheidheit a',
So'scht wär a Manker bösser bra';
Ma' muaß au 's Glück derbey no' hau',
Wenn All's soll guat von statta gau'; —
Denn oft scho' haut, — nauch alta Kunda —
A blinde Sau, a Oichele gfunda!
Und kaum lacht Jörg so spöttisch drei',
Dau föhrt der Michel beim Hofthoar rei' —
Ja beirels baar Oahra! was ischt do bös?!
Dau kommt ja gar a viarspännige Schös!
Dau weabt bo' it der Michel dinn sitza?!
So'scht müaßt i voar Schrecka glei Kuagla
                                    schwitza!
So lärmat voller Angscht all zwea,
Und wend bear Gschicht koin Glauba gea.
Do nobel, wia der Herr von Bichel,
Springt aus der Schös mei guater Michel!
Und zeigt de Brüader glei sei' Braut;
Dia hand halt ganz verbattrat gschaut,
Und hand gschtudiart: wia ka's do komma?
Daß 's Gwött 'en sölla Ausgang gnomma?
Wias komma ka' — bös sag i ui,
Es ischt bia Sach' duraus it nui;
Apata in der iatzige Zeit,
Wau's Leutla nauch der Auswahl geit;
Es kommt it all's auf b' Kenntniß a'

So'scht wär gar Manker anderscht bra'; —
Es ischt gar viel am Zuafall gleaga,
Apatig am Dukata=Reaga!
Und hätt it manker denn a Bäs,
So hätt ear auf'm Leib koi Häs!
So aber bringt der Unter=Rock,
Gar manka in da obra Stock,
Verhilft iahm zua ma Amt und Titl,
Zum Deaga und zum gstickte Kittl,
Als wia der Michel, dummgeboara,
Dur 's Krotta=Weib! — Baro' ischt woara.

Der Galgenkaspar.

Originalspektakl-Operett in vier Akten.

Personen:

Caspar, ein Bandit,
Stoffel, sein Genosse,
Hanswurst, ihr Helfershelfer,
Ein Amtsvogt,
Eine Wache,
Ein Wirth,
Mehrere Geister und der Tod.

Erster Akt.

(Wirthsstube. Der Wirth schlagt die Karten auf.)

Heu't gaut bös Ding it gar so schlecht,
So wär es allat brav und recht.
Denn glei' beim groaßa Heazabua,
Dau standat grüana Lauba gnua;
Und z' nächst bra' da' ischt Schellasau!
Do' d' Oichla kommat hinta nau,
Und bös sind gar verzwickta Luader,
Dia bringat uim Verdruß a Fuader!

(Caspar und Stoffel treten auf.)

Caspar.

Zuich d' Kappa ra du Grobia'!
I schla' biar so'scht a Oahrfeig na'.

18

Wirth.

Oho! oho! — nu it so grob!

Stoffel.

Hol Biar! nau kriagscht derfür a Lob.

Wirth.

Ka' sey', bo glaub is no it recht,
Denn 's Fäßla lauft seit übernächt.

Caspar.

Jatz gang amaul bu bicker Limmel!
So'scht schick i bi in Hausknecht Himmel.

Wirth.

Herr Jäger! ober was iahr sind?

Stoffel.

A Esel bischt, a Ochs, a Rind!

Wirth.

Jahr machat miar zum Sterba bangscht,
J kriag ba Gfriesel schiar voar Angscht.
Es gschwindt miar scho' i sieh nir mea;
O lanb mi gau' i bitt ui schea!

Stoffel.

Dös gschieht; i stich bi' übern Haufa,
Nau' bischt vertleast vom Kellerlaufa.
(Durchbohrt ihn.)

Wirth.

O jö! o jö! o weh! o weh!

Stoffel.

Dear ischt iatz scho' in Tuifels Näh,
Und haut derzua koin Baber braucht;
Dau wearat Ratzawöbl graucht,
Pasteata gmacht vom Katzabreck,
Und Gruiba g'schmolza aus seim Speck.
Dear weabt a beasa Zann nahinka
Dia reicht von Memminga bis Minka.

(Sie singen nach der Melodie: „Ein freies Leben")

Was geits wohl schöners auf der Welt?
Was ka' eus bösser gfalla?
Als tausab Beutel Silbergeld,
Dös täglistag in b' Cassa fällt
In beana freya Halla.
Verkommt eus auf 'em Weag bauhea,
A reicher Kauz mit Batza,
Dea mach mer glei mausbrecklis grea,
Vom Schäbel bis zum groaßa Zeah,
Und krallen ihn, wia b' Katza.
So gauts Jauhr ei', so gauts Jauhr aus,
Miar sind die alta Lumpa;
Miar gand in jödes Biarbruihaus,
Miar machat eus koi' Gwissa draus,
Und leerat eusra Humpa.

(Sie stoßen an und trinken.)

18*

Hanswurst tritt auf.

Dös hoißt amaul a Gſang vollfüahrt!
J hau's a goßigsmaul probiart,
Nau' iſcht 'em Nauchbaur b' Henn verröckt,
Unb ear haut miar a Dachtel gröckt,
So baß i ſeit 'em ſella Gmau'
Koi' Ghear it unb koin Stimmſtock hau!
Drumm laß i 's liaber gar glei bleiba,
J thät ſo'ſcht b' Leut zur Welt naustreiba.

Stoffel.

Was ſaiſcht iaß bau bu Affagſicht?

Hanswurst.

Näſo'! wenn euſer oiner ſpricht,
So'ſcht gib i biar a Dahrfeig na',
Du ſiehſcht mein Hintra für 'en Dubelſack a'.

Stoffel.

Dös iſcht miar z' grob unb z' u'verſchämt!
Dau iſcht mei' ganza Achtung gläßmt.
Jaß auf der Stöll thuaſcht revoziara,
So'ſcht laß i bi' in b' Höll maſchiara.

Hanswurst.

Was? Achtung ßi unb Achtung ßea!
Du biſcht bei lebtig nia viel gwea!
Hauſcht höchſtens ſo im Schnea rummbrunzt,
Unb anbra Leut ba Weag verhunzt,

Unb feyſcht bu iaß ber Tuifel fell,
Sei' Muater, ober gar fei' Gſell,
So thua i biar bo b' Wauhrat geiga,
Du ka'ſcht miar auf ba Buckel ſteiga.

Caspar.

Wia mach a Companie mit euß!
Du hauſcht Couraſch ſo viel i neuß;
Miar ſolta no 'en Helfer hau',
Nau thätat b' Gſchäfter böſſer gau'.

Hanswurſt.

A Ma! a Woath! i bi' berbey,
Unb ſagß au meiner Gröbel glei'.

Stoffel.

Wenn b' lüagſcht nau biſcht a Hoſaſcheiſer!
Dei' Leaba gheart nau dopplat euſer.

Hanswurſt.

Waß moi'ſcht benn bu? bu Noßer o!
J lüag ui a'? eß ſci it ſo?
J hau' dahuim 'en Heckerhuat,
En Sabel bear ſchneibt extra guat;
Mein Bat dea laß i alla ſtau'
Nau bärf i it zum Baber gau',
Denn feina Meſſer bia thunb ſchneiba,
Ma' könnt bermit auf Ulem reita!

(Sie singen nach der Melodie: „Wohlauf noch ge=
trunken den funkelnden Wein.")

Jatz wemmer no' trinka a frisch Gläsla Biar,
Nau gang mer meah wacker in euser Reviar.
Komm hea iatz du König Gambrinus Geschenk,
Und gib euserm Maga a saftigs Getränk.

(Sie leeren die Gläser uud gehen ab.)

Hanswurst allein.

Jatz wear i halt meah weiter gau',
Zum Narra därf i 's do it hau!

(Will zur rechten Seitenthüre hinausgehen; da kommt
ein Geist und ruft ihm zu:)

Halt! halt! — — —

Hanswurst.

I hau' iatz it der Weil.
Drumm gang i dött naus, es haut Eil!

(Will zur Seitenthüre links hinausgehen; auch da
kommt ein Geist herein und ruft ihm zu:)

Es ka' it sey'! — — — — —

Hanswurst.

Nau huascht i' drei',
Und gang derfür in b' Kuchl nei'.

(Er will zur Küchenthüre im Hintergrund des Zim=
mers hinaus, und auch hier erscheint ihm ein Geist
und ruft:)

Du bischt des Todes armer Sünder!

Hanswurst ganz erzürnt.

Iatz gandt! so'scht schick i ui zum Schinder.

Alle Geister.

Du bischt und bleibscht in eufrer Gwalt!

Hanswurst.

Gandt landt mi' fott, mei' Supp weabt kalt.

Geister.

Du muascht iatz na in b' Unterwelt!

Hanswurst.

I hau zur Reiß koin Kreuzer Geld.

Geister.

Du brauchst koi Geld it zua beam Marsch;

Hanswurst (auf alle 3 Geister einspringend und
sie hinauswerfend ruft:)

Iatz leckat mi' nu glei im A...sch!
Jahr miserablige Hanacka!
I wear ui gau' da Grind trischacka.

Zweiter Akt.

Freie Gegend und Hansens Haus.

Gröbl.

Wau steckat do mei' Hansel heu't?
Ear ischt scho' fott eah b'Sonn haut gscheit;
Ear weabt ja bo zum Eassa gau',
Und weabt si' it veriarnat hau'!
O jemini! was ischt bo das?
Es ischt koi' Fuchs und ischt koi Haas,
Es ischt koi Ent und ischt koi Gansel,
Es ischt und bleibt mei' alter Hansel!

Hanswurst tritt auf.

So alta Schachtel! bischt scho' dau?

Gröbl.

Wau steckescht denn? versoffna Sau?

Hanswurst.

Ischt bös a Titel für 'en Ma'?!
Du Schindau's! ohna Biß und Zah'!

Gröbl.

So'scht bischt so fei' gwea wia a Engl,
Und heu'ta bischt a rechter Bengl!
Thuascht nir als foppa, nir als hötza,
Und Nöba uim im Maul versötza.

Hanswurst.

Seit deam i b' Kempter-Zeiting lies,
Dau mach i viel a gscheibers Gsrieß.
Dös muascht ja mörka; luag mi' a'!
I bi' scho' ganz a andrer Ma'!
I fürcht da Türk und Russa it,
Und hau biar's zäma in der Mitt;
Drumm prophezeiats alla Käser,
I wear am End no' Reichsverweser.

Gröbl.

Iatz laß mi' aus mit beaner Gschicht,
It daß si' no' mei' Maga bricht;

Hanswurst.

Stscht alles wauhr; i gang iatz sott,
Und leab als wia a Grauf so flott.

Gröbl.

Was thua nau i'?! wear sorgt für mi'? —
I' bitt bleib dau! — erbarme di'!

Hanswurst.

I hau' scho' denn a Mitleib ghött,
Iatz ischt mei' Heaz wia a Nudelbrött.

Gröbl.

Wau gauscht nau hi'? gang thua miar's saga!

Hanswurſt.

Nauch Schleswig und nauch Koppahaga.

Gröbl.

O jögeøle! wia weabtø miar gau?!

Hanøwurſt.

Iſt ſchlecht! du ka'ſcht nau' b' Herrſchaft bau.

Gröbl.

O Hanſel! i vergang bereitø.

Hanøwurſt.

Gang ſchrey it ſo, ſey ſtill und ſchneitz!
Sag ja! und füag di' willig drei',
Und laß dein Ghcul und Zanka ſey';
Nau kömmer euſern Abſchied ſinga,
Denn heu't no' gautø auf Gundelfinga.
(Sie ſingen daø Abſchiedølied nach bekannter Melodie:)

Hanøwurſt.

Gröbala fei', Gröbala fei'!...
Wirſt nicht böſe ſey' —

Gröbl.

Hanſala mei', Hanſala mei'!
Muaß denn gſchieba ſey'? —

Beide.

Gröbala fei'!
Hanſala mei'! } ſchlag zum Abſchied ei'!

Dritter Akt.

Eine Waldgegend.

(Caspar, Stoffel und Hansel singen abwechselnd folgendes Lied.)

Caspar.

J bi' der Galgakaspar,
Koi' Jäger haut dia Schneid,
Dear miar a richtigs Pflaster
Jn' b' Ewigkeit nummgeit.

Stoffel.

Der Caspar und sei' Stoffel
Dia fressat si' grad gnua;
A Wildpret und Kartoffel
Und Gogelhöpf derzua.

Hanswurst.

Der Caspar mit seim Stecka,
Haut gar 'en scharfa Tritt;
Jm Hintra ka'scht iahn lecka,
Aber kriaga thuascht iahn nit.

Caspar.

Sind stroifa auf mi ganga,
A ganzes Regament;
Sie hand mi wölla fanga,
Dia Himmelsakerlent!

Hanswurſt.

Aber kriagt hands bi' nit!

(macht einen Kreis und ſingt:)

Viktori, Gregori iſcht bös it a Gſpaß!
A Zwiefel, a Bori, a oimerigs Faß.

Caſpar.

Jatz kommt gau' bald a heißa Zeit,
Wau's Gleagaheit zum Schwitza geit.

Hanswurſt.

So, ſo? ſind öbba d' Hundstäg ſcho?
J hau' no' it viel gſpürt dervo'.

Caſpar.

Du dummer Kerl! der Kampf gaut a'!
Drumm ſpiel frei' au' 'en tapfra Ma'.

Hanswurſt.

O Herrla! bau weabts gwiß it fehla,
J trink halt voar a ſchwaz Cafeela.

Caſpar.

Jatz ſind frei' gfaßt und genb miar Acht,
Daß koiner ſo 'en Dalker macht.
Vergeſſat 's Blei und 's Pulver it,
Und nimmat uira Büchſa mit;

Thund uira Göckel richtig auf
A Käpsala auf b' Zündpfann nauf,
Und nimmat ui recht oabala zänia,
So'scht muaß i mi' sammt ui no' schänia.
Und du Hanswurst! du bleibscht iatz dau,
Und höltscht miar frei' bei' Schildwach gnau.
Du Stoffel! gauscht zum Lumper naus,
Und spionirscht vom Saustall aus.

(Caspar und Stoffel ab.)

Hanswurst allein.

I fürcht allweil, es geit am End,
A Revolutio' von hent;
Es thuat mi' so verfluachtisch grimma,
I kauf miar gau a Gläsla Kümma.
Dös Ding, dös ischt koi' kloina Gschicht,
Wenn so a Zuig in b' Hosa bricht!
Drumm mach i, baß i weiter komm,
Gang schnell zum schwaza Huckler nomm,
Und schütt miar in mei' Gurgel nei'
A Gläsla Kümmelbrantawei'.

(Will abgehen, da tritt ihm der Tod entgegen.)

Tod.

I bi' der Toad, der Menschafresser.

Hanswurst.

Nau schmöckt miar grab der Schnapps no' besser!

Tod.

Dei' Zeit ischt rumm, dei' Uhr ischt aus!

Hanswurst.

I hau' koi' Uhr im ganza Haus.
A Sackuhr dia ischt hi' all Tritt,
A Schlaguhr dia verma' i it,
A Stockuhr ischt miar bopplat z' thuir,
Dia gaut no über b' Ei'kommstuir,
Drumm laß i alla Uhra fahra,
Und thua mei Geld zum Saufa spara.

Tod.

Du brauchst koi Uhr, dei' Zeit ischt rumm.

Hanswurst.

Los Brüaderla! bös ischt miar z' dumm!

Tod.

Dumm hi' dumm hea, dei' Zeit ischt aus!

Hanswurst.

I muaß no voar aufs Häusla naus.

Tod.

Dös ka' it sey' du muascht mit miar!

Hanswurſt.

I mach a kuza Gſchicht mit diar;
I nimm di' gau' bei deine Rippa,
Und kei' di naus, ſammt deiner Hippa.

Vierter Akt.

Ein öffentlicher Platz in einer Stadt.
Es iſt Nacht.

(Hanswurſt mit einer Laterne.)

Dau weiß i it, wau aus, wau a'
Find ſammt 'em Liacht do' neana na'.
Komm allabott ſchiar auf a Haus,
Und find zum Pfützwiath nimma naus.
Dös iſcht do a verfluachta Wir!
I ſieh mit ſammt der Lateara nir.
Jatz wear i gau' 'en Lärma macha;
Vielleicht thuat ſo a Spiaß verwacha.

(ſchreit.)

O hennawennt! was ſoll dös ſey'?
I huaſcht und pfeiff in Alles drei!

Eine Wache kommt.

Was geits denn dau? wear lärmat ſo?

Hanswurſt.

I bi's frei' it Herr Bruader o!

Wache.

Wear ischts denn nau? 's ischt alz im Bött;
I moi du treibst mit miar bei' Gspött!
Wia schreibscht di' denn und wau bischt hea?

Hanswurst.

I bi' no nia so vürgneascht gwea;
I bi' halt au' a Europäer,
Und wenn's it glaubscht, nau' bsih mi' näher!

Wache.

Wia heißt dei' Vater? — — —

Hanswurst.

Akkrat wia i; — — —

Wache.

Du bischt a Ochs! soviel i sieh.

Hanswurst.

Was fraugscht mi nau? du Hasamaul!
Nau ischt mei' Vater au' koi' Gaul.

Wache.

Iatz weischt du was? du bischt a Wicht,
Und muascht mit miar iatz gau' zum Gricht.

Hanswurſt.

Jaz muaß i voar no' b' Hos umkeahra,
Nau wemmer eaſcht no's weiter heara.

Wache.

Jaz mach büra' unb bummla bi'!
Dött kommt der Vogt, ſoviel i ſieh.

(Vogt, Caspar, Stoffel unb bie Vorigen.)

Vogt.

Dau hammer iaz bia ſauber Bruat!
Dia haut eus plaugat bis auf's Bluat;
Von heu'ta a' weabts anderſcht gau'
Dia wearat nimma leabig glau'. —

Hanswurſt.

O grechter Stroahſack! was ſait bear?

Caspar.

Ja Hans! wia kommſcht benn bu bauhear?

Hanswurſt.

O Caspar o! i bärf it röba;
Jaz iſcht ſie aus, bie ganz Comöba!

Vogt.

So! bischt du au, so viel i sieh,
A Glied von deaner Companie?

Wache.

I hau' iahn voar 'ra Stund verwischt,
Weils grab so fei'schter gwösa ischt.

Hanswurst.

I hau' nir thau' als b' Hos umkeahrt,
Wenn bös zum Erimanala gheart.

Vogt.

Jatz röb und sag miar auf bei' Gwissa:
Was hauscht all's thau', was thuascht all's wissa?

Hanswurst.

I hau' amaul a Floah verbruckt,
Es hand miar alla Nerva zuckt;
I hau' 's Fazeala nia benutzt,
Hau' b' Nä's all mit da Finger butzt;
Hau 's Hemmat bey der Hos nausgröckt,
Hau' an' mei' Gröbel nimma gmöckt,
Und hau' a maul so fürchtig gnossa,
'Sischt naß aufganga, in ba Hosa.

Vogt.

Iaß halt dei' Maul! i hau' scho gnua,
Denn 's oi' bös sag i sell derzua.
Du bischt a Lump vom earschta Grab!
Drumm kommscht zum Galga und auf's Rab.

Hanswurst.

Dös gaut iaß nimma, bös ischt aus,
Ma' schickt iaß all's auf Ebrach naus.

Caspar.

Wir thund auf's nemli Urtel wata,
So'scht gang mer zum a Affakata.

Stoffel.

I will mei' Recht und will mein Spruch!
Und auf der Stöll, it earscht uf b' Wuch.

Vogt.

So haltat 's Maul und losat auf:
Iahr kommat glei auf Kaisheim nauf;
Dau muaß a jöder alla Ta',
Feu'f Schnöller spinna und Stockholz schla'.
Kriagt graua Hosa und en Mußa,
Und b' Nä's recht voll vom Kübelbußa.

Hanswurst.

Dös Urthel thuat it übel sei',
Dös gang i heazlageara ei'.
J hau' all Ta' mein bökta Tisch,
A Knöpflasuppa, Fleisch und Fisch;
Um b' Freiheit ischts a prächtigs Guat,
Sie thuat sogar da Lumpa guat!
Drumm mörkat auf und thund koin Kopper,
J sing a Arie aus ra Opper:

„Freiheit, Freiheit lebe hoch!
„Von heu't bis zur Sylvester=Woch!"

Doktor Faustus.

Eine tragikomiſche Hiſtoria in mehreren
Auf= und Abtritten.

Perſonal.

Dr. Fauſtus.
Hanswurſt, beſſen Famulus,
Ein Studioſus und der
Böſe Geiſt Mephiſtophilus.

(Fauſt allein in ſeinem Stubierzimmer, das von
Landkarten, Büchern und Perſpektiven wimmelt.)

Jaß hau’ i aber gnua gſchtubiart,
Hau’ alla Schuala praklaziart;
Hau’ b’ Grichter und hau b’Leut a’gſchmiart,
Und alles bey der Nä’s rumgfüahrt;
Do’ trait bös Ding ſchiar gar koi’ Gelb,
Und bös alloi regiart halt b’ Welt.
Was hilft mi’ dau ’s Collega gau’
So lang i nix als Schulba hau’?
Was hilft mi’ all bös viel Gſchtubiar?
Es trait miar kaum a halba Biar,
Geſchweiges denn a Gläsla Wei,
Drumm ſoll bös Gfrött beim Tuifel ſey’!
J mach ſcho’ in der britta Wuch,
All Tag iaß ’en Chriſtophelsſpruch,
Und hoff heu’t Nacht bey’r Kreußſtrauß buß,
A Hilf vom Mephiſtophilus.

Drumm gang i glei ins Cabanet,
Und sag recht kräftig mei' Gebet. (ab)

(Hanswurst tritt auf.)

Mit beana Doktor ischt's a Kreuz!
Sie wissat selta öbbes gscheids;
Sie strüahlat alla Büacher dur,
Und hand a wahra Mausnatur.
I konnt dia Brocka it verbeißa,
Dia thätat miar da Grind verreißa.

(Sieht durch ein Perspektiv.)

Was thunds iatz mit beam Gucker dau?
Der Himmel ischt halt himmelblau,
Wenns öbba it 'en Neabel geit,
Und gar Aprillabutza schneit.
Dau guck i liaber in a Schüssl,
Und schwätz mit euser Kuachaliesl;
Nau trait's miar bo für mei' Gebubl,
A Feela und a bachna Nudl;
Dös leit so lind im Maga binn,
I find koi Gleichnuß, wia' mi bsinn.
Drumm gang i mea in b' Kuchel na',
Und hilf der Köcha 's Wasser tra'. —

(Faust zu Hanswurst, der abtreten will.)

Nu wia, wau aus? — wau willscht denn na'?

(Hanswurst für sich.)

O bunderschla! — iatz lauf i a'.

Faust.

I will a Antwort, röb und schwätz!

Hanswurst.

I gang jatz grab zum Gerber Betz,
Und hol 'en Fleck für meina Schuah;

Faustus.

So bummla bi' und gang iatz zua;
Mach frei' beim Furloch duß kei' Rascht,
Denn heu'ta kommt vielleicht a Gascht.

Hanswurst.

Dös muaß i glei der Köcha sa;
Nau weabts wohl heu't a Brätla tra?

Faustus.

So mach amaul, daß b' weiter gauscht!
Du weischt, i bi' der Doktor Fauscht,
Und wenn i schiach wear, wirf 'bi naus.

Hanswurst.

Dös lammer bleiba, 's kommt nix raus;
Wia hammers naucha mit em Biar?
Verglöckt a Mauß für eufra viar?

Faustus.

Jatz Kerla! mach mi' nu it schui,
So'scht fliachscht beyr Stiag na im a Hui.

Hanswurst.

Herr! 's fliacha ischt no' nia nir gwea,
I weiß vom Schneider von Ulem hea;
Dear haut amaul bös Ding probiart,
Nau' haut iahn der Tuifel in b' Doana nei'
gfüahrt;
Und fliachat i iatz b' Stiaga na',
So bräch i 's Knack und 's Fuaßwerk a' —
'Sischt zwar a so it extra rar,
Do' hau' i bloaß bös gotzig paar.
D' Commissio' käm au' berzua!
Und hand ja miar it allweil gnua;
Apata wenn bear Gascht dau ischt,
Dear frißt alloi bia Schwammawüscht;
Dös merk i scho' dau gauts miar schlecht,
Dau komm i mit 'em Tisch it z' recht;
Ear weabt ja do recht bald mea gau',
Und weabt miar au a Trinkgeld lau!?

Faustus.

Dös wearscht scho' seah; iatz halt bei' Blepp,
Und gang gschwind numm zu Bruia Sepp;
Dau holscht a Fäßla Doppelschepps,
Beim Kraumer duß a Oel von Repps,
Und um 'en Zwanz'ger beim Saunäzl
A Fleisch und Leaber zua be Spätzl;
Und naucha hilfscht der Kuchamat
Kartoffel schöla zum Salat,
Und geischt der Köcha 's Oel berzua,
Nau ischt's für heu't bo' eahrla gnua.

Hanswurſt.

Wia ſiehts denn mit 'em Branntwei' aus?
J bſtöll amaul a halba Mauß.

Fauſtus.

Marſchiar iaz ſott verſaufna Sau!

Hanswurſt.

J brauch koin Titel, 's thuats ſo au'! — (ab).

(Fauſtus allein.)

Dear Kerla haut koi Art im Leib,
Und treibt mit miar ſein Zeitvertreib;
Jaz zuich i andra Saita auf,
Und ſchlag 'm oi's auf d' Goſcha nauf.

(Hanswurſt tritt auf.)

Herr Doktor o! iaz kommt dear Herr!
Ear reitat auf 'ra krumma Märr
Zau' rackerdürr und blind derbey;
Dia frißt alloi 'en Zentner Heu!
Und ear ſieht ſo verhungrat aus,
Als wia a alta Kirchamaus.
Deam weu'ſch i frei' koin Appatitt,
Dear bringt da Hunger ghauſat mit.

(Mephiſtophilus tritt auf mit Bocksohren und Bocks=
bart, und ſpaniſcher Rittertracht.)

Mei' Prinzipal ischt z' China duß,
Und schickt dur mi da Bruderkuß.

(Umarmt den Faustus.)

Faustus.

So bös ischt recht, bös haut mi gfreut!
Es haut mi' au' koi' Auslag greut.
Hanswurst! du gauscht in d' Kucha naus,
Und richt'scht frei alles gründli aus;
Und wenn i pfeif, nau kummscht frei glei,
Und machscht it lang a Drä'sgerei.

Hanswurst.

Noi, noi! iahr bärfats nu grad sa',
So thua i glei 'en Schnapps rauftra',
Und au a warma Portio' —
Denn d' Bobabiara siabat scho'.
So iatz abias! i komm glei mea,
Nau weabts au öbbes z'essat gea.   (ab.)

Mephistophilus.

Dau bi' i iatz, was willscht von miar?
Sag's röbla raus, nau hilf i biar.

Faustus.

O Bruader! öbbes druckt mi' arg,
Und bringt mi' bölber in da Sarg.

Mephistophilus.

Wia so? hauscht öbba Boiner gschluckt?
Ischt's b' Gelbnoath, bia di' gar so druckt?

Faustus.

Verrautha Mephistophilus!
Dös ischt mei greaschta Kümmernuß.
I bitt di' drumm um alla Welt,
Verhilf miar zum a Sack voll Geld.

Mephistophilus.

Hauscht wirkla all bei Sach verbutzt?
Und haut di' 's Doktra gar nix gnutzt?

Faustus.

I bi' halt öfters z'röbla gwea,
So'ischt wär gar no' a manker grea!
Denn seit dös Schwurgricht erastiart,
Weab selta öbbes profatiart;
Dau hilft koi' Lüaga nauch 'em Gsetz,
Und au' koi' Affakatagschwätz.
Drumm hau' i Schulda auf 'm Knack,
Ma' brächts it in 'en Maltersack.

Mephistophilus.

Jatz gang mit miar und sey recht still,
Und thua frei' Alles, was i will.

Fauſtus.

J bi' in Allem biar zum Dienſcht,
Dei' Frui'bſchaft iſcht miar ganz erwünſcht.

(gehen ab.)

(Man hört den Hanswurſt in der Couliſſe rufen:)

Herr Doktor 's iſcht zum Eſſa Zeit,
Weils heu'ta Leaberknöpfla geit.

(Hanswurſt mit einer Schüſſel voll Knöbl.)

Wia ſtinkts bo bau? — pfuiteufel nei'!
Ma' moi't ma', gang in's Häusla rei' —
J hau' bo it in b' Hoſa thau',
Der hinter Winb thuat au it gau',
Unb bo herrſcht ſo a gräßlis Gſchtank,
Wia z' Hürba auf der Judabank!
Wau ſinb's benn hi' bia Gſcheiba zwea?
J hau 'ne wölla zeſſat gea.
J ſchrei ſcho' alla Zimmer bur,
Unb ſinb bo it bie minbiſcht Spur;
J glaub' bia haub 'en anbra Gluſcht,
Unb wenb koi' Suppa unb koi' Wuſcht.
Nau ſüll halt i mein Maga a',
Unb ſötz mi' glei zur Schüſſel na'.
(Er ißt.) Döſ laut ſi' macha; ſappermoſcht!
Dau wur i ſett beh ſo ra Koſcht;
Dau hätt i balb 'en anbra Kopf,
So bick wia euſer Thuraknopf!

'En Bauch als wia a Schweitzerkuah!
'En Doppelkiaza au derzua.
(man klopft.) Nu wia, was geits? wear ischt
denn duß?
(sieht hinaus.) Aha! bös ischt der Stubibus!
Jatz schliaf i in bean Kittel nei',
Und schneib recht saura Gfrießer brei' —
Und daß ear moi't der Dokter sey's
So nimm i a Brilla und röb recht weis.

(Hanswurst in dem Schlafrock des Doktor Faustus,
mit Brille versehen, im Lehnsessel sitzend, vor sich
die Schüssel und die Folianten.)

(man klopft nochmal.) Nu rei behr Thür und
it lang bsinnt,
Denn 's gaut a so a rauher Wind,
Daß oiner b' Gicht und 's Podagra
Scho' kriaga konnt da earschta Ta'.

(Student tritt auf.)

I wünsch 'en guata Appatitt,
Und bring a öttla Frauga mit.

Hanswurst.

Wia hoißt ear denn? wau ischt ear hea?
Was will ear? und was ischt ear gwea?

Student.

I möcht 'en Rauth, und bi' Student;
Der Soh' vom Roßhiat in Lechsend.

Hanswurst.

Was will ear weara? Affakat?
Dös ischt a Gwerb 's ischt Sünd und Schad!
Dau ischt ear meaß als druierlei:
A Doctor, a Schinder und a Schmiarer derbey.

Student.

Dös wär a Doctor vom linka Recht?
Dau muaß i scho' saga, dös freut mi' schlecht.

Hanswurst.

Was g'föllt iahm denn? a Möbikus?
'Sischt au' koi' gar so koizer Gnuß.
Da dürra geit ma Wagaschmiar,
Da Schmearbäuch öfters a Chlistiar,
Ma' sorgat daß der Wasa gaut,
Und daß ma' all a Arbat haut.
Au' b' Pharmazei ischt it so übl,
Es lobt sie jöder Toabtagriebl.

Student.

Jatz bi' i wirkla ganz vertrischt,
I weiß it hott, und weiß it wischt.

Hanswurst.

Nau bischt halt au' a halber Narr!
Ka' sey' wia i — a ganzer gar.

Student.

Herr Doctor o! wau denkats hi'?
J wollt, i hätt dea gscheida Si! —

Hanswurst:

Dau hättscht en rara Pfifferling!
Zum leaba und zum sterba z'gring.
J gäb diar glei mein ganza Kopf,
Als Trinkgeld für 'en Kiarweihknopf.
Dau miach i earscht koin übla Handl,
Denn i hätt gnua und b' Mariandl.

Student.

Dau kenn i mi heu't nimma aus,
Drumm gang i wieder naus beim Haus. (ab.)
(Man hört innerhalb den Coulissen den Faust reden.)

Hanswurst erschrocken.

O Ofaloch der Doktor kummt!
Jatz ischt mei' Röbhaus ganz verstummt.

(Faust und Mephistophilus treten auf.)

Faustus.

Dau luag oi Mensch dean Esel a'!
Jatz spielt ear gar 'en gleahrta Ma'!
Ear haut si' gstöckt in Doctorrock,
Und stinkt voar Dummheit wia a Bock!

Mephistophilus.

I moi' iahr sind all zwea it gscheib,
Und Narra sammt 'em Doctorkleid.

Hanswurst bittend:

Jahr Herra! thund mi' ganga lau',
I muaß a wen'g auf d' Seita gau';
Miar ischts so koiz schiar, daß i speib,
Mi grimmts und zwickts im Unterleib;

Faustus.

Die nemli Klag, bia hau i an',
Miar fehlts im Kopf und fehlts im Bau';
Es ischt miar schiar zum sterba koi'z
Und was i a'wend, hilft miar noi'z.
Drumm d' Schösa raus und 's Roß a'gschiart!
I fürcht, miar sind all zwea petschiart.

(Hanswurst auf die Knie fallend.)

O gulbigs Herrla! i fall scho um,
Bevoar i in da Roßstall kumm.

Mephistophilus.

Bleib allat bau! denn von beam Fleck,
Dau kommscht du heu'ta nimma weck,
Du Doktor schliaß dei' Rechnung a'
Denn b' Uhr bia weabt glei zwölfa schla'.

305

Hanswurst.

O jögesle! i sollt in b' Kuch,
Herr Doktor thund s' 'en Zauberspruch!

Mephistophilus.

Dear ischt scho' thau'; es bleibt berbey:
Sobald i sag: ois, zwei und drei',
So fahrat iahr im Hui! mit'nand
Per Tuifelsposcht in's Unterland.
Denn sölla Lumpa, wia ui zwea,
Dia haut's scho' Jauhrlang nimma gea!

(**Faustus** auf die Knie fallend.)
Ischt bös bei Earascht liaber Froi'd?

Hanswurst.

Herr Doktor haut ear eus zwea gmoi't?! —

Mephistophilus.

Ja, ja! ui zwea, koin andra it,
Dau hilft koi kniagla und koi Bitt;
Jahr hand ui selber gmacht bös Bött,
Hand Gott und Welt zum Narra ghött,
Hand bschissa, gstohla, b' Leut ausglacht,
Und alla Schlinklerеia gmacht,
Hand gloga örger als a Bott
Da Bauch a'gfüllt als wia a Krott,
Drumm fahrat iahr, es muaß so sey' —
'Em Tuifel grad ins Fi.... nei'.

20

Das Lager in Krähwinkel.

Personal.

Der Hauptmann Strix,
Die Marketenterin Knix,
Vier Soldaten von der Leib-Compagnie,
Und Hanswurst ein reisendes Genie.

(Die Soldaten sind um ein Faß gelagert, auf welchem
die Marketenterin sitzt und singen.)

Juhe! der Brantawei' ischt süaß!
Denn muaß i in a Treffa gau',
Und thua i voar a Schlückla hau',
Nau kommt 's Courasch in d' Füaß.
Juhe! der Brantawei' ischt süaß!
Denn wenn i Schuah und Strümpf versauf,
Und au im Winter baarfuaß lauf,
So hau' i do no' d' Füaß.

Marketenterin.

So trinkat zua und schluckat föscht,
Der mei' bös ischt der allerböscht!
Ear hilft für Händschah und für Schuah,
Und geit Courascha au' derzua.
Ear ischt scho' brüahmt von Pola hea,
Ischt in der Schlacht bei Schmolensk gwea,
Und haut im kalta Rußland binna,
Dia moischta Treffa helfa gwinna.

Erster Soldat.

Kniks! füll miar gschwind mei Gutter ei',
Denn ohna Schnapps ka' i it sey';
Dös ischt mei' Freud bei Tag und Nacht,
Im Feld, Quartier und auf der Wacht;
Jatz fehlt bloaß no' a Rauchtabak!

Zweiter Soldat.

I hau a Päckla in meim Sack,
Und zwar: 'en guata Stangaknaschter,
Von Meriko und aus Lankaschter.

Markebenterin.

Dear zwölfmaul um ba Bauch rummgaut,
Und nix meaß in ba Kuttla laut?!

Dritter Soldat.

Der mei' bear ischt aus Griechaland,
Und ischt scho' an seim Gstank bekannt.

Vierter Soldat.

Und i hau' oin aus Ungra raus,
Dear beißt, als wia a Blättlalaus!

Markebenterin.

Jahr machats halt wia b' Capaziner,
Dia schnupfat lauter Hemmatiner.

(Hanswurst tritt auf mit einem Felleisen auf dem
Rücken)

Dau weabt a schofels Zuig vermarkt,
Wia z' Burga auf 'em Trendelmarkt!
Und Larva sieh i um mi' rumm,
Dau mach i, daß i weiter kumm.

Erster Soldat.

Wear ischt denn ear? — was will ear binn?
Was macht ear denn im Lager hinn?

Hanswurst.

I hau' halt bi' gsuacht gulbigs Herrla,
So'scht käm i it; es ischt gar gfährla!

Erster Soldat.

Warum grab mi? gib b' Wauhrat a'!

Hanswurst.

Ja! daß i bi' recht prügla ka';
Mei' Nä'hla selig haut miar's gsait:
I soll bös thua mit Gleagaheit;
Und heu'ta hätt i prächtig Zeit,
Wear woiß, wenn's mea a sölla geit?

Erster Soldat.

Dau weabts frei' nir! du bischt verloara;

Zweiter Soldat.

Und kommscht an Strick bis übermoara.

Hanswurst.

Dau weabt von miar aus protastiart,
Und Kriag mit ganz Krähwinkel gfüahrt.

Dritter Soldat.

Dös ischt umso'scht, bös hilft bi nix.

Hanswurst.

Nau b'schwer i mi' beim Hauptmann Strix.

Vierter Soldat.

Dear haut seit nächta 's Staudrecht gea,
Und weiß von koim Pardo' nix meah.

Hanswurst.

I bi' als Departiarter bau!
Bi' au' verwandt mit seiner Frau,
Und schenkt ear miar koi' Ghear und Glauba,
Nau ka's ear miar im A....sch a' klauba.

Erster Soldat.

Ear ischt a recht infamer Tropf,
Do bösmaul kommt ear um ba Kopf.

Hanswurst.

I sötz derfür de' beina auf,
Nau ka'scht mi' feil hau' als a Schauf;

Erster Soldat.

Dös wär a Gfrött und wär a Gneath,
Du wärescht ja koin Dantes weath!

Hanswurst.

Dös glaub i scho', mi nimmts it Wunder,
Dei' Schödel steckt ja volla Plunder.

Zweiter Soldat.

Jaß laß dei' Schimpfa ohna End,
Und mach' amaul dei' Compliment.

Hanswurst.

Dös muaß i heu'ta bleiba lau',
Diaweil i b' Hämarieba hau'.

Erster Soldat
(will ihn arretiren.)

Jaß voarwärts marsch! und flink voara'!
So'scht kommer all mit biar no' a';

Hanswurst.

J hau am linka Fuaß a Laschter,
Und brucht a Orakruzapflaschter.

Erster Soldat.

Nau flack amaul a bissla hea,
Was weiter gschieht, bös wearscht scho' seah.

Dritter Soldat.

Was hauscht denn für 'en wüaschta Grind?
No' kehler als a stumma Sünd!

Hanswurst.

Was brauchts denn dau bia Fraugerci?
J bi' dei' leibli's Conterfei.

Dritter Soldat.

Wia! was saischt dau du dicker Blunza?
J laß mei' Porträ it verhunza.

Hanswurſt.

Und i gib biar koin Blunza a',
Dös wear i au' 'em Hauptma' ſa'.

Vierter Soldat.

J moi ſchiar gar, ear iſcht Spio'!
'En A'ſtrich haut ear ſcho' dervo'.
Drumm machmer gau' bia Mötta aus,
Und ſchickat iahn auf b' Schiaßſtatt naus.

Hanswurſt.

Was moi'ſcht denn bu? bu gſtacklats Luaber!
J ghear bloaß zum Kanonafuater? —
J wear ui ſaga, wear i bi,
Nau ſind iahr all mausbrecklis hi!

Markebenterin.

Wear biſcht denn nau bu Hottatott?!

Hanswurſt.

Du höltſcht bei' Maul bu Gatakrott!
Und jaichſcht derfür nauch beina Fleaß,
Nau därf dös Gſchäft beim Liacht it gſcheaß.

Marketenberin.

Käm nu' ber Hauptma'! — 's thuat mi planga,
Nau wur dös Ding ſchoa anders ganga.

Hanswurſt.

Nau' gings halt mea accrat a ſo,
Behr Goſcha nei' und naus beim Loh.

(Der Hauptmann tritt auf, alle erheben sich und stehen
in das Glied.)

Hauptmann.

Was geits benn dau? — wear ischt benn ear?

Hanswurst.

I komm von meiner Muater hear.

Hauptmann.

Wear haut iahn benn ins Lager gfüahrt?

Hanswurst.

Mei' Nä's, bös Luaber, hauts probiart;
I hau' mit manka schöana Sacha,
So kloina Gschäftla wölla macha.
Mit Kitt bia Alles zämahölt,
Wenn öbbes ussanaberföllt;
Sey's Wagaröber ober Pfluag,
A Hafa, Kössel ober Kruag,
A Lager ober Companie,
A Böller ober Battarie,
A Loiter ober stoiniga Stiaga,
A Böttstatt ober Kinderwiaga.
Au Seifa hau' i bsonders guat,
Dia alla Mau'sa wä'stha thuat;
Sie nimmt a jöbigs Dreckla mit,
Au's Wanzagschieß nu b' Schulba it;
Sie ischt a bsondra Rarität,
Denn scho' der Esau haut sie ghött;
Drumm kaufat um a öttla Groscha,
Und butzat uira schwaza Goscha.

A Wötza hau' i sappermeit!
Dia geit a extra scharfa Schneib;
Drumm hau' i bey Sebaschtopol
Verkauft 'en ganza Karra voll;
Sie nimmt da Nuaß und frißt da Roscht,
Obwohl sie bloaß 'en Batza koscht,
Und macht 'en jöba alta Sabel,
Zum Krautaufschneiba praktikabel.

Hauptmann.

Dös heißt ma b' Leut zum Böschta hau',
Und mit der Wauhrat maschkra gau'.
So Lumpagsindel käm no gnua,
Drumm mach i' b' Thür bei Zeita zua.
Jatz zuich er nu' sei' Kappa ra,
I will iahm gau' glei b' Wauhrat sa':
Ear ischt a rechter Lugabeutel!
Vom groaßa Zeaha bis zum Scheitel.

Hanswurst.

O Herrla o! dös ka' it sey',
I ging so'scht it in's Lager rei';
I bi' bo gwiß a Eahra Ma',
Mit beam ma' au no fahra ka';
I handla seit 'em Schwöbakriag,
Und will caput sey' wenn i lüag;
I hau nir thau' auf Eahr und Gwissa,
Als hia und dau 'en Juda b'schissa.

Hauptmann.

Dös ka' scho' sey' und ischt scho' recht!
Du bischt deßhalb it minder schlecht.

Drumm Kerla! mach iatz Reu und Leid,
Du hauscht zum Galga nimma weit.

Hanswurst.

Ja wenn's nu heu't it Faschtag wär!
Mei' Maga ischt halt gar so leer.
Es ischt miar au um b' Heffanubla,
Und moara um die saura Kuttla.

Hauptmann.

Marsch fott! und mach bei' Gwissa rei'!

Hanswurst.

Jatz föllt miar grab no öbbes ei'!

Hauptmann.

Nu was denn? — raus glei mit der Sprauch!

Hanswurst.

Noi, noi! i sag's earscht hintanauch.

Hauptmann.

Sag's iatz! nau weabt diar 's Leaba gschenkt.

Hanswurst.

Aha! i han's zum voaraus denkt.

I bi a radikaler Schweitzer,
Dia laut ma' laufa um 'en Kreutzer.

(Unter allgemeinem Gelächter fällt der Vorhang.)

Erſte Rede.

Für Haydns Sinphonie in B.

Bekanntmachung und Verdcafladiaring

der

großen, muſikaliſch = biographiſchen Skizze des

Dr. Danyſi Häring

und ſeiner 9 Jungen aus Tripstrill,

weiland Virtuoſen im äußerſten Grabe.

Dieweil miar bur be Käsbommala von Katz=
brüah vernomma hand, daß im iatziga Zeit=
punkt b' Muſikanta, — heißt bös die rara! —
ſo fürchtig fäſig ſind, ſo hammer, a pata weil
miar eus grab auf der Durreiß nauch Au'ſang
b'findet, für guat ·g'funba, ul a groaßa Phan=
taſey voarz'bublat; und i ſag ui guat röbli
raus, daß eus bia groaßa Nota 'en fürchtiga
Reſpect ei'gfleast hand, und nur durch mei'
Bemüahing iſcht bös Ding enbli amaul ſo
ſchöa ſtät in Gang kommta. I hau' miar's
um ſo meahr a'gleaga ſey' lau', dieweil miar
uf da Herbſt a heahra A'ſtölling wend; denn
bey der Hauthiaring könn mer nimma länger
b'ſtau', und mei' Bſolding iſt ſo gring, daß 's
miar keeb a Gläsla grüana Schnapps und a
paar Toppakäsla trait; höchſtens, hia und dau,
wenn i 's Trinkgeld derzua rechna, um 'en

Batza öbbes faur's. — Kuzum, i vermag koin richtiga Tacktprügel meah; — Jatz wia schoa b' Staffeata glautet haut, so hau' i 9 Buaba; der liabscht brunter ischt miar mei' Gora; bös Närrla gaut iatz earscht in's viarzigscht Jauhr! a jöba Auber ischt an iahm musikalisch, unb en Stimmstock haut ear, wenn er iahn ganz raus lußt, thäta b' Fei'ster verklirra! — Ja bear Bua thuat schiar mi' no' ra! Unb earscht mei' Leath! bean solltet iahr heara! bear hätt könna z' Knearinga uf ber Orgel schoa lang a A'stölling hau'; apata haut ear b' Mirtur guat inna! von be Läuf unb be Triller ma' i it schwätza, bia haut ear im kloina Finger; — unb mei' Hansbe! ah was! dau weabts miar ganz bu'selig, wenn i bös Büabla a'sieh! bear ka' miar gleh bis ins tz na uf seiner Baßripsa; — iatz komm i an mein Lipp; bau bleibt miar helliacht ber Ver=stanb stau', was i bau saga soll; setz'n i em Paganini gleich so ischts noiz, bis heu'tigs Tag thuat 'en koiner ra' als ber Nachtwächter von Gunbremminga. Jatz mei' Stenes unb mei' Mang sinb freili' so ziemli' beym Alta blieba; Sie könnat nix wia feat; bloaß mein Väri muaß i no erwähna, däs ischt ber Dea=mant von ber ganza Sozietät! auf bean Buaba bi' i wirkli stolz; — ear haut aber au von ber musikalischa Banda z' Gannertshofa 's Eahra=diplom als musikalisches Rindvieh erhalte aus

Anerkennung von seim musikalische Unverstand;
denn er haut's so weit braucht, daß iahn koi'
Mensch meah a'heara ka'; — iaz Giagel
und Doana bös sind gar a paar Hunds=
schwänz! dia freſſat miar b' Nota wia b'
Leaberspäßla nei', dau ka' i gar nimma gnua
hear schaffa; — i sag it z'viel, wenn i beyseß,
daß sie schon glei nauch der Täuſa 'en stey=
riſche Jodler und Triller gschlaga hand.

Was endli' mi ſell betrifft, so moi i' es
sey gnua, wenn i ſa', daß i mit 'em Bliaß
vom goldna Eſel a'thau woara bi'; dös will
i gar it erwähna, daß i Voarstand und Ober=
nater von der revolutionäre Harmonie z' Koiza=
berg, Mitglied vom hilzana Orcheſter z' Kaßa=
hiara, muſikaliſcher Windmacher und Vizabirekter
im hintra Viartel vom Rias, Beyſißer und In=
haber vom Orden der ſilbernen Gans u. ſ. w.
bi', nu dös muaß i no ſaga, daß z' Schnecka=
hoſa bei Weißahoara mei' Schualleahr gwöſa
iſcht.

Was endli dös a'blangt, daß miar eus
öffala heara land, so moi' i, miar ſeya bös
theils ſchoa gwöhnt, theils därfmer auf 'en
föſchta A'klang rechna, denn ma' haut eus,
bis dato, no überall, wau miar na komma
ſind, was ma' gwiß it leicht verheart haut, —
nausgworfa.

Ein Selbstgespräch.

Wia Aubama Staches von Höslawuscht
sein Sepper z' Buabese in der Stube haut.

Jatz bin i halt oinaweag a bißla bedufft, was
mei' Sepper gau' zenbiara weab; wenn miar
der Schlenkel z'lötschtes nu it aus 'em Häusla
kommt! Ear weab miar ja koi' so Nakabemiker
weara, unb weab seina G'schwistriga au öbbes
zuakomma lau'; zwar haut ear nia an be Hotta=
gäul a Freeb ghött, am liebsta ist er benn so
mit 'em Kripplesznig unb mit be Altair umganga;
unb wenn bie oina be ganza Tag bura g'fau=
lenzat haub, so ischt ear rüabig bey seim Scherba
Schlotter mit 'em Goffina b'schäftigt gwea; —
bazza lüachter ischt er benn in b' Schnal unb
voar's it kuahranzanacht unb stockgrau'za blu'=
zafei'schter gwea ischt, hau i iahn gar it weg
braucht vom Buach; i hau iahm oft huila 'en
Zweyer in b' Hanb nei bruckt, baß ear si' haut
könna Keschper ober Heibala kaufa. — Ja mei'!
es wär wohl alles recht, wenn nu Schmalhans
it allweil Kuchamoischter bei iahm wär; —
zwar's schab't iahm nir, i hau' oft au nir ghött,
unb leab bo' no' — unb verhungara bärf ear
bo it; mei' Anna Kätter schickt iahm huimli
Sach gnua nei': — I bi' earscht meah brauf
komma! — was haut sie thau'? — verschneibt
sie bau a butzat bie schöansta wirkana Hanbs=

wehla zu Tischaschetla für'n und Fazeala, leih=
wirkana Hemmat, seaberrittana Unterhosa
schickts iahm nei', i ma' gar it dra' benka,
sie baulat mi' 'zstark. — Es bschuist aber nix
beim Schwanzjaner! — iaz hau' i iahm bo
am Herbscht a Säckla Ei'brennat, a Dreyßgerle
Muaßmeahl und a Mähla Bobabiara mit gea!
i schick iahm all Maunat 'en schwaza Loib
Broad nei', und hau' m' am oalfta Tag Moja
'en ganza söchs Bätzner dinna glau'! — und
oinaweag will nix bschiaßa und nix glöcka! —
Ja wia gsait, wenn der Schlinkel it so guat
learna thät, hätt i iahn gar nia derzua thau';
aber ear haut a fürchtigs Gingine! ear weab
iaz eaber als it öbba schoa gar beym Meßbuach
sey'! ear gaut ja schoa über 4 Stiaga nauf,
und haut in der deutscha Schual 's Lateinisch
in der Fiebel hinta bött ra' gleasa wia 's Wasser;
i brauch a Jauhr, bis i nu 'en Buachstaba
rausbring; und wenn ear halt hoikommt in
b' Vacanz, und hear'n mea mitvigilla, nau
thuat miar allz gigala; denn im vespara ischt
ear Mätter, bau ka' ear na'; ah! und a Stimm=
la haut ear so fei'! ma' därf auf iahm boba
ftau', ma' heart iahn it, und a Musikghear,
kotz Kreutz spinnawötta Wetter Bataillon! i
hau' iahm därfa nia öfters als oimaul zuar
Suppa schreya; — dös Attaftata muaß iahm
ausftella.

Wenn i so bra' denk was mi bear Kerla

schoa koscht haut, dau möcht i freili bischpatat
weara; scho' als a klöiner Notzer haut er nir
als Moiapfeifla gschnitzlat und oin Krotta-
schinder um be anbra braucht; all Hundsscheiß
ischt ear um a Geld komma, wär Noath gwöse,
i hätt en Geldscheißer ei'thau'! — Und rechna
ka' bear Hanack! 's groaß oimaul ois haut ear
hinterscha und fürrische im Kopf und im Hui
woaßt ear wiaviel 's halb Biar kost! — huir
haut ear scho' en fürchtig höta Winter ghött;
i hau' iahm könna it gnua Közagelb förka. —
Nu! rum ist rum; 's kommt scho' a Zeit, waus
mea rei' gaut; wia gsait: wenn ear berbey bleibt
und it umstaut, ischt alles recht; bis dato haut
er si' no ganz wacker ghalta; er ischt iatz halt
der 40. unter 41 ohna be Profeffer!

⚬⚬⚬⚬⚬⚬⚬⚬⚬⚬⚬⚬

Sänger-Fahrten.

Eine Reisebeschreibung durch das schwä=
bische Allgäu und den Bregenzer=Wald.

Allen sangeslustigen Vereinen gewidmet.

Erstes Capitel.

**Wie sich unter der Führung eines hochgelahrten Professors
eine Reisegesellschaft von Sängern bilden thäte.**

Wenn Jemand eine Reise thut,
So kann er was erzählen;
Drumm nahm ich meinen Stock und Hut,
Und thät das Reisen wählen.
So hat gesprochen und gethan,
Vor alter Zeit, Herr Urian,
Und hat seitdem so manchen Kunden,
Für seine Reiselust gefunden.
Auch unser Herr Professor, ist
Ein Reisefreund, damit ihr's wißt,
Und nimmt zum jovialen Leben,
Sich auch vier Sänger mit daneben.
Damit's nicht an Bedienung mangt,
Wird auch ein Famulus belangt,
Und dieser heißt zum Namen ganz:
Hansuira, Paula Katzaschwanz!
Ein braver Kund' vom Schwabenland,
Mit vielem Witz und Hausverstand,
Er ist ein Kerle, wie ein T..f.le,
Und ist ein Freund zum Hansjörg Sch..f.le;

Auch unsere vier Sänger, sind
Ein lustig muntres Angebind,
Vom Iller= und vom Wertachstrand,
Als tüchtige Barden wohlbekannt.
Drumm wird die Reise lustiger Art,
Denn 's ist eine frohe Sängerfahrt.
Und als nun zur bestimmten Stunden
Sie beim Professor ein sich funden,
Da gab man sich den Bruderkuß,
Und laut erscholl der Willkommsgruß.
(Nun folgt ein Begrüßungslied, z. B.: „Brüder reicht
die Hand zum Bunde" von Mozart, oder ein
ähnliches.)

–––––––– – – –

Zweites Capitel.

Die Vorbereitung zum Abzug.

Es mochten nun, wie muntre Barden,
Nicht länger unsre Sänger warten,
Und wollten gleich zur Thür hinaus,
Mit Sing und Sang und hellem Braus;
Ja! selbst der Herr Professor war,
Als zählt er erst die Burschenjahr!
Doch andern Sinns war Katzenschwanz,
Er sprach mit Ernst zum Sängerkranz:
Wia, wia! — thund no a bißla stät!
Wia wär's denn, wenn ma' beata thät?

I moi' bös brächt eus grab it um,
Und in 're Viartelstund ischts rumm.
Mei' Näh'la seelig will's so hau',
I' soll nia naus in d' Frembe gau',
Bevoar i it 's Gebeat verricht,
Und b' Rechnung mit meim Herrgett gricht;
Und bear haut recht! — i mach's a so,
Drumm höbet iatz a bissla no;
Die Mahnung ist willkommen ganz
Mein lieber guter Katzenschwanz!
So sprach der Herr Professor fort,
„Es ist und bleibt ein wahres Wort:"
Mit Gott fang an! mit Gott hör auf!
Dies ist der schönste Lebenslauf.
Drumm laßt uns jetzt zu Gott aufblicken,
Und ein Gebet zum Himmel schicken.

(Nun folgt ein Gebetlied, z. B.: „Leise, leise" von
C. M. v. Weber, oder ein anderes passendes.)

Drittes Capitel.

Der erste Reisezug über den Auerberg bei Füssen.

Als das Gebet vollendet war,
Da zogen fröhlich Paar für Paar,
Den Herrn Professor in der Mitten,
Mit leichten, raschen Jünglings=Schritten,
Hinaus zum Thor, die Sänger all,
Durch Feld und Wald, durch Berg und Thal.
Schon steigen sie den Aurberg an,
Die erste Ruh' nach ihrem Plan;
Als oben auf dem Berg sie sind,
Da trocknet sanft ein leiser Wind,
Von ihrer Stirne glühendheiß,
Den tropfenschweren, sauren Schweiß.
Doch! — welche Freud' belebet sie,
Als sie belohnt schau'n ihre Müh!
Denn rings nach allen Landes=Gauen,
Vom Berge aus sie können schauen;
Und wenden sie sodann den Blick,
Auf ihren Standpunkt selbst zurück,
So seh'n sie ganz am Gipfel oben,
Ein freundlich, weißes Kirchlein droben,
Dem Ritter Sanct Georg geweiht,
Von dem sich diese Sag' erneut:
*) In der grauen Vorzeit=Tagen,

---

*) Von Dr. L. Cl. Gratz.

Wo die Wälder dunkelgrün
Allenthalben um uns lagen,
Da, so melden alte Sagen,
Kam ein Ritter, — edel — kühn!
Kam aus fernen, weiten Landen,
Und ein blendendweißes Roß
Trug ihn hoch. Des Helmes Banden,
Und den purpurnen Gewanden
Eine hehre Kraft entfloß.
Nicht auf stolzer Burg er hauset,
Wo der Knappen große Zahl
Endlos schwärmet, singend brauset,
Und in wilder Sitte schmauset,
Bei dem reichbesetzten Mahl.
Wo das graue Raubthier nistet,
Schwingt er seinen starken Speer;
Singt mit hoher Kraft, und fristet
Vieler Leben, wohlgerüstet,
In dem Lande weitumher.
Wo die Unschuld Thränen weinet,
Naht der Held im Fluge hin;
Hilft in Noth, und nimmer säumet
Seine Rechte, und vereinet
Mit der Hilfe frommen Sinn.
Würde strahlt aus seinen Blicken,
Und das Auge sonnenklar,
Strömet Freude und Entzücken,
Sanct Georg, sein Name war.
Als man wollt' ein Kirchlein bauen,
Auf des Auerberges Höh'n,

Daß es in die grünen Auen
Niederschaue, und den Gauen
Blinke auf dem Gipfel schön,
Da regten sich der Gläub'gen Hände,
Zu dem frommen Kirchenbau;
Flehten glaubensvoll ohn' Ende,
Daß der Herr den Segen sende,
Von dem milden Himmelsblau.
Und es floß des Himmels=Segen.
Als man froh den Bau begann,
Kam auf unbekannten Wegen,
Um die Steine recht zu legen
Nachts, der heil'ge Rittersmann!
Hilft die Kirche emsig bauen,
Schaffet her der Steine Schaar
Groß und Klein, aus allen Gauen,
So daß kaum die Augen trauen,
Bei dem Anblick wunderbar! —
Als der Kirche Bau vollendet,
Zieht der edle Ritter fort,
Der dem Volke Heil gespendet,
Den der Himmel hergesendet,
Als den Helfer und den Hort.
Und er zog in ferne Lande,
Nicht des Berges er vergißt,
An dem Lech= und Wertachstrande,
Wo des Glaubens heil'ge Bande
Er in Lieb' und Hoffnung schließt.
Also heißt die Sag, ihr Freunde!
Spricht der Professor, und ich meinte

Es wäre gar nicht ungelegen,
Wenn jetzt wir dieses Berges wegen,
Ein fröhlich Lied erschallen ließen,
Um Berg und Kirchlein zu begrüßen.

(Nun folgt ein Capellenlied, z. B.: „Droben stehet
die Kapelle" von Kreutzer, oder „ein Kirchlein steht
im Blauen" von Becker, oder sonst ein passendes.)

Viertes Capitel.

Die Reise durch das schwäbische Allgäu ins östreichische Zollhaus Schänzli im Walserthal und anderweitige Vorkommnisse.

So mit des Liedes letztem Klang
Beginnen sie den Weitergang,
Den Berg hinab nach Sulzschneid hin,
Mit raschem Fuß und leichtem Sinn.
Am Fuß des Berges angelangt,
Wo 's nette Dörflein Stötten prangt,
Und einst im neun und vierz'ger Jahr,
Der Reichsverweser Johann war,
Um dort den alten Schott zu schau'n,
Der Pfarrer war in Steyrmarks Gau'n,
Da wenden sie nochmals den Blick,
Zur Höh des Auerbergs zurück,
Und unser Schwab, ruft voller Freude
Beim Vollgenuß der Augenweide:

„Ah wäger! — bös ischt gmaulat schea!
„Nix scheaners sieh i nimma meah!
„J moi' i müaß voar Freud vergau',
„Und öttla Juhschrey falla lau'.“
Die Sänger thaten nun nicht säumen,
Die Rappen tüchtig aufzuzäumen,
Und schritten rasch und sonder Ruh
Dem Flecken Nesselwangen zu.
Als biesen nun man hat erreicht,
Da warb's den Sängern wieder leicht;
Sie trösten sich zwei Stunden hier,
Mit einem frischen Glase Bier,
Und schickten sich zum Weitergehen;
Das wollt' der Schwabe nicht verstehen,
Und meint: es wär so übel nit,
Man nehmet noch a Steh=Maß mit;
Der Herr Professor aber sprach:
Wir gehen fort, so allgemach
Gen Wertach zu zum Nachtquartier,
Drum stehet auf, und folget mir!
Und so geschahs; in Wertach nun,
Im Gasthaus zu der goldenen Sunn,
Da ließ man sich das Essen schmecken,
Die Suppe, Braten und den Wecken;
Und insbesonders zeigt der Schwab'
Daß er sich gütlich labe brab,
Denn er verschlang in einem Nu!
Sechs Plunzen, Kraut und Brod dazu.
Und als die Andern drüber lachen,
Da läßt er gar nicht irr sich machen,

Und sucht sich in der Kuchel draus,
Noch eine schweinerne Sulz heraus.
Dann legt er sich zur guten Ruh,
Und schnarcht bis sechs Uhr in der Fruh.
Des andern Tags geht weiter man,
Die Tiefenbacher Berg hinan,
Gen Rettenberg nach Sonthofen,
Die nah' am hohen Grinten steh'n.
Der Himmel zürnet diesmal sehr,
Und sendet aus ein Regenheer;
Drum schauen unsre Sänger aus,
Wie eine ganz durchnäßte Maus;
Sie werden zornig — grämen sich —
Der Schwabe machte seine Sprüch
Und rief: „bös ischt ja zum vergau'!
Im Himmel müassats gsoffa hau'
No' meahner als a Bürschtabinder;
Verzeih miars Gott! miar armen Sünder!
Wau käm denn sonscht bös Wasser hea?
Miar haud nächt it a Wölkla gseah!
Ganz nähzua kommts vom schlechta Biar,
Dau bob ischt's wässrig wia dau hiar;
Doch sieh! auf einmal wird es licht,
Die Sonne aus den Wolken bricht,
Und links und rechts auf jeder Seit,
Da höret man ein bunt Geläut
Von Ziegen, Schafen und von Kühen,
Die Alle nach dem Markte ziehen,
Der weit im ganzen Schwabenland,
Und selbst im Ausland ist bekannt.

Doch unsre Sänger schweitzern nicht,
Und machen keinen Marktbericht;
Sie geh'n zum Schwarzbach stracks hinein,
Und nehmen dort ihr Frühstück ein.
Das Schwäblein isset ohne Ziel
Drei große Scherben gstockter Mill,
Und als das Mahl vollendet ist,
Da ruft er wie ein guter Christ:
Vergelts ui Gott! 's ischt au a Geld,
Und gangbar in der ganza Welt!
Drauf geht die Reise wieder an
Gen Oberstdorf und 's Schänzli dann.
Und wie sie da der Weg hinführt,
Mit großen Bergen rings geziert,
Die Mädelis=Gabel linkerhand,
Der Widderstein im Walserland,
Das Gaishorn beynah mittenbrinnen,
Vom klarsten Sonnenlicht beschienen,
Da kehrt die vollste Freude ein,
Sie hüpfen und singen und jauchzen darein;
Und unser Schwab' von munterm Blut,
Der schwingt gar drollig den strohernen Hut.
Und sieh! — im engen Walserthal,
Allein, auf einem Sträßchen schmal,
Wo wild ein Bergbach schäumt,
Wo nur das Bergmoos keimt,
Wo Bayerns Gränzpfahl steht,
Und Östreichs Fahne weht,
In diesem Thal, romantischwild,
Ein wild's und doch ein schönes Bild!

Da steht ein Häuschen hübsch und klein,
Und ladet zu der Herberg ein.
Doch wer dem Haus den Reiz verleiht,
Und wer dem Gast die Freundschaft beut,
Die Tochter ist's, gar brav und fein,
Mit ihrem guten wälschen Wein!
Vicenzer heißt er, feurig! — rein!
Ein jedes Tröpfchen ist da Wein!
Drumm nehmen hier auch unsre Leut,
Das Nachtquartier mit großer Freud' —
Sie leeren manches volle Glas,
Sie singen manchen frohen Spaß,
Der Wirth schlägt Cither frisch dazu,
Bis endlich Alles geht zur Ruh.
Und wie im Hause Alles ruht,
Da fassen unsre Sänger Muth,
Sie schleichen sachte auf den Zehen,
Der Mondenschein hilft ihnen sehen,
Hin zu der Tochter Kämmerlein,
Und singen ihr ein Ständchen fein.

(Nun folgt ein Ständchen, z. B.: „Ich geh' noch
Abends spät vorbei" oder das Ständchen von
Marschner.) —

Fünftes Capitel.

Die Reise vom Schänzli nach Mittelberg im Walserthal.

Wir sehen nun am nächsten Tag,
Früh morgens mit dem 4. Schlag,
Die Sänger Alle auf dem Weg,
Zu schau'n den schmalen Zwingensteg,
Der über eine Felsenkluft,
So schaurig wie die Grabesgruft,
Zwei Schuh nur breit hinüber führt,
So daß es Jedem bange wird
Hinabzusehen in die Schlucht,
Worüber einst auf seiner Flucht,
Nach alter Sag' ein Wildschütz lief
Obwohl sie zehen Klafter tief!
Als unsre Sänger sich satt gesehen,
Da thäten sie nun weiter geh'n
Dem Mittelberger Pfarrdorf zu,
Um dort zu nehmen erste Ruh' —
Wie nun der Pfarrer hochgeehrt,
Der Sänger Ankunft auch erfährt,
Da ladet er sie zum Glase Wein,
In seinen hübschen Pfarrhof ein;
Und da — im frohen Sängerkreis,
Nach alter deutscher Sitt' und Weis,
Wird schnell so manches Glas geleert,
Vom ächten Rebenblut beschwert;

Und eh’ die Sänger sich’s verseh’n,
Da trinken sie der Maaße zeh’n!
Denn kaum war nur die Flasche leer,
Sie wieder war vom Weine schwer,
So daß zuletzt der Magen kaum
Für solche Menge hatte Raum;
Drumm wollten sie sich auch versteh’n,
Zur rechten Zeit noch fortzugeh’n,
Bevor am End nach Ulrichs Weis
Gefeiert wird die heut’ge Reis.
Doch unser Pfarrer und Herr Wirth,
Der Weineskraft so schnell nicht spürt,
Macht unsern Sängern frohen Sinn,
Und weiset auf die Bergreis hin;
O schaut nur auf! ihr Lieben mein!
Wie väterlich ich’s für euch mein,
Denn schon nach einer guten Stund,
Wird trocken seyn euch Schlund und Mund.
Dort über jenen Felskoloß,
Neuntausend Fuß beinahe, groß!
Den wir vom Zimmer aus hier seh’n,
Da müßt ihr Alle nachher geh’n;
Es ist der jähe Wibberstein,
Und mahnt euch Herrn zum Glase Wein,
Auf daß ihr nicht vor Durst vergeht,
Wenn ihr auf seinem Scheitel steht.
Drumm folget meinem Rathe jetzt:
Ein Schöpplein noch! — zu guter letzt.
Ich denke, sprach nun der Professer,
Es ist am Ende doch noch besser

Wir thun im Guten, was zuviel,
Als spielten wir ein trocknes Spiel.
Drumm werd' von diesem edlen Naß
Getrunken noch ein volles Glas!
Dem Wein ein fröhlich Lied geweiht,
Und unser Freundschaftsbund erneut.

(Nun folgt ein Weinlied, z. B.: „Brüder laßt uns
lustig sein, hier beim Wein!" — „ober: „Wein
her! vom Rhein muß er seyn!") —

Sechstes Capitel.

Der Abschied und die Ersteigung des Widdersteines.

Als Weines-Lied verklungen war,
Da reicht' man sich die Hände dar
Zum leidigen Auseinandergeh'n,
Vielleicht zum Nimmerwiedersch'n.
Behüt euch Gott der starke Hort!
Sein Friede ziehe mit euch fort,
Geleite euch an seiner Hand,
Durch Berg und Thal in's Heimathland,
Und führe euch, ihr Freunde mein,
Einst wieder in dies Thal herein.
So sprach der Pfarrer tiefgerührt,
Als er sie an den Berg geführt,

Und gab zuletzt zwey Mäßchen Wein,
Als Reiselabung noch darein.
Ein gratias! ertönte hell,
Ein vivat hoch! — und blitzesschnell
Nun eilen unsere sieben Mann
Den hohen, steilen Berg hinan.
Schon rinnt von ihrer Stirn der Schweiß,
Die Sonne scheinet glühend heiß!
Da ruft der Schwab auf einmal aus,
In Gottes schöne Welt hinaus:
„Kotz hennawent! ischt bös a Gschnauf!
„I moi' es gaut mei' Lunga drauf;
„'En Hunger hau' i' wia a Nuß!
„Mei' Maga hangat halba huß.
„Was staut denn dötta für a Haus?
„Es luagat wia a Stadel aus,
„Und Krautsstoi' flackat auffem Dach!
„Dös ischt bigott a oigna Sach!
„Bei eus dau döckt ma' alz mit Stroah,
„Haut oiner Preiß, so geit ears hoah!
„Jatz steigmer scho' bereits drei Stund,
„I bi' so müab als wia a Hund,
„Bi' hungrig, durschtig und so faul,
„Als wia a alter Karragaul!
„Wia wärs iahr Herra? sipperment!
„Weil b' Sonna gar so höllisch brennt —"
Jetzt schweige still und laß uns Ruh!
So rufen all' dem Schwaben zu:
In einer Stunde ist's gethan,
Dann sind wir an dem Gipfel dran,

Der weiß vom Schnee herunterschaut,
Und wo der Aar sein Nest sich baut.
Der Schwabe willigt wieder ein,
Und schiebt so langsam hintendrein.
Da plötzlich tönt ein schöner Sang,
Begleitet von der Zitherklang,
Aus einer Alpenhütte vor,
Und Alle leihen ihm ihr Ohr.
(Man hört in der Ferne Alpenlieder singen mit Gui=
tarre oder Zither.)

Wo mag das seyn? — so fragt man sich;
In jener Hütte sicherlich!
Die dort auf grünem Rasen steht,
Und wo auch unser Weg hingeht.
Schon sind wir näher dem Gesang,
Und hören laut den Zitherklang;
Sobald wir dort am Abhang steh'n,
So werden wir die Sänger seh'n. —
(Das Gesang wird lauter, und die Sänger, in Tiroler=
tracht, oder noch besser in der Tracht der Bregenzer=
Wäldler, erscheinen.)

Ah seht, ah seht! da sind sie ja!
Wir sind denselben äußerst nah'!
Das gibt nun einen Ohrenschmaus!
So rufen unsre Sänger aus;
Drumm lassen wir das Wandern seyn,
Und lauschen lieblichen Schallmey'n,
Die diesen Kindern der Natur,
Aus reinster Lebensfreude nur

Mit wahrer, innrer Herzenslust,
Ertönen aus der frohen Brust.

(Nun folgt ein vierstrophiges Alpenlied; nach jeder
Strophe einer der folgenden Ausrufe:)

Erster Ausruf.

Ach horcht! welch süße Melodie!
Welch Jobeln und welch Harmonie!

Zweiter Ausruf.

Und dieses Echo wunderrein!
'S könnt wirklich kaum noch schöner seyn.

Dritter Ausruf.

Fürwahr! das ist ein Engelsfang,
Ein himmlisch schöner Harfenklang!

Vierter Ausruf.

Juhui! iatz hauts be rechta Schei'!
Jatz sing i glei be Augustei'. —

———

Zum Guguck! bist du ruhig gleich!
Sonst prügeln wir dich nudelweich;
So rufen all dem Schwaben zu;
Der Herr Professor schafft nun Ruh,
Und gibt den Rath jetzt vor der Hand,
Auf diesem schönen Alpenland
Wo Alles froh und heiter ist,
Wo mit dem trauten „Du" man grüßt,
Wo Alpenrosen frisch erblüh'n,
Von zartem Rosenroth erglüh'n,

Wo luſtiglich der Jäger ſpringt,
Und jedes ſeine Lieder ſingt,
Ein Lied zu ſenden in das Thal
Von tauſendfachem Wiederhall;
Und alſogleich gab man das Wort
Zu eilen auf den Gipfel dort,
Um auf des Berges höchſtem Rücken
Ein Alpenlieblein abzuſchicken,
Den Lieben all im Heimathland,
Die feſt umſchlingt der Freundſchaftsband.

(Nun folgt ein Berglied, z. B.: „Hoch vom Dach=
ſtein“, mit der Abänderung: Hoch vom Widder=
ſtein, — und ſtatt Steyermark, — Walſerthal —
oder: „auf de Bergle, iſchts a Leba!“ — oder:
„Jetzt ſitz i am Bergerl“ u. ſ. w.

Siebentes Capitel.

**Wie unſre Sänger nach eingenommener Labung den Berg
hinab, gen Krumbach und Schröcken, nach Bezau zu
wandern, und unſer Schwabe dabei etwas kurren thäte.**

Die letzte Strophe iſt geſungen,
Der letzte Ton des Liebs verklungen,
Und unſre Sänger ruh'n nun aus,
Und laben ſich bei einem Schmaus
Von Eſelswürſten, — hart wie Stein —
Nebſt einem guten, rothen Wein. —
Zum Tiſche dient des Berges Spitz'
Ein Felſenbrocken iſt ihr Sitz, —.

Und daß nichts fehle zum Diné
Deckt beid' ein frischgefallner Schnee.
Die Sonne mit dem gülbnen Schein,
Das Firmament so blau, so rein,
Sie schauen lieblich allzumal
Als wäre es ein Göttermahl!
Fürwahr! auf des Olympos Höh'n
War kaum ein schönres je zu seh'n,
Als dieses auf dem Widderstein
Bei Eselswürst und rothem Wein!
Denn war'n es gleichwohl keine Unger
Der beste Koch, der ist der Hunger!
Als nun das Mahl beendet war,
Da rafft sich auf die Sängerschaar,
Ergreift den starken, knot'gen Stab,
Und wandert jetzt den Berg hinab
Dem kleinen Pfarrdorf Schröcken zu,
Das mindestens 4000 Schuh,
In einem Thälchen unten liegt
Um das sich breit das Schröckhorn biegt.
Es sprudelt hier ein klarer Quell,
Wie ein Kryjtall, so weiß und hell;
Der durch die Wasser, nach und nach,
Sich bildet zur Bregenzer Aach,
Die stiller wieder, rauschend balb
Und schäumend, den Bregenzer=Wald
Nach allen Seiten hin durchfließt,
Und sich in Bodensee ergießt.
Es ist ein wilbromantisch Feld!
Die Reise durch die Berges=Welt;

Kein ebner Pfad, kein Hüttlein kommt,
Das unsern müden Sängern frommt.
Bergan, berghin, bergauf, bergab,
Als ging es in die Höll' hinab,
So geht es fast vier Stunden fort,
Und noch erscheint kein freundlich Ort,
Denn nur die brausende Aach gibt heut,
Den wandernden Sängern das Geleit.
Da bricht dem Schwaben die Geduld,
Er gibt dem schlechten Weg die Schuld,
Und kratzend seinen Ohrenbart,
Ruft er in seiner Mundesart:
Oho! oho! nu gstät vüra'!
Wau wemmer heu'ta denn no na'!?
I komm ja schiar it weg vom Fleck,
Voar Stoi' und Lacha, Dreck und Speck;
Dau lauft koi Scha'barm und koi' Maus,
Es stiaß 'ne Lung und Leaber raus.
Und wia i mörk, gauts no it aus,
Ma' sieht ja in koi Gögnat naus;
A Wildnuß ischt es ohna End,
Ma' sieht mit Neatha 's Firmament,
Und will i schwätza nauch der Wauhrat,
So moi't ma' d' Welt sey dau vermaurat.
Denn wau i na' luag rumm und numm,
Guckt so a Endsberg zua miar rumm.
Und jöben Tritt, und jöben Schritt,
Nimmts d' Sohla von de Stiefel mit;
Dau ischt no it viel Fuahrwerk gwösa,
Geschweiges denn a Extraschösa!

Kuzum! es sieht halt so derhea,
Als wär earscht voarnächt b' Sündfluth gwea.
Der Noe haut, — es gilt a Wött! —
Koin koizra Weag bey'r Arch rausghött;
(Es staut zwar neana öbbes gschrieba,)
So'scht wär ear sicher stecka blieba.
Dött hauts no koina Schuaster gea,
Es ischt no Alles baarfuaß gwea,
Und do ischt aus der ganze Arch,
Vom Mäusla bis zum Patriarch,
A jödes oabala durakomma,
Dau hinna hätts 'na b' Zeah mitgnomma!
Dear Berg, wau voar eus dana stat,
Ischt heaher als der Ararat!
Und Schnea flackt dött ganz eschagrau,
Schiar no' so alt als Noes Frau!
Es muaß koi warmer Wind rei'komma,
So'scht hätt's iahn allat au' scho' gnomma.
Dau hätt der Noe gwiß, — wenns glöckt,
Heut Voarmitta no', b Nä's rausgströckt;
Ear wär iatz alt viartausab Jauhr,
Und hätt am ganza Kopf koi' Haur.
Denn gieng der Bau it aus be Fuaga,
Nau thät ear no' bey'r Arch rausluaga.
Und käm ear enbli au no raus,
Verfroara wia a Wintermaus,
Und thät a sölla Gögnat seah,
So thäts iahm in der Seal dinn weah,
Daß ear iatz müaßt dau hinna woahna,
Wau weder Hund no Katz ka' groana.

Und annananbfott gauts Berg a',
Als giengs schnuarstracks in b' Voarhöll na';
Und moi't ma' 's Thal müaß dötta sey'?
So kommt ma' in 'en Kössel nei',
Wau alles uffanander flackat,
Und ganza Bäum am Boba strackat.
I thät nir sa', bu liaber Gott!
Giengs it ba ganza Tag so fott;
Und Hunger hau' i, 's ischt a Graus!
Miar föllt bereits der Maga raus.
Drum bi i wieder dopplat bürscht,
I hau' nir als so Eselswürscht,
Muaß schiar be ganza Tag kolatza,
Und z' Aubads kriag i rotzige Spatza.
Jatz hau' i's gsprocha, wia's si's gheart,
Dear Tagmarsch ischts it bösser wearth.
Do' traum i it, und sieh i gnau,
So kommt dött bunba Schoppernau!
Drum pack i mit meim Schimpfa ei',
Und will für heu'ta z'friede sey'. —
So sprach getröstet unser Schwab,
Und lenkte schnell ben Wanderstab.
Balb war Möhlau und Schoppernau,
Und Abends später auch Bezau
Von unsern Sängern müb erreicht.
Schon angebrochen ist bie Nacht,
Mit ihrer stillen Zauberpracht;
Der Mond glänzt hoch am Himmel brob
Die Stern verkünden Gottes=Lob,
Und funkeln zahllos ohne End,

Am wolkenlosen Firmament!
Die Sänger halten ein im Gang,
Und singen einen Lobgesang
(Nun folgt das Sternenlied von Call: „Viel tausend
  Sterne prangen" u. s. w. oder: „Stille der Nacht"
  von Kreuzer.)

Achtes Capitel.

Der Einzug im Flecken Bezau und die Herberge auf der Post daselbst.

So bei der Sterne mattem Schein
Zieh'n unsre Sänger in Bezau ein,
Und nehmen in dem Flecken hier,
Im Postwirthshaus ihr Nachtquartier.
Da wird gezecht, geschwatzt, gelacht,
Auch mancher schlechte Witz gemacht,
Und da bekommt der Katzenschwanz,
Halt wegen jener Wasserschanz,
Im engen Walserthale drüb'
So manchen Spott und derben Hieb.
Drumm sucht er auch mit viel Bedenken,
Auf Andres den Discurs zu lenken,
Und ruft auf einmal mitten drei':
„Wia spät mag's auf der Uhr scho' sey'?
„I hear koin Wächter, hear koi Uhr,
„Am End ischt's gar scho' zwölfa dur!

„Nau wärs a höba Zeit ins Bött,
„J hau' nächt so koi Ruah it ghött,
„Voar lauter Wanza, Läus und Fleah,
„J bi' a halber Miatrer gwea!
„Drumm bi' i heu'ta so stoi'müab,
„Do' sing i geara no a Liab,
„Wenn iahr bernauch ge schlaufa ganb,
„Und mi' schöa rottala gruaba lanb.“
Nun ja! es sey! — uns ist es recht,
Doch mach die Sache du nicht schlecht,
So riefen All' vor Freude aus;
Und unser Schwab, das alte Haus!
Sang nun zum Schluß ein Lieblein zart,
Und minniglich, nach jener Art,
Die täglich jede Nacht erklingt,
Sobald der Wächter Zwölf Uhr singt.

(Nun folgt ein Nachtwächterlied, — oder in Ermange=
lung dessen ein einfacher Nachtwächter=Ruf.)

Neuntes Capitel.

Der Morgen, und der Weitermarsch.

Kaum glänzt der Sonne erster Strahl.
Herein in's schöne Aachen = Thal,
Da rührt es sich im Postwirthshaus;
Es springen aus dem Bett heraus,
Die Sänger all, in einem Nu,
Sogar auch unser Schwab dazu.
Sie putzen sich von Kopf zu Fuß,
Und singen dann den Morgen = Gruß.
(Nun folgt ein Morgenlied, z. B.: „Rasch von seiner
Lagerstatt" u. s. w. oder ein anderes.)

Jahr singat all vom guata Morga,
Und thund do' für koi Suppa sorga;
Was hau' i all von deam Gesang?
Mei' Maga will 'en andra Fang!
'Siischt zwar koi übels Liadle gwea,
Dös hau' i aus de Nota gseah;
Do' essa muaß ma' au' derzua,
Damit der Maga geit a Ruah.
Der mei will Alles accarat,
Und ischt a gspäßiger Kamerad;
Drumm muaß i öbbes warems hau',
Und ka voarhea it weiter gau';
Und thuats gleiwohl koi Feela sey',
So thuats a Gläsla Brantawei'!

Dear geit a Wörma und a Kraft,
Und reiniget de Magasaft. —
So spricht der Schwab gar kräftiglich,
Und labt beim Glase Kümmel sich,
Indeß die Andern voll Gefallen,
Ein zweites Gläslein ihm bezahlen!
Drauf geht es wieder rasch voran,
Die letzte steile Bahn hinan,
Nach Schwarzenberg dem Flecken hin,
Und einem Berg genannt Lorin!
Welch schöner Anblick zeigt sich da!
Sie schau'n in Lande, fern und nah' —
Hinüber bis ins Schweizerland,
Und seh'n gleich einem Silberband,
Beleuchtet von der Sonne Schein,
Den alten, freien, teutschen Rhein!
Der von dem Gotthardt sich ergießt,
Und durch den Bodensee hinfließt.
Der See ist heut' vom Nebel deckt,
Was unsern Schwaben etwas schreckt,
So daß er denn zu aller Freud,
Laut äußert seines Herzens Leid:
„Jatz hau' i gmoi't wia schöa's gau wear!
„Derweil luagt so a Neabel hear;
„I hätt glei' Luscht und keahrat um,
„Und gieng auf Anblesbuch dau numm,
„Ge' Stauffa zua in's Allgäu nei'
„Dött thuats a bissla truckner sey' —
„Im Stiefel mag i' it viel Naß,
„So geara i's trink aus jödem Faß.

„Jatz soll i' in bean Neabel nei'!

„Dau pfeif do' glei' ber Guguck brei'!

„I hätt scho' gnua schiar an beam Wanbra,

„Unb lußt bia Gauba 'em a Anbra."

So lamentirt ber gute Schwab,

Gestützt auf seinen Wanberstab.

Doch unsre Sänger jammern nicht,

Unb einer zu bem Anbern spricht:

„Das Wanbern ist boch lustiglich!

„Unb jeber Tag belohnet sich;

„Denn immer gibts was Neu's zu schau'n,

„Hier Felsenberg, bort grüne Au'n, —

„Da trifft man Quellen frisch unb rein,

„Hört muntre Lieber unb Schalmei'n,

„Schaut manchen schmucken Jägershut,

„Unb junge Maib's von frischem Blut.

„Drumm ziehen wir vom Vaterhaus,

„So gerne in die Welt hinaus,

„Unb singen jetzt bem traurigen Anbern

„Ein lustig Lieblein von bem Wanbern."

(Nun folgt ein Wanberslieb, z. B.: „ein Jüngling
  zog bergauf, bergab, mit fröhlichem Gemüth," ober
  „frisch ganze Kompagnie" ober ein anberes.)

So wanbern jetzt mit festem Tritt,

Bei jeber Note einen Schritt,

Die Sänger an bes Berges Enb

Zum netten Dörfchen Alpertschwenb,

Das seinen Namen baherträgt,

Weil sich ber Weg hier ebner legt.

Nun ist die Marschruth nicht mehr schwer;
Schon schaut aus blauer Ferne her,
Der Gebhardsberg beim Bodensee,
Maria Bildstein in der Näh';
Der Weg führt unsre Sänger bald,
Durch manchen schönen Bergeswald,
Bevor sie an den Ort gelangt,
Wo traubenschwer die Rebe prangt.
Wie angenehm ist Waldes=Ruh!
So rufen sie einander zu;
Der Schatten labt, das Grün erquickt,
Und freundlich mancher Wipfel nickt.
Der Kukuk ruft, der Stieglitz singt
Das muntre Reh, es hüpft und springt,
Drumm werd' der schönen Waldespracht,
Ein Lobeslied von uns gebracht.

(Nun folgt ein Waldlied, z. B.: „wer hat dich du
schöner Wald, aufgebaut".)

Nun war Maria Bildstein nah,
Das majestätisch niedersah,
Auf unsre kleine Sängerschaar,
Die lustig wandert Paar für Paar.
Des Himmels schönes reines Blau,
Die weite, grüne, frische Au,
Erquicken unsrer Sänger Blick,
Und jeder denkt mit Lust zurück,
An all die schöne große Pracht,
Die unsers Schöpfers Hand gemacht;
Auch unser Schwabe freut sich drob,
Und spendet laut dem Himmel Lob;

„Bi' gar a guata deutscha Haut,
Dia ziemli' viel scho' burgmacht haut,
Und wend iahr Alles heara wend,
Und miar a weng a Gloos au'gend,
So will i mi' auf b' Füaß iatz stölla,
Und ui mei' Leabesgschicht verzöhla.
J fang halt a' von voarna rei'
Denn übrall muaß a A'fang sey' —
Drumm mörket auf, was i ui sa',
Jahr hearats gwiß it alla Ta' —
So spricht der Schwab, und sein Gesicht,
Erglänzt vor Freud bei der Geschicht;
Drauf fangt er an, iatz losat auf,
Und zahlat miar 'en Brantwei' drauf*).

Am vergangna Mathäustag ischts seufa=
suchzg Jauhr gwösa, daß i z' Katzahiara auf
b' Welt komma bi' — und zwar ischts gwösa
um Mitternacht rum.

Gesang: Nachts um die zwölfte Stunde verläßt der
Tambour sein Grab.

Und wia halt mei' Vater gseah haut, daß
ear 'en Buaba kriagt haut, 'en Buaba so
kearaföscht und höchtgsund wia J! bau ischt
ear halba aus'm Häusla komma, ischt glei
auf b' Knia na'gfalla, und haut beatet:

Gott erhalte Franz den Kaiser!

So haut ear beatet, accrat a so; 's ischt

---

*) Hierzu gehört die Musikbeilage: „Musikalisches
Gemisch = Gemasch."

gwiß wauhr; denn Franzeff ischt mei' Tauf=
nama, und Kaiser thua i mi' schreiba; drauf
haut der Vater mi' auf be Arm gnomma,
haut miar 'en frische Dußel gea, und haut
derzua gsunga:

> Heil dir mein Vaterland,
> Heil dir dem Großen;
> Das solche Helden fand,
> Dem Großen Heil!

So bin i halt zua meim Vater seiner
greaschta Gauba aufgwachsa, und bin mit 'em
siebata Jauhr in b' Schual gschickt woara;
dau hau' i mi' so auszeichnet, daß 's bei miar
buachstäbli' gheißa haut:

> A, B, C, D, E, F, G,
> J kann nit lernen, bas A, B, C.

Wia i mit der Schual bi' fötig gwößt,
und mei Attastatta kriagt hau' dau bi' i in
b' Leahr komma, und zwar zum a Schneider
z' Ochsahausa; dött hauts miar grab it so
schlecht gfalla, apata wenns zum Essa Zeit
gwea ischt; und i hau' so 'en vürnehma Platz
am Tisch ghött, denn vis-a-vis von miar
ischt meim Meischter sei' Töchterle gsessa.

> Eduard und Kunigunde,
> Kunigunde und Eduard.

Dia hau' i halt a bissele geara gseah, und
hau' derbey so verschiedene Gedanke gmacht;
— dau hauts halt au gheißa:

Rosenstock, Holderblüh,
Wenn i mei' Dianbel sieh,
Lacht mir vor lauter Freub
'S Herzerl im Leib. Lala.

'Sischt a eigne Gschicht gwea, bia Gschicht;
— saga hau' i nix därfa, so'scht hätt ma'
mi' zum Tuifel gjaicht; unb 's Mäble haut nix
gmörkt dervo' obwohl miar oft der Roath bei
alle Eck naus ischt.

Kein Feuer, keine Kohle,
Kann brennen so heiß,
Als heimliche Liebe,
Von der Niemand weiß.

I hau' mein möglischts thau' baß 's Mäble
mörka sollt; i hau' balb ghuaschtat, balb
gräuschparat, balb gnossa, balb gschnitza, balb
ghcinät, damits zua miar hearseah sollt; —
aber — es haut all's nix gholfa; — bau hau'
i benn oft ganze Nächt bura gseufzget unb
gheinet:

Gibts benn gar koin Weg, gibts benn gar koin Steg,
der mi außi führt aus dieser Welt.

Aber mei'! bös haut halt au' nix gholfa;
bloas mei' Kopfakisse ischt patschnaß woara; —
i hau' halt allweil fehlgschossa:

Mit dem Pfeil unb Bogen.

Unb es ischt miar auf b' Letzt, all's so
vertleibt woara, baß i benkt hau':

Mei' Diandl ist herb auf mi'
Weiß nit warum?
Und wenns nit bald anders wird,
Bring i mi' um.

I hau' bereits nauchdenkt: „ob i mi' ver=
säufa oder verschiaßa sollt; dau haut die ganz
Comöda auf oimaul a andra Wendung gnomma:
kurzum: amaul am a Sonntig, — 's ischt
grad Faßnacht gwösa — dau ischt mei' Meischter
mit der Meischtere aufs Land, und z' Ochsa=
hausa ischt auf da Aubad a Tanzmusing ghalta
woara. — I it lang faul und schnell bsonna,
mach 'em Töchterle b' Ei'ladung; und kaum
hau' i 's Maul recht aufgmacht ghött, so haut
sie schoa „Ja!“ gsait; — bös ischt a Gaudi
gwea!

Hei juhei! das ist a Sonntagsvergnügen!
Hei juhei! das ist a Lust und a Spaß!

I hau' miar zua meim Sieg glei' Glück
gwunsche wia halt nomaul:

Prinz Eugen, der edle Ritter!

I hau' scho' gmoi't 's wear nimme Nacht,
so hauts mi planget; eudla hant ma b' Küah
ei'trieba.

Schon die Abendglocken klangen, —
Und der Hirt nach Hause treibt.

Dau! auf oimaul, — i hau' gar it gwißt,
was 's geit, staut's Mädele vermaskeret als

a Tiroleri voar miar bau, mit ma grüana
Huat, mit ma roatha Mieberle, unb a Sträußli
brinn binn Ĵ hau' no' grab ſo gluagat!

> A Blüamli' am Miaba
> A Blüamli auf'm Huat,
> Oft hats ber Bua gſagt,
> Unb bös gfallat iahm guat;
> Nu' heu't wirb er ſchaug'n
> Heut hab is grab gnua,
> Unb a papperlgrüans Baubl
> Dös ſteht wohl berzua, lalala.

Jatz loſat! iatz iſcht miars aber in's Heaz
unb in b'Füaß komma; im Hui ſind wiar ins
Wiarthshaus numm unb ber allerſcht Tanz iſcht
gwöſa:

> Z' Lauterbach hab i mein Strumpf verlorn,
> Ohne Strumpf geh i nit hoim;
> Jetzt geh i halt wieber nach Lauterbach,
> Hol mir 'en Strumpf zu meim oin.

Dös iſcht amaul a Leaba gwea! kreutz fibel
ohne Haubl unb ohne Streit, benn bös hätt ſcho'
i it glitta im a ſo nobla Wiathshaus.

> In bieſen heil'gen Hallen,
> Kennt man bie Rache nicht;

Jatz aber, bu verfluachta Gſchicht! bau
hauſchts! auf oimaul kommt ber Meiſchter mit'm'
Ellaſtecke auf ba Tanzboba rei' unb treibt uns
allabeib hoim. Schlög hammer gnua kriagt,
unb 's Mäble haut auf ber Stöll in's Bött gau'

müaffa; i hau' it amaul meah guat Nacht! zua
iahr faga könna, aber gwunfcha, hau' ners boch:

„Gute Nacht, gute Nacht, liebe Annebourathea
„Gute Nacht, gute Nacht fchlaf wohl!"

Mit miar aber haut der Meifchter 'en kurze
Proceß gmacht, und haut mi' no' in ber fella
Nacht futtgjaicht; 's ifcht kuahranzablunza
fei'fchter gwea, ma' haut koin Mau' unb haut
koin Steara gfeah. —

,Unb ob bie Wolken fie verhüllen!

I hau' bös Ding glei b'nußt, bi' in a Eck
nei'gftanba, unb hau' meim Mäble a Abfchiebs=
Liabla gfunga:

Heute muß ich fort von hier,
Und muß Abfchied nehmen.
O du allerfchönfte Zier!
Scheiden, bas bringt Grämen.
Weil ich bich fo treu geliebt,
Ueber alle Maffen,
Muß ich bich verlaffen.

Drauf bi' i halt in Gottesnama weiter=
gange; — bau hear i auf oimaul mei Mäbla
vom Kammerfenfchter ra' finge:

Einfam bin ich nicht alleine,
Denn es fchwebt ja füß unb milb;
Um mich her im Monbenfcheine,
Dein geliebtes, theures Bilb!

I hau' beam Gfang fo melancholifch zua=
glofet, unb hau' berbey zum Schluß bia Be=
trachtung gemacht:

O du lieber Augustin!
'S Geld ist hin, 's Madel ist hin!

Zearscht hätt i bereits vor Leib und Verdruß
pflannat; — do' hau i mi' glei drau'f wieder
treaschtet, denn:

Frischer Muth, leichter Sinn,
Führet uns durch's Leben hin.

Dös ischt au wauhr! Handwerk hau' i von
bött a' koi's meah learna möga; zum Stubiara
hau' i it taugt, und so bi' i denn zua da Soldata
ganga, und hau' mi bald bau, bald bött, wenn
a Herr haut koin Bedianta ghött, als Fourier=
schütz verdinge lau' —

Ein Schütz bin ich, in des Regenten Sold.

Und so füahr i denn a ganz gmüathlis
Leaba, denn a pfiffigs Luader bi' i allaweil
gwösa!

Ja ich bin klug und weise
Ein zweiter Salomo!

Jatz gaut miars wirkli au' ganz guat, und
es ischt miar so recht bubelwohl! und i weu'sch
nu zum allerlötschta Schluß: daß 's ui grad so
guat gau mög!

Schlußchor.

Es gehe Allen wohl!
Und geht es Allen wohl,
Dann geht es wie es soll.

Zehntes Capitel.

Die Weiterreise nach Bregenz.

Es wandern unsre Sänger nun,
So lang am Himmel hoch die Sunn,
Von Bildstein, weg gen Bregenz zu;
Sie nehmen weder Rast noch Ruh,
Und wollen bei dem Sonnenschein
Noch auf dem Gebhardsberge seyn,
Der von der Stadt gen Osten hin,
Und nah am See, gewaltig kühn
Sein hohes grünes Haupt erhebt
Mit schatt'gen Bäumen ringsbelebt.
Schon sehen sie am Gipfel hart,
Das Kirchlein hübsch, von Sanct Gebhard,
Das altersgrau, doch wohlgebaut,
Mit seinem Thurm herüber schaut.
Verdoppelt wird nun jeder Schritt,
Und als sie von des Berges Mitt'
Zum Scheitel hin, drauf hurtig geh'n
Um dort hinab in's Thal zu seh'n,
Da fasset sie an ihrem Ziel
Ein schwer zu nennendes Gefühl!
Sie stehen lang, wie festgebannt,
Und rühren weder Fuß noch Hand.
Der Schöpfung zaubrische Gestalt,
Hat sie gebannt mit Allgewalt,
Drumm schweiget auch zu dieser Stund'
Selbst des geschwätzigen Schwaben Mund.

Das Auge schweift von Ort zu Ort,
Und nimmt das Herze mit sich fort.
So währt es eine gute Zeit;
Da endlich — als die Sonne weit
Schon überm Westes=Himmel war,
Der Abendstern schon blickte klar,
Und roth wie Sammt, und veilchenblau
Beleuchtet war Gebirg und Au,
Als schon der letzte Sonnenstrahl
Den Abschied nahm von Berg und Thal,
Und in des Sees tiefstem Grund
Sich spiegelte von Farben bunt,
Da brach die völlste Freude aus,
Und laut erscholl in's Thal hinaus
Der teutschen Sänger Freud und Lust,
Die ihrer kaum noch sind bewußt.
Sie schauen ja in nächster Näh
Das teutsche Meer, den Bodensee!
An seinem Ufer, wie der Lenz,
Das hübsche, freundliche Bregenz;
Ihm, vis a vis, als stolze Braut,
Venedig gleich, ins Meer gebaut,
Die alte Hafenstadt Lindau,
Wo Bayerns Banner weiß und blau,
Von manchen hohen Masten weht
Und Bayerns Löwe Wache steht.
Gen West schaut Friedrichshafen her,
Gen Süd ein ganzes Berges=Heer;
Gen Bodmann zu der schwarze Wald
Mit seiner nächtlichen Gestalt.

Dann Constanz, jene Bischofsstadt,
Wo man den Huß verbrennet hat.
Im Osten um des Sees Rand,
Das schöne freie Schweizerland!
Die Wieg' von Liebe und Schalmei!
Ja schön ist es! und reich und frei!
Doch wie nun jetzt der Sonne Glanz
Verschwindet von dem Himmel ganz,
Um morgen, mit der früh'sten Stund',
Zu machen seine alte Rund',
So glänzt dereinst im Weltenthal
Der Wahrheit Sonne ew'ger Strahl,
Und wird mit himmlischem Entzücken
Den Himmel und die Erd' beglücken.
Als dieses ernste Wort ergeht,
Da ruft das Glöcklein zum Gebet,
Vom Thurm des Gebhardkirchleins aus
In Gottes freie Natur hinaus,
Und Alles faltet seine Händ
Zum fromm' Gebet, bei des Tages End.
(Nun folgt eine Ave-Marie-Lied, oder das Abendgebet
   aus dem Nachtlager von Granada.)

Eilftes Capitel.

Die Ueberfahrt nach Lindau, und das Quartier in der goldenen Sonne.

Es kam im Flug die Nacht herein;
Der Mond mit seinem Silberschein,
Und eine große Sternen = Schaar
Beleuchtete gar mild und klar
Die Landschaft an dem Bodensee.
So hurtig schnell, als wie ein Reh,
Geh'n unsre Sänger nun bergab
Gestützt auf ihren knot'gen Stab,
Und eilen rasch dem Wasser zu
Um heute noch den Ort der Ruh',
Das Städtchen Lindau zu erreichen,
Bevor des Mondes = Schein thät weichen.
Und wie sie auf der Barke sind
Da segeln sie bei günst'gem Wind
Gen Lindau zu, von Lust ganz voll
Und singen eine Barcarol. —
(Nun folgt eine Barcarole, z. B.: „die Wasserfahrt"
von Mendelssohn, oder ein anderes.)

Es ruderten auf ihrer Bark
Von Eichenholz gezimmert stark,
Die Sänger schnell nach Lindau hin;
Obgleich der Mond am Himmel schien
So thäten sie sich doch versteh'n
In's Gasthaus zu der Sunn zu geh'n,

Das in der Näh des Hafens liegt,
In dem sich manches Schifflein wiegt,
Auch mancher Dampfer prachtvoll ruht,
Beladen von der Länder Gut.
Im schön gedeckten Speise=Saal,
Wo Gäste waren ohne Zahl,
Da nahmen unsre Sänger Platz.
Die wie nach einer langen Hatz
Voll Durst und heißem Hunger war'n
Vor lauter Wein und Käseschmarrn,
Die auf der Reise sie bekommen,
So oft ein Mahl sie eingenommen;
Doch insbesondre freute sich
Der Schwabe diesmal inniglich,
Statt Eselswürst und saurem Most,
Zu haben eine beßre Kost;
Und als er nahm die Speiskart her,
Die strotzte von dem Speisen=Heer,
Da lachte ihm sein ganz Gesicht
Und glänzte wie das Vollmonds=Licht!
So bös ischt gscheib! — bös laut si' heara!
Jatz leab i wieder no' so geara!
Dau ka' ma' bo a Brätle hau',
Und au' a Süpple bringe lau', —
Und statt beam Moscht, dear Wagaschmiar!
Geits au' a kräftigs Gläsle Biar;
So sprach der Schwab und setzte sich.
Da mahnt der Kellner männiglich:
„Obwohl die Herren nicht vergessen
„Daß Zeit es sey zum Abendessen?"

Der Herr Professor neiget sich,
Und spricht: viel Dank! — doch wünschte ich
Zu wissen, was es heute gibt,
Da mir nicht jede Speis beliebt.
Zu Dienst, mein Herr! sprach ein Marqueur,
Und nennet ihm die Speisen her. —
(Nun folgt der Speisezettel von Zöllner oder der von
  Rossini.)

Zwölftes Capitel.

Das Abendmahl und die folgende Ruhe.

Schon dauerte der Speis=Gesang
Dem guten Schwaben fast zu lang,
Da bringt ein anderer Marqueur
Bereits die warme Suppe her;
Und nun fängt man zu essen an,
Ein Jeder thut da, was er kann,
Und unser Schwab, die hungrig Maus!
Schleckt gar am End' die Schüssel aus.
Er redet nicht ein einzig Wort,
Und ißt in vollster Andacht fort.
Als nun das Mahl zu Ende ist,
Da spricht er als ein guter Christ
Ein klein Gebet den Andern für.
Dann trinkt er noch zwei Mäßchen Bier,

Nach Münchner Art, zu guterletzt,
Das seinen Magen tüchtig netzt.
Doch jetzo kommt ein andrer Gast,
Der brachte unsern Sängern Rast,
Und so ging nun nach alter Weis
Zur Bettstatt hin die letzte Reis.
Der Schwabe wünschte gute Ruh'
Und deckt' bis übern Kopf sich zu.
Nun wird geschnarcht mit aller Kraft,
Und Stärk dem müden Leib geschafft,
Damit er an dem nächsten Tag
Die Arbeit frisch beginnen mag.
Dem Schwaben spukts im Kopf herum
Von Bildern wahr, und schön, und dumm,
Auch mancher Jux und manche Lieder,
Ertönen ihm im Traume wieder.
Da als der Sonne Strahl eintraf
Da weckt die Sänger aus dem Schlaf,
Ein froher voller Kriegerchor,
Der von der Straße schallt empor.

(Nun folgt ein Marsch oder das Lied: „des Morgens,
wenn die Hähne krähen" von Kücken, oder: „wenn
die Soldaten die Stadt durchmarschieren.")

Dreizehntes Capitel.

Wie unsre Sänger nach ernster Betrachtung ins Gast-
haus zum Hirsch sich begeben, und alldorten mit den
Truppen sich gemüthlich thun thäten.

Zu Ende war nun der Gesang,
Und im gemeſſ'nen Feldschrittgang
Begleitet von der Trommeln Braus,
Marschieren Bayerns Krieger aus,
Die tüchtig auf den Feind einhauen,
Und feſt dem Tod ins Antlitz schauen,
Als Söhne jener Heldenschaar,
Die bei Brienne und Hanau war.
Und wie dereinſt der Tapfern Muth,
Und ihr verspritztes junges Blut
Das Vaterland vom Feind befreit,
So retten ihre Söhne heut,
Nicht fürchtend solchen blutigen Gang,
Das Vaterland vom Untergang.
Ihr wißt, fuhr der Profeſſor fort,
Warum an diesem Gränzes = Ort
So viele tapfre Krieger ſtehen,
Und wachen Augs nach Weſten ſehen?
Es gilt: den ſtolzen, gallischen Hahn,
Hat er auch Adlerfedern an,
In seinem Neſte zu bewachen,
Daß keinen Raubflug er kann machen.
Es gilt: den Leu, den Hirsch und Aar
Zu schützen vor der Zuaven Schaar,

Die voller Tück, und voller List,
Nach Teutschlands Rheinstrom lüstern ist;
Doch soll, so lang ein Bayer lebt,
Und Wittelsbach das Banner hebt,
Kein Wälscher Herr in Teutschland sein!
So stimmen alle Treuen ein; •
Auch Schwabens Fürst, der greise Held!
Der mehr als achtzig Jahre zählt,
Der oft als tapfrer, junger Mann,
Die Truppen Teutschlands führte an,
Der sich im Feld bei Bar sur Aub,
Verdient das höchste Heldenlob,
Er hält beherzt die Gränzes=Wach,
Indem er einst zu Habsburg sprach:
Ich bin Soldat, Herr! — wie ihr wißt,
Und folge Euch, wohin es ist.
So sprach Wilhelm von Würtemberg!
So kühn und treu wie Teutschlands Berg,
Und bracht' der teutschen Kriegerschaar •
Ein kräftig vivat hoch! drauf dar.
Und Oestreichs Kaiser, wohlbekannt,
Die Hoffnung seines Volks genannt,
Er schirmt mit Mar und Wilhelms
                                        Hand
Das große, teutsche Vaterland!
Drumm hoch! das liebe Vaterland.
Vom Donau= bis zum Eiderstrand,
Vom Boden= bis Zirknitzersee,
Vom Dünensand zum Alpenschnee!
Vom alten, weinbelaubten Rhein,

Bis an die Raab, soll frei es sein!
So riefen unsre Sänger nun,
Indeß am Himmel hoch die Sunn
Erscheint in alter Zauberpracht,
Und göttlich schön herniederlacht.
Sie ziehen nun zur Stadt hinaus,
Und dort beim gülb'nen Hirschen draus,
Wo Alles muntrer Laune ist,
Wo man beim Wein das Leid vergißt,
Wo viele Krieger allzumal
Sich schaaren in dem großen Saal,
Da sprechen unsre Sänger zu;
Und blitzesschnell in einem Nu
Sind sie erkannt als Sängerbrüder,
Und werden bestürmt um schöne Lieder;
Drum singen sie dem tapfern Chor
Ein recht gemüthlich Trinklied vor.

(Nun folgt ein Trinklied, z. B.: „trink Kamerad"
u. s. w.)

Vierzehntes Capitel.

Das weitere lustige Treiben und der Abschied.

Als nun zu End' des Liebes Schall
Ertönt ein Bravo! durch den Saal;
Ein laut da capo! wird gehört,
Der eine klatscht, der andre schwört,
Und summt im militärischen Gang
Für sich dahin den Trink=Gesang;
Es herrscht ein Lärmen, ein Getoos
Als wären alle Zügel loos,
Und fortan immer, immer wieder
Verlangen sie stets neue Lieder.
Da tritt der Schwabe nochmals vor,
Und spricht zum tapfern Krieger=Chor:
Jatz land ui saga, liaba Mand!
Bevoar miar uffanander gand;
I bi' zwar koi' Soldat it gwea,
Und hau' no nia a Gwöhr a'gseah,
Denn bei der sella Weltsbatalli,
Wau gscheah ischt göga die Hasacanalli
Dau hammer halt a Stanga ghött
Und so 'en Brautspiaß an iahr bött;
Dau haut ma' no' nir gwißt von Gwöhr,
Von Kugla und von Akkaschör;
Der Teurel ka' dös Ding verstau'!
Seit Achtaviarzg thunds sell loas gau'! —
Drumm halt i's liaber mit em Gsang,
Als mit da Gwöhr und Hasafang.

Do' ka' i au' a Ererzi'z,
Dös hau' i glearnat in der Schwohz;
Und b' Hauptsach ischt, ma' ka's im Hui,
Und ischts uim gleiwohl nagelnui;
Drumm wemmer iaz dös Ding probiara,
Und nauch bear Mobi ererziara.
Jahr machat alla meine Mand,
Und i, bi' uier Commabant.
Meine Heara! gend T' Achting!
    (Wird Alles von den Anwesenden nachgemacht.)
Mit der rechta Hand uf da Tisch!
Nimmt's Kruagele in b' Hand! —
Macht's be Dackel uf! —
Lupfts Kruagele vom Tisch awack! —
Nacha 's gli! —
Setzt 's Kruagele an's Mul! —
Jaz sufat! — halt! —
'S Kruagale vom Mul awack!
'S Kruagale nomaul ans Mul! —
Sufat a bitzla möhr! —
Halt! — vom Mul awack! —
Thunds ananand na'! (anstoßen.)
Nomaul ans Mul! — sufat nomaul! —
's Kruagale vom Mul awack! —
's Kruagale auf da Tisch! —
Macht's be Dackel zua! —
D' Zündpfann butzt!
Rührt Euch!
Ja! wear it liabt Wei', Weib' und G'sang,
Dös ischt a Narr sei' Leabalang!

Do' hammer no' vergeſſa oi's:
Dös iſcht der Tanz! — 's iſcht au' koi kloi's;
Voarausgſötzt wenn ma' it ſo hupft,
Als wär ma' narrat unb verſchupft;
Drumm tanzmer iatz nauch alter Sitt'
Im gnieſſana Druiviartels = Schritt.
So ſpricht er; — da bewegt es ſich
In ſchnellen Kreiſen luſtiglich,
Unb, baß ihr wiſſet Alles ganz,
So hört die Melodie vom Tanz.
(Nun folgt ein Tanzlied, z. B.: „Schön Lieschen
  ſtand geſchmückt zum Tanz.")

Der Tanz war aus; — doch nicht die Freub,
Die unſre Sänger haben heut' —
Zwar hat ſchon mancher viel getanzt,
In Sälen wo's von Schönheit glanzt,
Wo Alles um ihn ſtrahlte her,
Als wäre es ein Feenheer,
Wo Reich unb Schön, unb Jung unb Alt
Sich ſchauen ließ in Pracht = Geſtalt,
Wo vor der vielen Lichter Schimmer,
Unb vor der Edelſtein Geflimmer
Das Auge ſchier erblindet warb;
Wo manche Frauen jung unb zart,
Sey's heimlich ober unverhohlen
Der jungen Männer Herz geſtohlen.
Doch ſolchen Tanz wie dieſer war,
Getanzt mit einer Kriegerſchaar,
Den haben ſie noch nie vollbracht,
So lang das Leben ihnen lacht.

Gleich kühnen, muth'gen jungen Rossen,
Arabiens Himmel selbst entsprossen.
Sind sie im Kreis herumgetanzt
Daß Helm und Waffe hat geglanzt,
Ein wahres elysäisches Chor!
Das Mars zum Siege sich erkor.
Denn wie sie jetzt im Tanz = Local,
Beim übervollen Wein = Pocal
Gar froh und muntrer Laune sind,
Als wie ein sorgenfreies Kind,
So eilen sie im Thatendrang,
Hinweg vom Tanz und vom Gesang,
In's blut'ge Schlachtgetümmel hin
Und bringen dort mit tapferm Sinn
Dem stolzen Feinde sein Verderben,
Sey's nun durch Siegen, oder Sterben!
Bei solch' Gedanken ernster Art,
Womit der Geist beschäftigt ward,
Und bei dem edlen Weinesnaß
Floh schnell die Zeit; und nun fürbaß
Tritt einer von den Tapfern vor,
Hebt schnell ein Glas voll Wein empor,
Und ruft: „Es sey zu dieser Stund,
Dem wackern teutschen Sängerbund,
Mit dem wir Freundschaft jetzt gemacht,
Ein dreimal lebe hoch! — gebracht."
„Ja hoch! — so tönt's aus aller Mund,
„Es lebe dieser Sänger = Bund!
„Mag uns die stete Freundschaft weihen,
„Und ferners mit Gesang erfreuen!" —

Nun steht der Herr Professor auf
Von seinem Sitz, erwiedernd drauf:
Ihr Männer Alle! rings um mich,
Es freuet euch ganz sicherlich,
Wenn ich zum Dank die Antwort geb:
Der tapfern Kriegerstand, er leb!
Doch sey auch jetzo kundgethan,
Daß nun die Stunde naht heran
Wo wir von hinnen scheiden müssen;
Doch sag ich: nicht mit leichten Füssen
Geht diesmal unser Abschieds = Gang,
Da wir schon viele Tage lang
Als Freunde sind mitsammen gangen,
Der frohen Lieder Viele sangen,
Und da und dort, zur frohen Stund
Erneuten manchen Freundschafts = Bund.
Es gilt auch hier wie überall,
Die Erde ist ein Wechsel = Ball!
Und eine ächte Lust und Freud'
Erblüht nur in der Ewigkeit.
Doch weil auf unserm Pilger=Gang
Die Engelssprache, der Gesang!
So manche Freude uns gemacht,
So werde ihrer noch gedacht,
Und dem Gesang mit aller Macht
Ein Schluß = und Jubel = Chor gebracht!

(Nun folgt ein passender Schlußchor, z. B.: „der Ge=
sang" von Kreutzer oder „lasset Jubellieder klingen"
von Julius Otto in Ernst und Scherz.)

Anhang.

Zur beſſern Verſtänblichkeit für nichtſchwä=
biſche Leſer, folgen einige Bemerkungen:

1) Der unbeſtimmte Artikel **ein, eine, ein** kommt
nur als bloßer a Laut vor; z. B.: a Haus,
a Frau, a Vogel.

2) Die Sylben **an, ein, un** kommen als bloße
a, e und **u** Laute vor, bei denen der Naſenlaut
n, der durch den Apoſtroph (') angebeutet iſt,
beim Leſen erſetzt werden muß, gleichſam als
halb hörbar, wie es bei den franzöſiſchen Naſen=
lautſylben der Fall iſt; z. B.: a'fangen,: ei'=
laben, u'verhofft.

3) Der Buchſtabe **ſt** wird meiſtens als **ſch** aus=
geſprochen; z. B.: iſcht, Neſcht.

4) Die Doppel=Vocale **ea, oa, öa, ua** und **üa** ſind
ſo auszuſprechen, als wenn ſie durch einen
Circumfler (⁀) verbunden wären, und nur eine
Sylbe bilbeten; z. B.: me͡a ge͡a, ſea͡h, ſchö͡a,
ſcho͡a, Bu͡a, gnu͡a.

5) Die persönlichen Fürwörter ich, bu, er, wir, ihr, sie, haben folgende Beugung:

i,	miar,	bu,	iahr,	ear,	sui u. sie,
meiner,	eufer,	beiner,	uier,	seiner,	iahner,
miar,	eus,	biar,	ui,	iahr,	iahna,
mi'.	eus.	bi'.	ui.	si'.	sui u. sie.

6) Die zueignenben Fürwörter: mein, bein, sein, unfer, eurer, ihrer, lauten also: mei', bei', sei', eufer, uier, iahna.

7) Die Zeitwörter im Präsens Conjunctiv, erste Person der Mehrheit; z. B.: haben wir, gehen wir, laffen wir, sind wir, wollen wir, lauten: hammer, gammer, lammer, simmer, wemmer.

8) Die Zeitwörter im Präsens Conjunctiv, zweite Person der Mehrheit, z. B.: habt ihr, geht ihr, laßt ihr, seib ihr, lauten: hanber, lanber, ganber, sinber, wenber.

9) Die Zeitwörter im Infinitiv Präsens: gehen, stehen, laffen, haben, lauten: gau, stau', lau', hau'.

10) Die Zeitwörter im Infinitiv Perfect: gesehen, geschehen, gelegen, gewesen u. s. w. lauten: gseah, gscheah, glea, gwea. —

11) Als Enblaut sowohl bei den Hauptwörtern, und Eigenschaftswörtern, als auch bei den Um=standé= und Rebewörtern ist der a Laut vor=herrschend statt dem e Laut, weil ersterer die Aussprache besser erleichtert, und sich auch mehr hörbar zeigt, als letzterer.

12) Von besonbern schwäbischen Provinzialismen, und andern minder bekannten Benennungen, kommen folgende alphabetisch geordnete Wörter vor:

A.

Allabot, alle Augenblick.

Allgäu, alle Gaue, um die schwäbischen Alpen und den Bodensee herum, bezeichnend.

Au', auch.

Annamey, Anna=Maria.

Aufbutzt, aufgeputzt, schön gekleidet.

Arakretza, Armkretzen, Armkorb.

Ananaub na', Aueinander hin.

A weng, ein wenig.

Au'felig, eine außerordentliche Gemüthsstimmung erhalten, die zu jedem Wagestück bereit ist.

Au'fang, ein Weiler mit Namen Ohnfang im bayr. Schwaben.

Alpertschwend, Dorf am End des Bregenzer=Waldes.

Affascheer, Accucheur, Geburtshelfer.

A' jau, ach ja!

Angelberg, Flecken im bayr. Schwaben.

Aprillabutza, Aprillenschnee=Riefel.

Aeschermikta, Aschermittwoch.

Aklauba, abklauben, abnehmen, abzählen.

Auber, Aber.

B.

Butzastengel, Burzelsprünge, Kopfüber=Sprünge.

Bühl, ein Dorf im bayr. Schwaben.

Bleafa, belesen, der vieles gelesen hat.

Bitzla, bissla, ein bischen, ein wenig.

Biarazelta, Birnzelten, Birnbrod, Hutzelbrod.

Bibhenn, welsche Henn, Jndian.

Blau'k, furchtsam, scheu.

Brietsche, Lagerstätte von Holz.

Brabant, eine Provinz von Belgien mit vorzügli=
chem Rindvieh.

Bräu'la, Bräunlein, ein junges Pferd mit brauner
Farbe.

Bezau, Flecken im Bregenzerwald.

Beahmacka, Stockböhmen.

Bigoscht, bigott, bei Gott.

Bäs, Base.

Bürscht, dichtes Kopfhaar.

Boschahuat, Hut mit einem Federbusch.

Böttscheer, Bettscheere, Bettzange von Holz zur
Eingränzung und Zusammenhaltung des Ober=
bettes.

B'stau', bestehen.

Bopfi, Städtlein Bopfingen im würtembergischen
Ries.

Bernerwägele, kleiner leichter Wagen mit Sitz,
und Eingränzung von geflochtenen Weiden.

Bschauli', beschaulich.

C.

Caffarma, Caferne,

Calicant, Diener, Pedell.

Cometsteara, Comet.

D.

Dackel, Deckel.

Dägel, Kochgeschirr, halb Schüssel, halb Hafen.

Dutzwitt, tout de suite, vorwärts, marsch, voran.

Doara, Dorn.

Dufel, Rausch.

Dacha, Dachau, Flecken bei München.

Däscha, Tasche.

Dau, da.

Dösmaul, diesmal.

Deirelsbaaroahra, teufelspaar Ohren, ein schwäbisches Fluchwort.

Dött, dort.

Daipla, Tatze, Täppchen.

Dirlewang, Flecken im bayerischen Schwaben.

Doggenann, Docke, eine weibliche Spielfigur für Mädchen.

Daula, doleo, dolere, bedauern, schmerzen.

E.

E'schpa, Espen, Spindel = Ring.

Erbes, Erbsen.

Esto mihi, Benennung des Fastnachts=Sonntags.

Eabra, Erdreich.

Ewig Liacht, ein dunkelgelegenes Gasthaus in München, wo Tag und Nacht Licht brennen muß.

Eabigkeit, Abgeschmacktheit

Ei'schläfa, das Kleid anziehen, ankleiden.

Earischt, Ernst.

F.

Feaberitta, ein leinernes, (barchentartiges) Gewebe.

Feuf, fünf.

Fott, futt, fort.

Fazeala, Sacktuch.

Fröttereien, Nothereien.

Fiesel, Geigenbogen.

Flacken, liegen,

Fäsig, fehlend, mangelhaft.

Feat, per fectum, im verfloßnen Jahr.

Fürrische, von Vorne.

Fiedle, podex, körperlicher Sitztheil.

G.

Gata, Garten.

Gluscht, Gelüsten.

Gschnästig, schnuselig, vorwitzig.

Glöggt, es wurde gelegt, es reicht hin.

Gluschtig, lüstern.

Ghausiart, von Haus zu Haus schachern und verkaufen.

Gschear, Schur, Plage.

Gschwear, Geschwür.

G'merk, Gemerk, Gedächtniß.

Gnua, genug.

Geara, gern.

Glatzkopf, Kahlkopf.

Goglhopf, Backwerk.

Gossine, Erklärungsbuch der Evangelien und Episteln.

Gigala, bis in's innerste Gemüth in freudige muntere Erregung kommen.

Gmächli, gemächlich, allgemach, schön langsam.

Gscheckat, gefleckt, buntfarbig.

Gozig, einzig und allein wie nur ein Gott ist.

Grind, Kopf.

Greath und Noath, verstärkter Ausdruck von Mangel; — soviel wie volle Noth.

Gebansch, Punsch.

Getransch, albernes Geschwätz.

Gsait, gesagt.

Ghumpat, Humpen heben.

Gnack, Genick.

Guschta, Gustus, Geschmack.

Ghuim, im Geheimen.

Gseng Gott, segne es Gott.

Greicht, gselcht, eingesalzen und geräuchert.

Görgl, Jörgl, Georg.

Gräusla, gräuslich, grauenerregend.
Gschuit, gescheut.
Gögnab, Gegend.
Grinta, Berg im schwäb. Allgäu, 6000 Fuß hoch.
Gstät, langsam.
Gloos, Gehorch.
Gender, gebt ihr.
Gehwind, Schneewand.
Gloschten, glühen.
Goscha, Maul.
Gmoi't, gemeint.
Gutter, Lutter, Reiseflasche.
Gleagaheit, Gelegenheit.
Gstacklat, stangenlang.

H.

Heina, weinen.
Hagabuacha, Hagedornholz; besonders hartherzig.
Handswehle, Handtuch.
Higlhaglfetza, ungeheuer stark, wie ein Hagel=
wetter.
Hanswuschtl, Hanswurst, Harlekin, Bajazzo,
Benennung einer lustigen Person.
Hundsschwänz, Schimpfname über ledige Manns=
personen.
Hasla, Dorf Haslach im bayerischen Schwaben.
Hansl, Hans, Johann.
Häb's ear, er habe es.
Hautfuselnackat, ganz nackt, ganz entblößt bis
auf die Haut.
Holderschmarra, Hollerbräu.
Hutzla, gedörrte Birnen.
Hosapreißla, Hosennaht.
Hansuara, Johann Ulrich.
Höbet no, haltet noch.

Hennawent, ein verstärkter Ausdruck des Erstaunens und Wunderns.

Heu'ta, heute.

Hander, habt ihr.

Handhiarung, Handgeschäft, Gewerbe.

Hintersche, von Hinten.

Händschah, Handschuhe.

J.

Jörgata, Georgitag.

Jögesle, o je!

Invocavit, Benennung des ersten Fastensonntags.

Judica, Benennung des fünften Fastensonntags.

Jaichen, Jagen.

Jt, nicht.

Jachsel, Achsel.

Im Hui, im Augenblick.

K.

Kreuzerwöcka, Semmel, Weißbrod um einen Kreuzer.

Klausatag, Nikolaus-Tag.

Klaubauf, schwäbische Benennung des Wauwau für Kinder.

Krottaschinder, kleines Brodmesser für Knaben.

Kriagt, bekommen, erhalten.

Kissadorf, Dorf im bayerischen Schwaben.

Kvara, Korn.

Keara, Kern.

Kindbött, Wochenbett.

Kämmaföhr, Kaminkehrer.

Kämmat, Kamin.

Kniagla, knieen.
Knearinga, Knöringen, Dorf in bahr. Schwaben.
Kehl, kahl, leer, wüst.
Käsbommala, ein Käshändler mit Namen Thomas.
Kreisa, kriechen.
Klaus, Nikolaus.
Kruagala, Krüglein.
Komöbastabl, Theater.

L.

Lurka, schwer reden.
Leibwirka, von grobem Garn gewebt.
Lätare, Benennung des vierten Fastensonntags.
Lamentation, Klagelied.
Luder, ein Aas.
Latschiar, Hartschier.
Luckesbaur, Lukasbauer.
Luaga, sehen.
Loina, anlehnen.
Leabig, lebendig.
Loschama', Logie.
Lefzga, Lippe.
Lander, laßt ihr.
Lußt, er ließe.
Lack, faul.

M.

Maulbäsch, Maultasche, einen Schlag auf den
    Mund.
Mucksa, mucken, sich rühren, sich bewegen.
Mollabumm, so dumm wie ein Stier.
Mentisch, abbrev. von sacermentisch, ein schwäbisches
    Scheltwort.
Muattero, verstärkter Ausbruck des Dativ u. Vocativ.

Ma', man.

Ma', mag, von mögen.

Moi't, meint von meinen.

Mater, Marter.

Ma'la, Männchen.

Mänbla, Männlein.

Miaber, weibliches Brustkleid.

Mäbelisgabel, die Mädchens-Gabel, ein zackiger
hoher Berg im südlichsten Allgäu.

Maria Bildstein, marianischer Wallfahrtsort in
der Gegend von Bregenz.

Mul, Maul.

Mars, Kriegsgott.

Mittelberg, Dorf im Walserthal in Vorarlberg.

Möhlau, Dorf im Bregenzerwald.

Mähla, von Mahl, eine kleine Mahlzeit, eine
Portion.

N.

Notater, Notar.

Nuithoar, Neues-Thor.

Nir, nichts.

Nimma, Nimmer.

Nemma, nehmen.

Nazl, Ignaz.

Na' gau', hinangehen.

Nau, naucha, nachher, hernach.

Notabene, wohlgemerkt.

Nackete Wüscht, rinderne Würst ohne Darm.

Nesselwangen, Flecken im Allgäu.

Nakademiker, Akademiker.

O.

Obbern, Jemanden.

Ottla, Etliche.

O c u l i , Benennung des dritten Fastensonntags.

O a t , Ort.

O i n a , Eine.

O i ch a l a , Eichel.

O b e r r o a t h , Dorf Oberroth in bayr. Schwaben.

O b e r st d o r f , Flecken im Allgäu.

O l y m p o s , Götter=Berg in Thessalien.

O r a f r u z a p f l a ch t e r , ein Umschlagpflaster für verenkte Glieder.

Ö f f a l a , öffentlich.

P.

P o t a t a t a , Potentaten, Mächtige.

P o st u r , Leibesfigur.

P u b l i f a n e r , Republicaner.

P ä p p r i g , geschwätzig.

P o l i t i e f , Polizeisoldat.

P a r t , An= Theil.

P u m p , Entlehnung.

P f l ö g l h i n f a , die Flegelaufhängung, nach dem Ausdreschen des Getreides.

P e a r l a t h u r a , Perlachthurm in Augsburg.

P l a u g a , plagen.

P l u n z e n , Blutwürste.

P r e i ß , Ziegel.

R.

R a a b , Fluß in Ungarn.

R e t t e n b e r g , Dorf im Allgäu.

R e m i n i s c e r e , Benennung des zweiten Fasten= sonntags, zu teutsch: Erinnere dich!

R i e s e r z i p f l , Ende der Rieser = Gegend.

Rüahrmillfupp, Buttermilchsuppen.
Rotzig, schleimig.

S.

Sear, furrig, mürrisch.
Schabracke, Pferde=Decke.
Sentis, ein hoher Schweizerberg.
Schindersjepper, der Joseph vom Abbecker.
Strublfleck, gebackener Teigfladen.
Schnaberhüpfl, Volksgesänge.
Schuria', toller Mensch.
Söttigs, solches.
Santbander, sammt dem andern, zu zwei.
Schlottern, wackeln.
Schur, Mühe.
Schoppernau, Dorf im Bregenzerwald.
Schinder, Abbecker, Wasenmeister.
Seages, Sense.
Sterbiswaubr, so wahr wie das Sterben.
Schui, scheu.
Schmalhaus, magere Küche.
Siniaren, ausfinnen.
Schloapig, schlampicht, schlecht angezogen.
Schöbig, aussätzig.
Stoffel, Christoph.
Sabel, Säbel.
Sölla, solche.
Schiach, scheu.
Stockgrau'zablunzasci'schtet, so finster wie in
    einem Stock, Ranzen und Blunzen, dichte Finsterniß.
Stat, es steht.

T.

Trenbelmarkt, Tröbelmarkt.
Trippstrill, flug. Narren=Ort.

Tischajetla, Tisch = Serviett.
Toabtagriebl, Todtengräber.
Tobtla, Taufpathe, Pathe überhaupt.
Thommesleath, der Leonhard des Thomas.
Trottla, schwerfällig gehen.
Truila, treulich.

U.

Uara, Ulrich.
U'firm, Unformen, üble Gewohnheiten.
Ui, euch.
U'gfanzt, unordentlich.

B.

Babemecum, ein Wegweiser
Bazzalüachter, (vacnus leer) leeren Magens,
nüchtern.
Beit, Bitus.
Berbeaflabiarung, Berbefenbirung, Bertheibi=
gung.
Berzottlat, verhaart, verzaust.
Boabergöscht, zuvorderst.
Böv, Genofeva.
Bürfleck, Borfleck, Schürze.
Bürgneascht, vorwitzig.

W.

Wäger, wahrlich.
Wegrübla, wegfegen, wegreinigen.
Werftig, Werktag.
Wolkaschiaber, Dreispitzhut.
Wöcka, weißes Brod.

Wasa, Erbstich.

Was 's Koara gilt, was das Korn gilt einem
sagen, heißt: mit Zank und Streit drohen.

Woara, geworden.

Weatliswauhr, wörtlich wahr.

Weible, geschwind.

Wischtaho, Fuhrmannscommando, links.

Wäscha, waschen.

Wichsla, wechseln.

Weichbrunnawasser, Weihwasser.

Wau'sch, Wunsch.

Wur's, würde es.

Wennem, wenn ich ihm.

Walserthal, im Vorarlbergischen, an der Gränze
des Allgäu.

Wertach, Flecken im Allgäu.

Wibberstein, ein Berg im Walserthal, 9000 Fuß
hoch.

Wau, wo.

Z.

Zäher, Zähren, Thränen.

Zäma, zusammen.

Zendbiara, tendieren, seine Aufmerksamkeit auf
etwas wenden, sich beschäftigen.

Zetteln, lange hin und her schwanken.

Zei's, Zins.

Zeisla, Zeisig.

Zieta, Zeita, (oberschw. Mundart.)

Zilvöscht, Silvester.

Zwea, zwey.

Zwuir, Zweyrring, Kupfermünze im Werth von
einem halben Kreuzer.

Inhalt.

25

387

Druck von Ph. J. Pfeiffer in Augsburg.